资助项目

● 2018 年度福建省社会科学规划一般项目：新型贸易保护主义下福建自贸区转型升级方向及模式研究（FJ2018B059）

● 2022 年福建省自然科学基金项目：以自贸区高质量发展带动福建经济开放效率提升研究（2022J01987）

● 福建商学院学术著作出版基金

● 福建省人力资源和社会保障厅高层次人才和青年人才培养资助项目

● 福建商学院海丝经贸合作研究创新团队项目

经济新视野
New Economic Horizons

大变局下中国自贸试验区
转型升级与高质量发展研究：
以福建自贸试验区为例

陈春玲　著

厦门大学出版社　国家一级出版社
XIAMEN UNIVERSITY PRESS　全国百佳图书出版单位

图书在版编目（CIP）数据

大变局下中国自贸试验区转型升级与高质量发展研究：以福建自贸试验区为例 / 陈春玲著. -- 厦门：厦门大学出版社，2023.12
（经济新视野）
ISBN 978-7-5615-9191-8

Ⅰ．①大… Ⅱ．①陈… Ⅲ．①自由贸易区-经济发展-研究-中国 Ⅳ．①F752

中国国家版本馆CIP数据核字(2023)第237295号

责任编辑　潘　瑛
美术编辑　李嘉彬
技术编辑　朱　楷

出版发行　厦门大学出版社
社　　址　厦门市软件园二期望海路 39 号
邮政编码　361008
总　　机　0592-2181111　0592-2181406(传真)
营销中心　0592-2184458　0592-2181365
网　　址　http://www.xmupress.com
邮　　箱　xmup@xmupress.com
印　　刷　厦门集大印刷有限公司

开本　720 mm×1 000 mm　1/16
印张　19.75
插页　2
字数　275 千字
版次　2023 年 12 月第 1 版
印次　2023 年 12 月第 1 次印刷
定价　88.00 元

本书如有印装质量问题请直接寄承印厂调换

厦门大学出版社
微信二维码

厦门大学出版社
微博二维码

前　言

2023年10月31日,国务院批准新疆设立自贸试验区,10年来,中国设立了包括海南自由贸易港在内的22个自贸试验区,涉及50多个片区,以不到4%的国土面积,吸引了全国18.4%的外商投资。作为改革开放的桥头堡、国内国际双循环的重要桥梁与纽带,我国各地自贸试验区充分发挥自身的特色优势,积极以产业平台建设为抓手,加快推动我国在规则、规制、管理和标准等领域实现制度型开放。福建自贸试验区于2015年4月正式揭牌成立,自设立以来在商事制度改革、扩大开放、深化闽台融合发展、构建开放型经济新体制方面取得了巨大成就,坚持制度创新与功能培育相结合,通过打造现代产业发展体系和大力推进战略性新兴产业的发展,在推动福建经济实现高质量发展方面取得了一定的成效,但也存在重招商引资与经济增长,轻制度创新等问题。

当前世界经济低迷,全球经济一体化面临困境,只能在世界经济重塑的潮流中曲线向前。受西方主要发达国家贸易保护主义、新冠疫情暴发及俄乌冲突等不利因素影响,全球产业链、供应链、贸易链及价值链遭遇了极大的破坏。针对中国贸易摩擦频发,我国实施贸易保护的力度也在不断加大。为应对当前百年未有之大变局下国内外严峻的经济环境与压力,党的二十大报告提出实施自贸试验区提升战略,并扩大面向全球的高标准自由贸易区网络。为此,笔者以福建自贸试验区为样本,观察中国自贸试验区在大变局中如何实现转型升级与高质量发展,从而成为推动中国经济实现新一轮的高质量发展和效率提升的"增长极"。

本书从介绍当前国际与国内宏观经济环境出发,着重介绍了贸易保护主义、国际经贸新规则的演变及国外先进自由港区建设经验借鉴这三个影响中国自贸试验区建设的主要因素,然后针对中国自贸试验区整体的发展情况、建设成效和存在的问题进行详细分析,指出其进行转型升级的方向与模式,并对其如何实现高质量发展和开放效率提升进行了深入的探讨。在此基础上,以福建自贸试验区为具体研究样本,研究福建自贸试验区如何进行转型升级与高质量发展,并带动福建建设开放型经济新体制,提升经济开放效率。最后基于中心地理论,探讨福州建设腹地辐射联动型自由港模式。

目　录

第一章　概述

党的二十大报告指出,当前中国的发展面临百年未有之大变局,世界、时代与历史之变前所未有:新冠疫情影响深远,国际形势动荡不定,地缘冲突加剧;世界经济复苏乏力,国际金融市场震荡,国际投资与贸易受阻,全球通胀高涨,各种不确定性与挑战不断出现,世界进入了二战结束后最剧烈的动荡变革期。对中国而言,国内外形势正发生复杂而深刻的变化,虽然当前中国的发展仍处于战略机遇期,但发展的复杂性与严峻性上升,国际上主要的发达经济体进入了经济衰退期,外需进一步下滑,供应链受阻等因素对中国外贸产生了较大的冲击。面对百年未有之大变局,经济发展的机遇与挑战并存,中国正在逐步构建以国内大循环为主、国内国际双循环相互促进的新发展格局,中国要在新发展格局中继续深化改革、扩大开放,就要充分利用国内国际两个市场、两种资源,开拓经济发展空间,实现高质量与可持续发展,为世界经济的恢复与增长增添动力。

目前我国已进入改革的深水区,秉承"为国家试制度、为地方谋发展"的重大使命,自贸试验区成为推进中国深层次改革的前沿阵地,发挥着改革最高能级平台的作用。至目前为止,中国已设立了 22 个自贸试验区,进入了既注重沿海、沿边、沿江与内陆协同开放,又注重区域差异化发展的"扩围、提质、增效"的提升阶段。各地自贸试验区立足于各地的资源禀赋、区位优势与发展潜力,以构建开放型经济新体制为改革方向,深化国内规则体系与国际对接及管理体系对外资的开放,聚集投资管理、贸易便利化、金融创新、区域协同开放与现代政府治理等核心制度体系创新,健全法律与法规体系,完善监管体制,促进国内外标准衔接,积极承接高端现代、新兴产业,推动科技与产业的创新融合发展,打造强动力、优结构与高质量的区域经济增长极。

一、大变局时代背景与特点

(一)大动荡时代

这是一个大动荡时代,当前百年未有之大变局加速演进,经济全球化进入盘整与重构期,全球经济低迷,国际环境错综复杂。

1.新冠疫情影响深远

2020年初的新冠疫情是对全球公共卫生体系及国际社会治理的一次严峻考验,并把环境治理与公共健康等相关问题推向了风口浪尖。新冠疫情重创了世界经济并抑制了世界经济的增长,对世界的政治、经济和社会生活都产生了深远的影响,特别是对投资、贸易和消费冲击巨大,许多国家的失业率大幅上升,并对旅游、餐饮和零售等行业造成了比较严重的冲击,深刻改变了人类的生产方式及生活方式。许多发达国家经济复苏乏力,新兴市场及发展中国家处境艰难。新冠疫情的反复使国际地缘政治变化加剧,国际贸易中竞争加剧、摩擦增多;贸易保护主义与逆全球化抬头,倒逼世界各国改善社会治理,重构国际经贸秩序和规则;国际贸易与人员交流受阻,全球价值链受到巨大冲击。

2.逆全球化抬头

近年来气候变化、粮食与能源安全等问题不断出现,中美博弈、俄乌冲突及美欧等西方国家对俄实施全面制裁、全球金融市场动荡等因素使世界经济面临严峻的挑战,全球经济不平等现象加剧,自由贸易面临挑战。一些发达国家表现出强烈的民粹主义情绪,在贸易上倾向于封闭与保护,还常常采取金融、科技等手段遏制发展中国家及新兴市场国家的经济发展;经济上通过设立贸易壁垒、实施差别政策与待遇来保护本国的产业及市场;政治上极端倾向加重,强调本国利益优先;文化上民族主义抬头,大力维护自身民族文化的纯粹性,导致国际贸易摩擦加剧,贸易保护主义与逆全球化抬头。另外,气候变化、生态问题、网络安全、领土争端、宗教冲突、恐怖主义等威胁蔓延,逆全球化急剧冲击了国际秩序及全球治理体系,全球多边治理乏力,治理难度升级。

3.全球价值链、供应链及产业链体系面临重构

因国际贸易摩擦、国际产业竞争加剧及新冠疫情影响,全球价值链、供应链及产业链体系遭遇重创,人力成本上升,运费上涨,物流受阻,导致供应链的不稳定性风险加剧,供应链的安全与稳定已成为宏观经济复苏的关键问题。主要发达国家及跨国公司看到了供应链的脆弱性,对全球价值链、供应链及产业链体系的安全性与可控性高度重视,实行"内顾"政策,实施了一系列区域化和本地化措施,将全球布局转向分散化与多元化,以避免出现以往的供应链高度集中、区域跨度大和单一化的情况,从而提升价值链、供应链及产业链体系的安全性与竞争力。后疫情时代,随着新一轮科技革命、产业变革与消费升级加快,全球价值链、供应链及产业链体系加快重塑,还呈现出多元化、数字化与绿色化的趋势。

(二)大变革时代

1.国际力量对比出现革命性变化

当前国际格局和国际治理体系正在发生深刻的调整和变革,一方面,西方主要发达国家近年来经济出现滞胀,内部矛盾与困难重重,实力整体下滑,从绝对优势逐渐转为相对优势;另一方面,发展中国家和新兴经济体实力明显上升,国际力量对比出现巨大变化,它们希望能够在经济、人文交流、全球治理与生态问题等方面更深入地参与国际治理,融入国际秩序,扩大在国际上的影响力并提升话语权。据 IMF 统计,2001—2021 年间,新兴市场国家及发展中经济体快速崛起,对全球经济增长的贡献率已达到80%,在世界经济总量中的比重由 21.15% 上升至 40.92%,而发达经济体在世界经济总量中的比重则从 78.85% 下降至 59.08%,经济实力此消彼长、东升西降现象明显,在全球经济、政治、科技、文化与安全等方面都产生了深远的影响。[1]另外,跨国公司、国际媒体等新型权力主体使世界紧密相连;亚太经合组织、金砖国家、上海合作组织、亚投行等区域合作组织正在变得强大,有的甚至可与国家力量匹敌;RCEP(区域全球经济伙伴关系)、非洲联盟、阿拉伯国家联盟等非西方区域性联盟的兴起打破了由主要强权国家主导的传统国际秩序和控制格局[2],开始在国际舞台上日益发挥重要作用。

2.国际经贸规则重构加速

当前区域一体化发展成为国际经济发展的主流,多边主义制度体系面临冲击,区域和双边经贸规则日趋重要,成为各个国家参与国际经贸规则重构的重要内容。各国之间国际经贸规则主导权之争更加激烈,美欧等发达国家为了维护自身利益,形成区域联盟,主导新一轮国际经贸规则加速重构,其主导的欧盟日本经济伙伴关系协定(EPA)、全面与进步跨太平洋伙伴关系协定(CPTPP)、美墨加协定(USMCA)等大型自贸协定,直接对经济全球化形成冲击。发展中国家一边在努力推进多边贸易谈判,一边通过自贸协定积极构建符合自身利益与发展的双边或区域经贸规则,争取将能代表发展中国家利益的投资贸易规则纳入国际经贸规则的变革,提升话语权。新一轮国际经贸规则重构在传统议题上要求进一步减免关税,积极推动"零关税、零壁垒、零补贴"的"三零原则",减少非关税壁垒与扭曲市场的产业补贴,对市场准入实行负面清单,大力促进贸易与投资的便利化,力求在贸易伙伴间实现对等开放。议题重点从边境上逐渐转向边境后措施,以及国内相关政策的协调,如竞争中性与公平竞争原则,政府采购、劳工问题与知识产权保护等,向协同化与包容化方向发展,规则的制定从经贸领域延伸至非经贸领域,不断扩大其覆盖范围,而且近年来国际经贸规则还呈现出一些新趋势与新动向,特别是在数字经济方面的规则,还在不断探索与完善中。

(三)大发展时代

1.以人工智能为代表的第四次科技革命即将兴起

当前世界正处于新一轮科技与产业变革的关键换挡期,以 ChatGPT 为代表的生成式人工智能将引领第四次科技革命。世界各国科技创新空前密集活跃,创新的深度与广度不断深化而且技术更新速度不断加快,成为推动社会发展的新引擎。发达国家与发展中国家的科技差距正在逐步减小,变革带来的竞争和新陈代谢前所未有。新材料、新能源领域正向节能化、绿色化和可持续化方向转型,生命科学技术日新月异,空间与海洋技术让人类的发展空间更加广阔。由于人工智能、物联网、大数据等新一代信息技术突飞猛进及新冠疫情影响,线上交易、在线娱乐、远程医疗等与实体经济深度融合的产业数字化趋势促使生产方式、产业组织形式出现了深刻的变化;数字化也对社会结构和各国居民的工作与生活产生了深刻的影响。新产品、新业态及新模式不断出现,新的国际分工体系及世界经济格局正在形成。

2.实施"双碳"战略,推动绿色发展

全球气候变暖已成为 21 世纪人类发展面临的最大挑战之一。国际能源署(IEA)数据显示,2022 年全球和能源有关的二氧化碳排放量达到 368 亿吨以上,同比增长了 0.9%,创历史新纪录。从地域上看,亚洲(不含中国)的二氧化碳排放量由于经济增长的原因增长了 4.2%,中国的排放量保持不变;欧盟由于可再生能源的开发,二氧化碳排放量下降了 2.5%;美国因极端天气的影响,二氧化碳排放量则增长了 0.8%。[3] 近几年来,为了恢复经济和应对气候变化,美欧、日韩等发达国家和地区都提出实施绿色发展战略,调整经济结构,大力发展绿色经济,把新能源、新材料、节能环保及生物医药等新兴产业作为发展的重点,绿色工业革命兴起。汇丰银行、谷歌等国际知名企业开始制订"碳中和"计划并树立"碳中和"品牌形象。2020 年 9 月 22 日,习近平主席在第 75 届联合国大会上提出我国二氧化碳排放力争于 2030 年前达到峰值,努力争取在 2060 年前实现碳中和目标。党的二十大报告中也提出"积极稳妥推进碳达峰碳中和"。"双碳"战略目标是人类实现可持续发展的必要举措,也是中国兼顾经济发展与绿色转型同步进行的客观需要。

二、中国国内经济发展新形势与新特点

当前虽然国际形势严峻,但中国一直保持开放的强大定力,大力支持国际多边体系,坚持开放与改革,维护投资贸易的自由化和便利化,坚定经济全球化的必然趋势。目前中国的国内发展的新形势与新特点主要有:

(一)经济增速减缓

由于全球经济增长放缓及国内经济结构调整,中国经济发展进入了新常态。现阶段,由于人口结构变化及劳动力成本上升,中国传统的竞争优势减弱;传统的"三高"粗放型发展模式,受资源、环保及生态发展的制约;产业发展特别是高新技术产业的发展进入创新和技术突破的"瓶颈期";企业投资和居民消费扩张乏力,储蓄与降杠杆意愿较强,中国当前的经济增速降速趋缓,2023 年第一季度 GDP 同比增速 4.5%,第二季度经济增速显著低于潜在增长率,GDP 同比增速进一步回落,中国经济由传统数量型增长转向注重质量和效率提升的高质量增长,经济增长动力由过去的出口与投资转向大力发展内需和服务业。

(二)经济发展潜在风险增大

中国目前面临"需求收缩、供给冲击与预期转弱"三重压力,面对生产和消费不平衡、实体经济内部不协调、金融和实体经济不平衡、房地产与实体经济不平衡、要素配置失衡等一系列挑战,既要顶住经济下行的压力,又要全力推动经济复苏。经济发展中潜在的风险增大,当前存在的风险主要有:中国的劳动力快速减少、老龄化和少子化加速;居民消费与企业投资意愿低,就业困难较大,特别是青年人的失业情况比较严重;第三产业发展低迷,因外需下滑、供应链受阻及原材料、劳动力成本上升等原因使进出口面临较大的下行压力,制造业的转型升级和高质量发展受阻;房地产需求恢复压力巨大,房地产市场债务压力与风险加大;地方财政收支不平衡、债务压力与潜在的财政金融风险增加等。

(三)发展动力发生转换

波特认为,经济发展会经历生产要素驱动、投资驱动、创新驱动和财富驱动四个阶段。目前中国正处于经济增长动能转换的关键期,处于从投资驱动后期向创新驱动转换的转型阶段,对经济增长由对量的追求转为对质的追求,必须突破资源、环境与生态约束;生产模式从传统的粗放型生产向集约型生产转型,在生产关系上注重对所有权形式及资源的配置进行调整,着重以人才、知识与数据为主进行资源要素投入;强调市场在资源配置中的决定性作用和政府着重发挥顶层设计、引导与服务作用,注重扩大内需与供给侧结构性改革有机结合,并以自主创新、科技创新为驱动提高全要素生产率,同时在发展中兼顾公平与效率,努力实现"双碳"目标与经济社会的全面绿色转型。[4]

(四)经济开放力度加大

中国提出"以国内大循环为主体、国内国际双循环相互促进"高度开放的新发展格局,持续升级消费结构,注重实现内外需、进口与出口的协调发展;大力推进国际标准一体化建设,积极出台相关的法律法规,在监管体制、经营资质、质量标准、检验检疫及认证认可等环节,推进内外贸产品同线、同标、同质,争取做到符合国际化标准;以产业链优势汇聚全球优质的要素与资源,促进企业创新。优化营商环境,加大对外资的吸引,完善国内配套制度与体系,实行竞争中性原则,实现市场化、法治化与国际化;更进一步放宽外资准入限制,特别是在现代服务领域,推进旅游、建筑、供应链和分销等充分竞争领域全面开放,深化金融、电信及会计、法律等专业服务限制水平较高但与要素流动密切相关服务领域的对外开放,加快医疗、教育及养老等与民生紧密相关领域的开放,为实现高水平对外开放打造坚实的基础。[5]

(五)产业结构不断优化升级

随着经济发展,中国的需求结构由初级向高级不断提升,传统产业加快升级、新兴生产力加快成长。产业结构由第一产业为主向第二产业为主,然后再向第三产业为主进行演变,中国的第一、第二及第三产业占国内生产总值的比重由1979年的30.7%、47%、22.3%转变为2022年的7.3%、39.9%、52.8%。随着中国数字化与智能化升级不断加快,中国产业的组织与布局正在不断优化,并在全球产业创新与价值链中不断攀升,主导产业由技术含量较低的传统产业向现代技术、高新技术产业升级;产业结构由劳动密集型为主向资本密集型为主转变,再向技术密集型产业为主进行转型升级;生产方式正在发生批量化定制向个性化定制的深刻变革。[6]

(六)技术创新速度加快,但创新基础较薄弱

当前中国已进入数据先行、人工智能赋能科学研究的数字化、智能化时

代,在数字经济领域的应用与创新比较迅猛,注重实现"虚拟和实体经济之间的协调与平衡"。但中国在应对科技创新的不确定性及国际上一些发达国家的围追堵截中存在原始创新相对滞后、创新体制机制落后、基础研究薄弱、金融支持与人才储备等方面准备严重不足,与国际上的先进水平的差距继续扩大,并有被发达国家主流技术体系排除在外的风险,比较突出与明显的是在人工智能、云计算及大数据等底层数字技术创新上面临"卡脖子"与"断供"等情况。

当前国际形势瞬息万变,国内经济发展也面临许多困难,中国必须积极进行自主改革与试验,把握发展战略,而中国自贸试验区在加强国内外规则对接、健全与完善监管体制、完善负面清单、促进标准认证与衔接及推进同线同标同质等方面都能够充分发挥先行先试的"试验田"作用,有利于畅通国内与国际双循环,实现独立自主与自力更生,加快构建中国经济的新发展格局,整体提升中国的制度型开放水平。

三、自贸区与自由港的定义与特点

(一)自贸区的定义和特点[7]

广义自贸区(FTA:free trade area)是指两个及两个以上国家(地区)之间共同签署自贸协定,在成员间消除贸易关税与非关税障碍,使商品、服务和要素在区内自由流动,如近年来中国与东盟、新加坡、秘鲁及瑞士签订的相关自贸协定等。

狭义自贸区(FTZ:free trade zone)是指在一国(地区)"境内关外"划出

的特定区域,允许在关税、配额等贸易和投资方面给予优惠安排,在区内可组织仓储、加工展览及交易等业务,来促进经济与外贸发展的指定区域。中国的保税港(区)、出口加工区、经济技术开发区、经济特区及已设立的自由贸易试验区等都具有自由贸易区的某些或全部特征。

至今中国已经设立了 22 个自由贸易试验区(以下简称"自贸试验区"),它们各具特色,各有使命,不断在改革开放的区域广度和内容深度上改革升级,形成了众多可复制推广的制度创新成果,成为新时代中国改革开放的新高地。

(二)自由贸易港的定义和特点

自由贸易港(free trade port)(以下简称"自由港")是指在一国(地区)的"境内关外",依托海港、铁路港或者内陆空港设立,绝大多数商品实行关税减免,同时允许商品、资金、人员或外方运输工具自由进出等便利化政策,能够吸引全球资金、科技和管理经验等先进要素,是目前开放程度最高的特殊经济区。

与自贸试验区不同,自由港具有自身独有的特征:

第一,划定的区域更加广阔。自由港通常设在海港、内陆铁路港或空港,港城保持紧密联动,而自贸试验区常常设在城市周边的指定区域。自由港区的范围比自贸试验区大,其可包含保税、出口加工区及自贸区,如新加坡的自由港包含 7 个自贸区,其中有一个就位于樟宜机场。

第二,自由港的"自由"程度更宽松。自贸试验区采用的是"境内关内"政策,而自由港实行的是"境内关外"政策,其比自贸试验区实施的便利化制度与政策标准更高,除贸易自由外,还涉及市场准入更开放、经营自由、投资自由、人员出入境自由及雇工自由等,实行更高水平的开放。

第三,战略定位不同。自贸试验区定位是改革探索的"试验田",其成果需在全国进行复制与推广，而自由港强调对标国际高标准经贸规则，在市场准入、投资贸易、税收与金融领域等政策安排的特殊性与开放程度大大高于自贸试验区，代表中国最高水平的开放，没有要求可复制、可推广。

第四，离岸业务。在自由港可自由开展离岸贸易、离岸金融等高端服务业，这是自由港与自贸试验区的最大区别。

2016年8月31日，中央电视台《新闻联播》播报："中国将探索建设自由港。"2017年3月《国务院关于印发全面深化中国（上海）自由贸易试验区改革开放方案的通知》中要求上海应参照国际最高水平如我国香港以及新加坡等，探索建设自由港区。2017年10月，习近平总书记在党的十九大会议上提出探索建设自由港。2018年4月，习近平总书记宣布中央支持海南探索建设中国特色的自由港。

四、国内外研究现状

（一）关于大变局国内外研究的现状

1.国外相关研究

国外专家、学者对当前国际经济形势的研究主要是针对全球的政治经济形势变化、国际贸易摩擦、新冠疫情带来的影响、环境变化等方面展开研究。Alicia Girón(2017)指出世界经济面临从全球主义到保护主义和新地缘战略的调整，全球经济危机后时期的特点是长期衰退、就业不足和金融资产缩水。[8]Òscar Jordà 等(2020)指出，新冠疫情对全球经济的冲击有可能会持续几十年,影响前所未有。[9]Thomas Friedman(2020)指出,新冠疫情是新冠前世界与新冠后世界的历史分界点。[10]Thieß Petersen(2020)指出,新冠肺炎大流行冲击了当前国际分工的基础,突出了基于供应链生产系统的脆弱性,从整体上看显著改变了现有的社会状态[11],疫情使全球经济与产业布局受到严重冲击,以跨国公司为主导的全球产业链、供应链及价值链面临安全性、可控性与效益的重新审视与评估。Boris Chistruga、Roman Chirtoaga (2021)认为当前全球经济处于大国对峙的阶段,国家发展必须从战略利益、全球和区域一级的权力平衡出发,评估主要经济趋势,从长远角度界定外部环境的格局,确保国家经济安全。[12]Ishwar Singh、Pratibha Thakur(2023)认为当前人类社会的许多人为活动对生态平衡和经济发展产生了严重的影响,环境遭到破坏、自然资源遭遇危机、气候发生变化及流行病频繁暴发给人类社会的发展带来了诸多挑战,而绿色经济中的生物经济是应对挑战的工具之一,有利于人类社会实现可持续发展。[13]

2.国内相关研究

国内的专家、学者主要从国际国内经济形势变化、国际贸易摩擦、新冠疫情影响、中国及中国企业应该如何来应对大变局等方面展开研究。张茉楠(2020)认为新冠疫情可能会使全球经济面临严重的经济衰退,全球供应链和产业链向本地化、区域化及分散化发展[14],疫情推动跨国公司重新评估供应链,并逐步分散供应链,许多传统行业面临洗牌,但也刺激催生了智能制造、无人配送等新型业态,在线消费、医疗健康等数字经济产业成长潜力巨大。匡贤明(2021)认为当前世界经济正面临新挑战,但在看到风险和挑战的同时,必须善于利用积极和有利的因素,以高水平开放和推动本币国际化应对经济与金融挑战,构建外循环的制度体系,推动宏观政策调整和全球政策相协调,充分发挥G20和WTO在宏观经济政策协调中的作用,加强双边合作促进中国经济实现中长期发展。[15]蔡洪平(2021)认为当前中国企业在大变局下面临的剧变主要有:以"一带一路"、抗疫成功、挺过贸易战、四个自信、环境治理和共同富裕等为代表中国崛起之剧变和以人工智能、区块链、生命科学、机器人、新能源和新材料等为代表的第四次工业革命的突变。[16]葛宝山、赵丽仪(2021)认为中国企业正处于百年未有之大变局,国际形势复杂严峻,数字经济时代新模式与新业态应运而生,在动荡的市场环境中,企业必须聚焦细分市场并专注提升技术能力,同时专注实施精一创业战略,才能形成核心竞争力,实现长期可持续发展。[17]刘海霞(2022)认为,在百年未有之大变局及世纪疫情的交织下,中国应深刻把握百年未有之大变局中的"变"与"不变"的特点,全面解读西方的"大国竞争"战略,把握资本主义和社会主义两种制度既竞争又合作的新态势,才能充分了解中国和世界的关系,从而正确处理两制之间关系。[18]王凤良、安筱鹏、汪源(2022)指出,在全球大变局下,数字经济是世界各国推动各自经济尽快实现复苏的重要举措,通过数字经济的发展能够对未来世界的发展进行预测,大力发展数字经济已成为全球共识。[19]杨长春、张潇、何明珂(2022)认为,在国际贸易摩擦加剧和全球新冠疫情蔓延的背景下,中美两国不同的贸易政策对全球中高端制造业的贸易规模及流向会产生巨大的影响,进而对全球中高端制造供应链的格局产生冲击。[20]

(二)关于自由贸易港(区)国内外研究的现状与评价

1.国外相关研究

(1)指出自由贸易港(区)建设的积极作用及其必要性

国际上的专家、学者对国际自贸区与自由港的研究较多,国外的专家与学者普遍认为自由贸易港（区）的建设能促进经济发展，但是其建设也存在巨大的挑战。Rishi Sunak（2016）指出自由港建设能够促进制造业与国际贸易的发展，提高就业率，但建设存在成本和挑战。[21] Alexandre Lavissière、Jean-Paul Rodrigue（2017）指出，自由港作为运输、物流和贸易平台，利用其"领土例外"作为一种竞争优势是国际领先的商业门户，为贸易、运输及有形商品转型提供了助力。[22] Deng Xiaoxi、Wang Ying、Yeo Gi-Tae（2017）指出，自由港的各种业务功能和具体政策使这些地区具有独特的经济环境，大多数投资者倾向于投资于自贸港区，因为这些区域提供了不同的商业机会，它们被认为是吸引旨在发展国民经济和提高企业国际竞争力的外国投资的有效途径，其中经济潜力和经营环境是影响投资的最重要因素。[23] Chen Jihong 等（2018）指出，自由港是港口和陆路的结合点，有物流高效和政策优势突出的特点。[24]

（2）从营商环境等角度入手，阐述如何构建自由贸易港（区）

有的国外专家指出，自由贸易港（区）在建设中的关键点，并以某具体国家或区域为例提出建议。Rong-Her Chiu 等（2011）发现政府管理效率、低费率、简化海关手续、明确监管条例和免税激励五个因素对自由贸易港区的商业运作具有高度重要性。[25] Zhou Chunshan、Wang Yuqu（2019）认为港口型自由经济区的发展主要受全球经济长波周期的影响，必须重视港口与所在城市之间的合作，特别是软硬件支持、港口创新及区域港口的合作为自由经济区的发展提供了动力。[26] James J.Wang、Michael C.B. Cheng（2015）指出，从全球供应链的角度来看，中国可在具有先进制度措施的成熟枢纽港口建立国际贸易便利化中心，与他国共同办理跨国海关手续。[27] Ji Zu-Qiang（2018）认为自由港作为全球供应链物流、现金流、信息流和技术流中转的重要节点，在世界各国外向型经济和区域发展过程中发挥着重要作用，香港自由港的发展有三大政策，即自由的经济政策、便利的贸易措施和简单的税制。借鉴香港自由港发展的经验,内陆自由港发展要服务国家战略,充分发挥自身优势,形成清晰的发展格局;发挥市场作用,转变政府职能,促进改革创新。[28]

2.国内相关研究

中国自贸试验区的转型升级与高质量发展、中国特色自由港的建设,也引起了国内外的专家、学者的高度重视,他们主要从以下几个角度研究自由贸易港(区):

(1)指出自由贸易港(区)建设的积极作用及其必要性

国内专家、学者也普遍认为自由港(区)的建设对经济的发展是十分有利的,其建设是十分必要的。黄有方(2018)指出自由港是全球供应链的核心枢纽,建设自由港,对供应链来说可以降低成本、争取要素、提高效率和优化服务[29],中国按高标准贸易协定框架下的政策打造自由港,向世界提供中国方案和规则,营造便利化、法治化和国际化环境,有利于构建"一带一路"的关键支点,提高在全球供应链的地位。唐少清、陈俊荣、谢茜(2020)认为自贸试验区能够对接国际经贸新规则,推动经济新旧动能转换,在政府服务、行政管理及金融体制等改革深水区"先行先试",从而全面并深入地推动中国经济改革。[30]彭羽、杨作云(2020)以上海自贸试验区为例通过实证指出自贸试验区通过制度创新推动区域经济高质量发展,对区域经济发展起到辐射促进作用,制度创新措施必须有与之相匹配的试点空间与载体,从而能够产生更强的外溢效应。[31]郎丽华、冯雪(2020)认为在当前复杂多变的国际环境中,设立自贸试验区将显著促进区域经济的平稳增长,但其政策效应须待一定时间才能显现,其中沿海自贸试验区对经济平稳增长的影响程度比内陆自贸试验区更高。[32]张兴祥、王艺明(2020)认为,自贸试验区是"走出去"和"引进来"的桥梁纽带,"一带一路"互联互通的枢纽与门户,新一轮经济全球化的重要支撑,全球产业链、供应链及价值链的重构者,能够链接国内与国际双循环,促成新格局。[33]姜启军、郑常伟(2023)认为,自贸试验区是制度创新的高地,能够横向协同集聚区域产业链,其带来的经济集聚效应及科技创新效应在协同集聚过程中明显发挥了中介作用。[34]

(2)从营商环境的角度入手,阐述如何构建自由贸易港(区)

国内专家与学者认为,可以从打造营商环境,提升贸易投资便利化水平、强化法治建设、改善政府的监管与服务水平等方面来建设自贸试验区(港),特别指出地理位置和物流设施对自由港(区)构建的重要作用,具有先进制度措施的成熟枢纽港口可以建立国际贸易便利化中心,而地理位置、规模经济和高效的码头基础设施是其关键的竞争力要素;自由港(区)是运输、物流和贸易平台,给运营商的全球供应链带来更多价值。另外,在选择自由港(区)作为投资目标时,经济潜力和经营环境是最重要的投资因素。朱福林(2018)指出,当前世界自由港向多方位、多功能及综合化形态发展,具有地理区位优势明显、享有高经济自由度、先进的商业基础设施、国际化的经济关系、综合的优惠政策体系等基本特征。[35]桑百川、邓寅(2018)指出法律法规、政策框架、管理体制及行政流程决定着自由港的发展前景,中国建设自由港要从强化法治建设、规范市场经济体制、重视港区内外经济联系、高效配置资源、降低交易成本等多方面入手。[36]黄启才(2018)以上海自贸试验区为例通过实证证实外商投资制度创新对吸引外资能起到显著的促进作用,强调自贸试验区建设要重视提升外资服务水平与打造营商等软环境。[37]张春宇(2019)认为自贸试验区应在创新发展税收政策如完善涉税服务、改进税收杠杆及理顺税收制度等方面培育新兴服务型企业并提高其竞争力,从而实现自贸试验区在服务贸易方面的创新,促进中国服务贸易的发展。[38]王江、吴莉(2018)提出打造自贸试验区的营商环境必须通过减少负面清单数目、探索系统集成的投资与贸易监管制度并处理好便利化与安全可控之间的关系,加大互联互通来提升自贸试验区的投资与贸易便利化水平。[39]聂平香、游佳慧(2022)认为当前中国自贸试验区的投资便利化水平与国际高标准相去甚远,必须通过对标国际经贸新规则,打造公平竞争环境,推动中央事权下放,完善负面清单,消除外资准入壁垒与搭建国际投资"单一窗口"等改革举措来实现。[40]

(3)以世界著名自由港为例着手进行研究,梳理国外自由港(区)的建设经验、做法,并总结出建设代表中国改革开放前沿、有中国特色自由港(区)的具体路径与方法

国内外许多学者在分析、总结的基础上借鉴国外先进自由港区的经验做法提出中国建设自由港区可采取的对策措施,如余淼杰等(2018)以新加坡为例,建议国家从提高港口货物贸易便利度,在可控范围内进一步提高金融便利程度,提高人员流动自由度三方面出台政策推动自由港建设。[41]胡卫(2018)指出中国内地建设自由港应以鹿特丹港和安特卫普港为参照,建设靠近生产制造地的自由港,并着重实现从货物到资金自由进出到价值链全覆盖式的监管改革。[42]上海对外经贸大学的文娟、高伟(2018)根据专家的意见总结出,根据国际自由港的建设经验,可通过区港建设一体化,大力发展商贸、物流、金融及生产性服务业等港口配套产业,打造多功能复合型自由港,同时加强区域港口战略合作等多方面加强自由港的功能。[43]朱孟楠、陈冲、朱慧君(2018)借鉴中国香港、新加坡和阿联酋迪拜的自由港在金融体系、人员自由流动、税收优惠及贸易便利化方面的先进建设经验,认为建设中国特色自由港,应扩大税收优惠、优化政府管理体制,打造投资环境,保证人员、金融、物流及公共服务,并做好金融制度改革。[44]王晓玲(2019)对国际典型自由港进行同质性和异质性比较后认为,自由港没有固定管理运营模式,法律制度也不相同,世界各先进自由港都基于自身特色和国情,形成特色的高效运转模式,所以中国特色自由港的探索必须基于自身国情,借鉴国

际先进自由港形成的同质性特点,形成自身基本内核,补齐短板,在自贸试验区成功建设经验的基础上建设自由港。[45]蓝庆新、韩萌、马蕊(2019)从管理模式、港区功能、物流及税收等方面入手总结新加坡、荷兰鹿特丹及阿联酋迪拜等国际先进自由港区的发展经验后,指出通过打造总部经济、放松外汇管制、发展离岸贸易与离岸金融、引导旅游消费国际化等举措推进中国特色自由港建设。[46]揭昊(2019)认为中国建设自由港既要以国际先进典型作为标杆,同时也要以俄罗斯符拉迪沃斯托克(海参崴)的基础条件不足、巴拿马科隆自贸区业务创新滞后及韩国在经济自由区的布点过多等自由港建设中的失败案例为镜鉴,进一步明确中国特色自由港的功能定位,根据中国国情因地制宜,有计划地推进建设。[47]孟广文(2021)认为国际自由港和自贸区是具有港口和综合功能的自由贸易区,可以分为商贸物流型、工贸结合型、离岸服务型、复合综合型四种类型,并总结出国际上典型自贸区的成功发展经验为中国自贸试验区的发展做借鉴:有利的国际政治与经济背景、重要的世界贸易通道与地理枢纽、飞地型境内关外的海关监管模式、相对独立的法律地位和体系、以航运物流为先导的服务业产业群、透明及易执行的法规与低税制、自由规范的政府管理及立足于制度和文化相联系的投资促进。[48]

(4)从对标国际经贸新规则入手,阐述如何构建自由贸易港(区)

国内专家、学者普遍认为构建自由贸易港(区)必须积极对接国际高标准经贸规则,加快自贸试验区的转型升级,构建中国特色的自由港。毛艳华(2018)认为自贸试验区应顺应全球经济新形势,积极对接国际投资与经贸新规则进一步深化改革,争取建设成为中国改革开放新高地。[49]黄庆平、袁始烨(2018)认为必须借鉴国际上先进自由港及发展中国家关于负面清单管理方面的经验,进一步深化负面清单管理带来的衍生效应,注重宏观与微观经济之间的自由平衡,推行负面清单评估和储备等制度,建设有中国特色的负面清单管理模式。[50]王俊岭(2023)报道国务院决定率先在上海、广东、天津、福建、北京等具备条件的5个自贸试验区和海南自由港试点对接国际高标准经贸规则,这将加大自贸试验区的压力测试,稳步扩大制度型开放。[51]任春杨、张佳睿、毛艳华(2019)认为自贸试验区应顺应全球经济治理新趋势和中国构建开放型经济新体制的相关要求,研究制定专属法律法规、提高改革创新行政效率、增强贸易监督管理能力并促进其要素自由流动,推动部分开放条件优越的自贸试验区的海关特殊监管区域向自由港升级。[52]刘云亮、卢晋(2022)建议建设中国特色自由港必须主动对接国际高水平经贸规则如CPTPP(全面与进步跨太平洋伙伴关系协定),但在对接中需要注意国内外的复杂情况与因素,关注自身约束性条件及存在的风险性,并提出对标CPTPP必须树立法治理念,加快调整法律与法规工作,强化人才培养机制及构建风险防控机制等对策。[53]王晓红、李锋、夏友仁、高凌云(2019)指出"零关税、零壁垒、零补贴"的"三零"原则已成为国际经贸规则变革的重要趋势,中国应主动对接国际经贸新规则,应对"三零"原则的挑战,将适应国际高标准经贸规则与打造国际营商环境与完善开放型经济新体制相结合,促进投资与贸易便利化。[54]张娟、李俊、李计广(2021)认为中国的服务贸易开放升级必须通过自贸试验区的先行先试,通过对标RCEP(区域全面经济伙伴关系协定)及CPTPP,从推进国内法律体系改革、加大对自贸试验区服务贸易开放的压力测试,并做好开放风险防控这三方面提出中国服务贸易开放升级的路径与建议。[55]马祯、杨静、刘红、王丹(2022)认为当前国际经贸规则正在重构,陕西自贸试验区通过对标CPTPP,可以打造与国际接轨的制度创新体系,法治化、国际化及便利化的营商环境,并推动"一带一路"建设,实现区域经济的高质量发展。[56]

(5)指出中国自贸试验区实现高质量发展的路径

国内的专家、学者认为需要通过重视港区联动、港港联动和港城联动,重视生态建设等方面来实现自贸试验区向自由港的转型升级。佟家栋（2018）建议在自贸试验区内构建"深化经济改革试验区"及"自由港区"，分别实现"可复制推广"与对接国际通行规则的目标。[57]彭羽、沈玉良（2018）建议建设"腹地辐射联动型"自由港，在制度设计上注重发挥"辐射联动"作用。[58]秦天宝（2018）提出海南自由港的建设和发展应处理好贸易和生态环境的关系，充分重视环境规制，加强环境保护准入管理、完善环境保护相关立法及有关争端解决机制等。[59]杜国臣、徐哲潇、尹政平（2020）认为自贸试验区的发展应注重赋予其更大的改革自主权，向更深层次与更高标准改革领域探索，凸显制度红利促进产业升级，形成常态化的制度创新路径及机制。[60]蔡宏波、钟超（2021）认为当前中国自由港的建设主要存在的问题在于市场主体满意度不足、自由港法律框架不完善、信息化建设不足、国际化人才缺乏等，因此必须注重构建信用体系与建设融资环境，进一步完善法律体系，加强信息化建设，积极建立国际人才和服务与管理制度。[61]刘晓宁（2021）认为自贸试验区应充分发挥优势，打通国内国际双循环，并注重完善顶层设计，对接高标准国际经贸规则、促进系统集成创新，激活管理体制与机制，强化区域协同联动发展，探索建设自由港等方面，最大限度地发挥其改革开放先行先试区功能，实现自贸试验区高质量的创新发展。[62]

综上所述，从现有的研究成果来看，国内外专家、学者专门针对国外自由港和针对国内自贸试验区的建设进行评价或建议的研究较多，但针对大变局下对国内自贸试验区如何进行转型升级和高质量发展方面的研究还是偏少，对自贸试验区的改革与发展仅仅以静态眼光进行审视，或仅探讨自贸试验区转型升级的路径或方向，缺乏对转型升级进行"系统集成模式"的探讨。在相关的研究中，特别是针对百年未有之大变局对福建自贸试验区的转型升级与高质量发展的相关影响及如何应对的研究很少，因此本书以福建自贸试验区为例，针对百年未有之大变局给中国经济带来的风险和挑战，试图对中国自贸试验区转型升级及高质量发展进行综合系统归纳,在理论和实证方面进行深入研究。

(三)中国自贸试验区转型升级与高质量发展的理论基石

中国自贸试验区的转型升级与高质量发展需要一定的理论作为研究基石,以下相关理论能够为后续的深入研究奠定基础。

1.经济区位理论

区位是自然、交通、经济区位在空间与地域上的有机结合。传统区位理论一般是研究人类经济行为,对区位选择和区内经济活动优化组合。经济区位是指地理意义上的经济增长带、增长点及辐射范围。尽管现代科学技术尤其是信息技术发展扩大了经济活动的空间,但空间的有限性没有被改变,它受到自然条件与自然资源、社会经济条件和政策制度环境等因素的影响,也受空间移动的制约。经济活动区位及其理论的研究目的在于把握经济地域结构,针对经济空间现象和活动的区位竞争构筑社会空间摩擦最小化的合理经济区位,或在空间摩擦制约下构建最大合理化的经济区位体系。

该理论对中国自贸试验区的转型升级及自由港建设的指导意义在于:根据国际上先进自由港的发展规律看,地理位置优越、港口条件良好、运输装卸设备先进及快捷的水陆交通集疏条件是探索自由港建设的先决硬件条件。另外,软件环境也十分重要,如信息化程度高,法制政策体系完善,营商环境良好,对贸易、金融和税收等政策措施和优惠支持力度大,富有高层次的人力资源和城市文化,城市基础设施和服务设施完善等等,这些都是自由港通常的经济区位特征。

2.供应链管理理论

供应链是指在生产流通中将产品或服务提供给客户的由制造、供应、分销、零售环节的企业和最终客户组成的功能网链模式,供应链管理是为了满足客户需求的一站式服务的创新型管理模式,主要是围绕核心企业对商流、物流、资金流和信息流进行集成管理,协调企业的内外资源从采购到满足最终客户需求的全流程,目的是实现供应链运作的全局优化,即客户价值最大化、供应链成本最小化。

该理论对中国自贸试验区的转型升级及自由港建设的指导意义在于:随着全球自贸区的发展、自贸协定签订、国际经贸规则与全球供应链的重构,自由港成为供应链体系的核心要素,通过自由港建设可以打造国际化、法治化和便利化的营商环境,服务于供应链与产业链的枢纽型网络功能,构建综合性产业基地,成为企业和产业提高供应链效率、降低成本、争取要素及优化服务、加强供应链管理能力的新引擎。

3.帕累托改进理论

帕累托改进理论指出,在特定情况下可通过恰当制度安排或交换调整社会资源配置状态,尤其是当市场失效时采用正确的政策措施将会减少社会福利损失而使全社会受益。

该理论对中国自贸试验区的转型升级及自由港建设的指导意义在于:针对目前全球经济疲软、贸易保护主义抬头的新形势,根据对帕累托改进的原理,推进中国自贸试验区的转型升级可以从两方面进行:(1)以制度创新为核心,对照中国对外的多双边谈判议题,对标国际先进经贸规则,在资源有限的情况下充分探索体制机制创新,提高产出效率。(2)促进内外市场深度融合,提高要素与资源的配置效率,培育面向全球的竞争新优势。

4.集聚经济理论

韦伯(A. Weber)最早指出产业集聚因素,并量化了集聚规则。巴顿 K. J. Button 指出产业集群与创新之间的关系。马歇尔(Alfred Marshall)及其追随者认为,企业、机构及基础设施聚集会促进规模效应并带来范围经济,有利于政策、信息、资金、技术与人才等产业要素的聚集和运输、能源等专业化资源的充分共享,促进专业化投入和服务发展,促进知识外溢;经济全球化扩宽了全球消费市场,使聚集经济在国际产业链中的专业化水平和生产特质性不断提升,使企业获取全球最新资讯的途径不断拓宽并能进行可持续的不断创新,增强了企业的国际竞争力和吸取优质资源的聚集引力。

该理论对中国自贸试验区的转型升级及自由港建设的指导意义在于:中国已步入新时代,自贸试验区与自由港是中国高水平开放的窗口,能够聚集人才、资本和全球尖端技术等新兴要素并产生聚集效应,促进实体经济的转型升级。

5.中心地理论

中心地理论以市场、交通与行政为原则来衡量中心等级,中心地为周边地区提供行政、贸易、金融、文化及精神等服务。它对中心地数量、规模及分布模式做出系统阐述,并根据中心地可提供的服务与商品的规模和能力,将中心地分为高级、较低级、低级和辅助中心地四类,它们在区域中所处的地位与发挥的带动作用方面有明显的差异,等级越高的中心地的数量越少,分布越窄,服务范围越大;而等级越低的中心地数量越多、分布越广,其服务范围也越小。

该理论对中国自贸试验区的转型升级及自由港建设的指导意义在于:自由港是对外经济开放的高地,中国构建的自由港是以中国为中心的价值链核心节点,是能够集聚资金流、信息流、物流和人才等资源要素,规划政策、指导腹地分工协作的中心地。

6.增长极理论

法国经济学家佩鲁首先提出增长极理论,后期又被其他经济学家进一步发展。增长极理论认为经济均衡发展无法实现,可将特定地理空间或部门、产业作为"增长中心"或"增长极",并进行有效规划与配置,带动其周围或其他部门、产业的发展。在发展过程中须注意其扩散—回流效应,注意发挥其扩散效应,避免出现回流效应。

因此,狭义的经济增长极是指产业、城市及潜在经济增长极三种;而广义的经济增长极包含对外开放度、制度创新点及消费热点等能促进经济增长的积极因素和生长点。

该理论对中国自贸试验区的转型升级及自由港建设的指导意义在于:极化效应是指极化区域可以通过系列政策制度创新、吸引高端要素集聚进行自我发展和促进开放,为深层发展创造条件。随着人才、资金、技术和信息等要素的快速集聚,中国自贸试验区和自由港吸引新一轮高附加值产业的集聚。通过对周围地区的辐射作用,可实现要素自由流动和资源高效配置,促进规模经济的形成与交易成本的降低,成为区域的增长极和创新极。

7.核心—边缘理论

美国经济学家弗里德曼(J.R.Friedmann)指出,区域由核心区与边缘区构成,且核心区被包含在边缘区内,并对边缘区具有吸引和集聚效应,类似于"增长极",而边缘区为核心区的发展提供资本及劳动力等生产要素。核心区可以是中心城市或者城市的集聚区,经济增长速度快而且发展质量很高,在发展中处于主导地位。而边缘区是指比核心区相对落后、发展较缓慢的周围区域,接受核心区的经济和技术辐射。在发展初期表现为核心区对边缘区的控制及边缘区对核心区的依赖,核心区的增强和壮大带动边缘地区的发展。随着交通基础设备完备及条件改善、市场规模不断扩大以及城市化发展加快,核心区与边缘区之间的界限会逐渐消失,推动空间经济一体化发展,从而实现区域经济的可持续增长。

该理论对中国自贸试验区的转型升级及自由港建设的指导意义在于:中国自贸试验区和自由港作为核心区将会从周边地区大量吸聚人才、技术和资本等各类先进的生产要素并迅速发展,在体制改革、制度创新、交通运输体系构建和物流信息网络共享等方面形成对边缘区的示范与辐射,其范围不仅限于国内,也面向全球进行要素的集聚和扩散。

8.不平衡发展论

美国经济学家赫希曼指出发展中国家应优化配置资金与资源,优先在一些战略性、产业关联度较强的部门投资,以此带动其他部门与整个经济的发展。它不同于平衡增长论的特点主要在为了更加有效地解决资本不充足的问题,建议落后地区将有限资本集中起来投入具有带动性的战略性产业或者部门,如政府主要向基础设施等公共部门投资,而将私人资本引入制造业。

该理论对中国自贸试验区的转型升级及自由港建设的指导意义在于:可通过自贸试验区的转型升级与自由港的建设,引导经济进行"不平衡增长",先实现自贸港区与国际经贸规则的接轨,优先发展,再通过政策平衡加大对腹地区域或落后行业的投资力度,促进经济的均衡增长,但在政策的实施中要注意发挥其"扩散效应",避免"回浪效应"。

五、本书的研究框架与结构

本书立足于百年未有之大变局下,中国自贸试验区在复杂严峻的国内外形势下,以福建自贸试验区为例研究中国自贸试验区应如何全面增强全球竞争力、培育创新能力、提高开放水平、积极探索转型升级与高质量发展新路径,塑造国际竞争新优势,构建经济发展新格局,图 1-1 是本书框架与结构图。

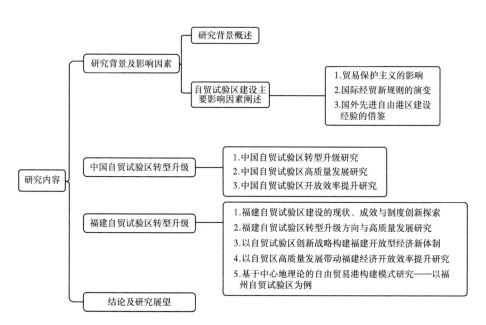

图 1-1　本书的研究框架与结构图

第二章 贸易保护主义的演进、相关研究及其对中国的影响

贸易保护主义是在大变局中对中国经济发展影响比较大的因素之一，加快自贸试验区的转型升级、建设自由港是中国应对贸易保护主义的有效手段。

一、贸易保护主义概述

(一)贸易保护主义的定义

贸易保护主义作为国际贸易理论之一，是指在国际贸易中主要采用关税和非关税壁垒限制别国产品、服务及有关要素参与本国市场竞争以此来保护本国相关的产品和服务等，同时积极向国内产品提供优惠与支持增强国际竞争力。

(二)贸易保护主义的演进

传统贸易保护主义经历了四个阶段:16 世纪至 18 世纪的重商主义—19 世纪 70 年代至第一次世界大战前的李斯特贸易保护主义—第一、二次世界大战之间的凯恩斯超保护贸易主义—20 世纪 70 年代中期后的新贸易保护主义。

1.重商主义

重商主义早期以货币差额论为基础，晚期强调贸易差额，主张国家主动干预经济，发展外贸垄断，通过实行高关税及贸易限制来保护国内产品与生产者,并积极从殖民地搜刮原料拓展市场。重商主义强调出口应大于进口,特别是限制奢侈品进口,保证货币(贵金属)的净流入,积累的财富越多,国家就越富强。

2.李斯特贸易保护主义

李斯特贸易保护主义以生产力理论为基础,主张各国根据自己的基本条件和经济水平干预经济,通过实行高关税和限入措施来保护幼稚工业,保护国家与个人利益。他在《政治经济学的国民体系》一书中提出后发国家必须保护幼稚产业才能赶超先发国家。但李斯特没料到,先发国家同样也可以通过贸易保护遏制后发国家的赶超。

3.凯恩斯超保护贸易主义

凯恩斯认为重商主义能保证经济繁荣,扶持本国制造业的发展并促进就业。凯恩斯超保护贸易主义提倡保持贸易顺差,因为它能带来黄金流入,增加有效需求和国民收入,增加就业,反对逆差,因为其导致黄金流出、经济下降和就业减少。

4.新贸易保护主义

新贸易保护主义即"超贸易保护主义"或"新重商主义",它强调保护资源与环境,保护民众健康及维护民族利益为名,以绿色、技术和知识产权保护等非关税壁垒为主,也会采用配额及歧视性贸易政策等管理手段实行贸易保护主义,通过贸易保护抬高市场准入门槛、限制进口商品进关、维持就业和在国际分工中的支配地位,具有表面上合理,形式上隐蔽,便于操作及战略上具有攻击性等特点。同时还能利用区域自由贸易协定构筑成员国和非成员国间的贸易壁垒。这些贸易保护手段更加隐蔽、灵活,保护效果更明显。

总之,传统贸易保护主义的实质是奖出限入,以贸易作为国家之间全面竞争的手段,既用补贴、优惠手段鼓励本国商品出口,增强其在国际市场上的竞争力,又用关税与非关税措施限制国外进口,排除本国商品在国内市场上免受外来商品的竞争。

(三)关于贸易保护主义国内外研究现状与评价

近年来,因世界经济不景气、国际贸易不断下滑,国际贸易中保护主义盛行,贸易摩擦加剧,国内外的专家、学者都对贸易保护主义的影响高度关注。

1.国外相关研究

国外专家、学者主要从关税与非关税壁垒角度说明贸易保护主义对外国生产者及本国消费者产生的不利影响并提出应对措施。Maria Victoria Lottici、Carlos Galperín、Julia Hoppstock(2014)指出绿色增长与绿色经济、气候变化的响应、环境商品和服务的自由化,这些新问题正用于来自发展中国家的货物和服务以及改善发达国家工业产品出口的市场准入。[63] Simon J.Evenett 和 Johannes Fritz(2015)指出,在贸易保护主义下,政府有足够的手段来区别对待外国商业利益,在本地化要求的情况下,投资措施和公共采购措施偏向于国内公司。[64] Anh T. Nguyen、Thuy T. Nguyen 和 Giang T. Hoang(2016)认为,针对贸易保护主义对经济的不良影响,可以通过简化手续和文件,协调和标准化所有贸易程序、文件顺序和物流政策,支持商业活动和物流服务,以及支持成员国达成允许过境的货运协议来实现东盟国家的贸易便利化,从而促进东盟经济共同体的发展。[65] Raluca-Marilena

Mihalcioiu(2017)指出,除了关税以外,一些如数量限制和禁止进口,以及管制、补贴和税收也被用作限制进口的工具,使来自其他国家的生产者处于不利地位。[66]Robert Grundke、Christoph Moser(2019)经研究后指出,在危机期间,产品标准和技术条例等非关税贸易壁垒的重要性有所提高,美国现有的产品标准得到了更严格的执行,研究结果符合(但不证明)由于严格执行产品标准而隐藏的保护主义。[67]Inkyo Cheong、Jose Tongzon(2018)指出,美国进口关税的增加将使美国遭受经济损失,并给中国、韩国和东盟国家带来长期的经济损失,仅提高美国对中国商品的进口关税不会对其他东亚国家产生任何溢出效应,美国贸易保护主义的加剧只会推动东亚国家进一步深化经济一体化,对全球贸易和投资格局产生严重影响。[68]美银美林的首席投资策略师迈克尔(2018)指出,美国政府的"贸易战"是当前国际金融市场存在的最大尾部风险。汇丰(HSBC)首席执行官诺尔·奎因(Noel Quinn)(2018)指出,由于保护主义抬头,跨国公司的经营成本正在上升,电子营销及电子供应链是抵消部分保护措施的方式之一,同时还有许多跨国企业正在转移部分供应链,以便进入目的国市场。根据纽约联邦储备银行玛丽·阿米蒂、哥伦比亚大学戴维及普林斯顿大学斯蒂芬教授的相关研究(2019),如果以越南取代中国作为进口国来预测美国政府加征关税产生的附加税额,再加上"无谓损失"(deadweight losses),研究结果发现,高关税使美国家庭增加了消费支出费用,还会对美国经济造成巨大扭曲,降低了政府的关税收入。[69]美国彼得森研究所亚当·珀森(2019)指出美国政府的"美国优先"和单边主义政策在国际与国内造成规则崩坏、经济下滑及福利水平下降等负面后果。美国国际贸易委员会公布,在"301条款"实施后,被征税商品与美国进口商品间的价格差不多是一一相应上涨,在2021年受影响最严重的行业是半导体、家具、计算机与音视频设备,由华进口价格上涨了25%,而美国本土产商品的价格也上涨了3%~4%。[70]

2.国内相关研究

国内专家、学者主要是指出了本轮贸易保护主义的新特点,以及对世界及中国经济带来的负面影响。姜达洋(2019)点明重商主义实质上是国家干预与民族主义,贸易保护主义仅为重商主义的初期主导政策。[71]金香丹、廉晓梅(2019)指出特朗普政府频频使用贸易制裁与谈判,意图通过"高水平的经贸规则"实施保护主义。[72]李杨、孙俊成(2019)点明特朗普是以"对等贸易"为理念,目的是维护本国的经济霸权。[73]王玉主、蒋芳菲(2019)指出特朗普政府的贸易保护主义损害了美国的国际信誉并削弱了其实力,也给世界经济造成了不确定与不稳定的负面影响。[74]孙天昊、盛斌(2019)指出"美国优先"体现出政治民粹、经济本土、贸易保护及国际关系新孤立主义等特点。[75]周清杰、张志芳、訾晓乐(2019)指出贸易保护主义后的"新重商主义"思想是中国与美国间产生贸易摩擦的重要原因之一。[76]徐旭新(2019)指出贸易保护主义的危害,建议中国及早应对其对国际经济秩序带来的负面影响。[77]厦门大学宏观经济研究中心(2018)对中国的 GDP、进出口及投资相关增速指标进行测算后发布研究报告指出,由于中国的外贸依存度下降和宏观调控的作用,短期内中美贸易摩擦的负面影响有限,但须高度重视其对民间出口制造业投资冲击产生的影响,其负面效应可能是巨大的。[78]熊光清(2020)认为贸易保护主义与民粹主义、"逆全球化"成为亟须警惕的重大社会思潮,其盛行的根源在于西方发达国家要维护其国际经济主导地位,体现其霸权逻辑,它会使世界经济面临波动,经济复苏面临更多变数。[79]徐浩、赵景峰(2022)认为贸易保护主义呈现新特征,以维护贸易公平与国家产业安全为新借口,形式上更趋于隐蔽化与"合理化",保护领域由高新技术领域转变为全面保护,并以数字、智能等新领域作为保护重点。[80]

3.提出中国应对贸易保护主义的策略

国内的专家、学者普遍认为贸易保护主义对中国经济存在阻碍与不良影响,并纷纷提出了应对举措。王艾嘉(2019)指出中国可通过联合德、欧、日等发达国家和地区共同抵制美国的逆全球化措施,加快推进中日韩自贸区谈判等自贸协定谈判,并团结新兴经济体一起应对美国不公平、不公正的贸易制裁。[81]江凌、毛宇辰(2019)指出面对中美贸易摩擦,中国一方面要与美方协商谈判,避免摩擦升级,另一方面要全面抓紧采取策略,提升自身实力。[82]安若楠、魏泽宇(2019)指出当前贸易保护具有主体范围扩大、技术及环境壁垒不断提高、保护手段增加及措施日益隐蔽等新特点,并提出中国必须加强对贸易摩擦的预警和争端解决机制建设、积极推动创新促产业升级、充分利用 WTO 规则维护自身权益等应对策略。[83]姜跃春(2019)指出中国须争取成为新经贸规则的制定者和新全球化的引领者。[84]李嘉琪(2019)指出以英国脱欧及美国政府的"美国优先"为代表的新型贸易保护主义对中国产生严重的负面影响,必须通过"中国制造与创造",既扩大内需,又加快区域经济一体化。[85]黄河(2019)认为由于新兴经济体兴起、贸易摩擦加剧及逆全球化深入,国际经济秩序开始重构,中国应从长远和机制化角度积极参与和主导国际与区域性金融、投资和贸易等国际公共产品的提供,为发展中国家及新兴经济体参与国际经济秩序变革发声。[86]

二、新型贸易保护主义的内涵、特点及表现

（一）新型贸易保护主义的内涵

本轮以美国为代表的贸易保护主义在内涵、保护对象、措施和范围等方面又出现了新的变化，与早期的新贸易保护主义相比有很大不同：在以美国为代表的贸易保护主义中我们看到了传统贸易保护主义中的关税保护、重商主义及幼稚产业保护论的阴影，不仅提倡国家干预经济生活，而且要求保持贸易顺差越大越好，不能接受贸易逆差，美国政府强调并要求主要贸易国削减对美的贸易顺差，这就是明显的重商主义逻辑；将贸易作为国家间全面竞争的一部分，通过对贸易来遏制后发国具有生产力新兴产业的发展，使对手无法实现赶超。此外它与传统新贸易保护主义还有如下不同，我们称之为"新型贸易保护主义"。[87]

（二）新型贸易保护主义的特点及表现

1.被保护的范围扩大，且针对性强

保护范围从保护服装纺织、钢铁、家电及农业等劳动密集型的夕阳产业向通信、计算机及航空等高新技术、新能源领域延伸，保护领域也从商品向就业与金融市场扩展，如在就业上跨国公司主要裁减只签短期合同的外籍劳工；而在金融上欧美发达国家一方面严控本国资本的流出，另一方面从新

兴市场上抽离资本,并对本国货币竞相贬值,目的是促进经济尽早复苏。[88]

2.更加法制化、制度化

为了保证本国贸易保护措施更具合理性,美欧等国家和地区以加强国内立法与行政干预等方式、手段进行贸易保护,他们打着"国家安全"的旗号,纷纷将贸易政策法制化、制度化,并由政府运用法律提起案件、发起调查,把复杂的双边与多边贸易转化成为主权国家的内部问题来处理,以实现自身的贸易利益诉求。此外,在行政方面,他们还通过限制政府经费等方式阻止相关产品的进口。

3.保护措施多样化,隐蔽性、歧视性增强

除反倾销、反补贴与保障措施等传统关税壁垒外,还有依据国际公约、条约或立法制定的,以保护环境、资源、人类、动植物的生命及健康为由,积极利用科技及环境保护等方面的优势来制定有别于他国的技术、环境与劳工标准,采用保护形式日趋隐蔽的低碳环保的环境保护壁垒,维护国内劳动者权益的社会壁垒,保护技术发展的知识产权壁垒,以及种类繁多的非关税壁垒,由政府运用法律发起调查。这些措施外表上合法,名义上合理,事实上存在严重的歧视性,大大抬高了进口门槛,增加了出口国企业开发国际市场的难度。[89]

4.形成区域性贸易保护

一些国家(地区)间通过签订自贸协定结成经济与货币联盟,对内推行自由贸易,对外共筑贸易壁垒,共同实行约定的贸易保护,将单个成员国的贸易保护转化为整个区域的贸易保护,更加有效地保护成员国的利益。

综上所述,此次贸易保护主义具有名义合理、手段隐蔽、操作方便且具

有攻击性的特点,可称为"新型贸易保护主义"。

三、贸易保护主义给全球经济发展带来的负面影响及当前形势

(一)贸易保护主义给全球经济发展带来的负面影响[90]

第一,阻碍经济全球化进程。贸易保护主义限制了市场规模,影响了全球商品、服务和要素的自由流动和资源的有效配置,阻碍了产业链及供应链的有效调整、国际市场一体化与生产效率的提升,导致国际市场进一步萎缩。

第二,扭曲资源的优化配置,阻碍效率提升。自由贸易是国际资源配置最有效的方式,而贸易保护主义使资源无法配置到具有比较优势的产业,削弱了国际分工的专业化优势,影响了生产效率的提升,制约了国际市场规模的扩大,并阻碍了别国高效率和物美价廉的商品或服务进入本国。

第三,延缓经济的可持续增长。实施贸易保护主义的国家无法使其跨国公司获得持续扩大的国际市场与稳定的需求,另外对于发达国家而言,也无法实现充分就业及经济的可持续和发展繁荣。

第四,损害消费者利益。在贸易保护主义政策下,本国质差价高的产品销售高于国际质优价廉的商品或服务,会使国内消费者福利损失大于被保护产业的获利。

第五,不利于改善就业。短期内贸易保护政策能对就业产生一定效果,但从长期看得不偿失。根据20世纪90年代美国经济学家赫弗鲍尔和艾利

尔特的相关研究,为保住本国制糖等弱势、夕阳产业付出的就业代价可在其他行业新增十几倍的就业岗位。

随着以美国政府为代表的贸易单边主义及"逆全球化"的蔓延,贸易摩擦加剧,国际交流受阻,中国面临的反倾销与反补贴案件激增,国际贸易形势严峻,有必要积极采取新措施,抑制贸易保护主义的扩散,推进全球贸易的自由化和便利化。

(二)当前严峻的新型贸易保护主义形势及其影响

根据汇丰银行(HSBC)公布的近 5 年来针对 6000 家跨国公司的调查结果,61%的美国人认为保护主义正在抬头,而仅有 50%的欧洲人认为保护主义不断加强;61%跨国公司普遍认为各国保护主义正在加强,其中以中东、北非及亚太地区的跨国公司反应最为强烈,大多数公司都在寻求区域合作伙伴来开发贸易机会,如欧洲和亚太地区 74%(近 3/4)的海外贸易是在同地区内进行的。[91]另据波士顿咨询公司(BCG)及汇丰银行的研究团队,通过假设国际贸易处于规则高度开放状态和全球贸易面临最大限制的两种不同情况,进行对照分析贸易流量对经济增长的影响,研究后发现除非世界各国政府取消或者降低关税,否则全球经济 GDP 将会在 2025 年面临高达 10 万亿美元的损失。[92]

由于新冠疫情在全球蔓延、国际市场需求及贸易大幅下降,全球产业链、供应链受到重创。当前主要发达国家的经济萎靡不振,美、日、欧经济疲软,俄乌冲突等影响全球,国际经贸局势紧张、经济不确定性加剧,全球贸易投资的低迷使"逆全球化"趋势日益显著,引发了贸易保护主义的风潮。一些西方人士认为是开放导致了本国经济出现发展疲软、资本流失及失业等严峻的经济与社会问题,频频出现质疑开放发展的全球化与贸易保护主义的言论。为弥补刺激经济的宽松政策退出,不少国家转向实行贸易保护主义政策。作为全球经济引擎,为规避多边贸易制度的约束,维护本国经济利益,美国在贸易政策上秉持"保护"态度,美国政府曾把保护主义作为全球贸易再平衡的"美国优先"政策中的一部分,逆全球化和民粹主义思潮容易诱发并加剧国际贸易摩擦,从而威胁国际贸易自由化进程,加剧国际贸易萎缩。

1.近年来国际贸易摩擦出现的新特点和新趋势

(1)实施贸易保护的主体除了发达国家还有一些新兴或发展中国家

贸易保护主义已成为全球性现象,是 2023 年世界经济面临的重大挑战之一。《新兴经济体发展 2019 年度报告》显示,2009—2018 年 G20 的 8 个发达国家的保护主义措施高于 E11(即 G20 的中国、韩国、印度、巴西、印尼、南非、墨西哥、阿根廷、土耳其、俄罗斯及沙特阿拉伯),且每年不断增长[93],其中美国居全球之首。特朗普政府的贸易壁垒覆盖范围不断扩大,他主导的以"美国优先"取代导致美国就业与财富流失的"全球主义"的新贸易保护主义政策不仅针对中国,还包含欧盟、加拿大、墨西哥、德国、日本及韩国等主要的国际贸易伙伴。

贸易保护主义与单边政策给发展中国家及新兴经济体带来了诸多困难,导致全球贸易减速。在本轮的贸易保护主义中我们还发现,除美国和欧盟等发达国家外,一些新兴或发展中国家为了保护本国利益也开始实施贸易保护主义。2022 年保障措施案件频发,除美国、欧盟等经常运用反规避调查的国家外,连印度、秘鲁和欧亚经济联盟也对中国产品提出反规避调查,全球贸易保护主义加重。[94]如果贸易保护主义持续升级将引发贸易战,直接影响国际贸易与投资,进一步引发世界经济下行,甚至进入萧条期。

（2）贸易摩擦领域不断扩大

当前有形国际贸易的摩擦从传统商品不断扩展到中高端产品领域,其中发达国家主要涉及金属及其制品,而新兴经济体主要涉及机械、化工产品及纺织原料,品类分散。由于大量的国际贸易是由投资带动的,贸易摩擦已波及跨国投资、并购等投资领域,影响国际资本、人员、技术等要素的自由流动。除此之外,贸易摩擦从投资经贸领域扩展到社会经济领域,劳工待遇、产业政策、汇率和人权等领域已成为贸易摩擦的新领域,同时还出现了与贸易问题发生相互叠加、互相影响的新情况。

（3）贸易保护采用的措施及手段多样化

以美国为首的发达国家熟知国际贸易规则,把贸易保护主义政治化,利用贸易政策迫使新兴发展中国家开放国内市场;以威胁国家安全、加强知识产权保护和维护网络安全等为由阻止外国产品进入本国市场或投资;用法治途径化解贸易争端,保护国内企业尤其是中高端产业的国际竞争优势,实现利益最大化。在保护手段上,除了传统的反倾销、反补贴等关税保护措施,还会利用贸易规则、环境因素、苛刻的技术标准及更加复杂隐蔽的非关税贸易壁垒设置障碍,如技术性贸易壁垒、绿色壁垒、知识产权措施、劳工标准和政府采购等。

2.贸易保护主义对中国的影响

在严峻的国际经济形势下,全球贸易增长放缓,各国间的贸易竞争越来越激烈。一些发展中国家成为全球贸易增长的重要动力来源,国际经贸新形势让一些习惯经济不断增长的发达国家非常不适应,为了自身短期利益频频以"贸易逆差"为借口,通过对外加快签订双边和区域贸易协定排除竞争对手,扩大国际自贸"朋友圈"。他们对内采取加强立法和行政干预的手段、方式将反倾销、反补贴和保障措施政策法制化、制度化,采取贸易保护主义政策、制造贸易壁垒和运用法治途径手段解决贸易争端,并通过加大贸易保护主义力度实现利益最大化,其目的是意图转移国内矛盾,又使别国企业遭受不公正的待遇或损失。

中国大部分产品的国际市场主要集中在美、欧、日及东盟等传统市场,一些发达国家认为中国属于非市场经济国家,故对华挥舞贸易保护主义的大棒,加上中国产品自身的原因,导致近年来国际市场上对中国出口产品提出的知识产权调查、反倾销和救济调查案件数量大幅度提高。目前一些发达国家对华贸易的打击对象正从具体商品扩大至全行业,从劳动密集型产业扩展到较为高端的新能源、高科技等战略性新兴产业。中国面临的国际贸易争端也从低附加值劳动密集型产业向高附加值技术与资本密集型产业升级;贸易摩擦手段从以反倾销为主转向以反补贴为主;贸易摩擦涉及的金额不断增加,从几亿元攀升至几十亿元,对相关产业链产生巨大影响。

作为国际贸易救济措施的主要目标国,中国在一些国际贸易摩擦案件中时常被针对,主要是钢铁、机电、化工及纺织等领域,其企业和产品往往被裁定为实行了较高的反倾销税。2022年,外国对中国贸易救济的调查持续高发,原审和复审(反倾销、反补贴与保障措施、反规避和反吸收)的案件立案总数为188件,主要由美国、印度和欧盟等国家和地区发起。当前全球经贸格局调整加快,随着WTO多边谈判陷入僵局,以自由贸易为特征的多边贸易体制受到强烈冲击,双边以及区域性自贸区发展成为主流,以美国为主导的一些发达国家因为更了解国际贸易规则,在国际上主导双边、区域性贸易协定的签订。全球投资经贸规则向高标准的贸易自由化、投资自由化转变,国际贸易新格局正在形成,给中国经济发展带来了较大的外部压力,即面临"二次入世"的风险,外贸和吸引外资空间将受到很大影响,因此必须高度警惕贸易保护政策与措施对世界及中国经济带来的危害。

(三)中美贸易摩擦的历程及对中国的影响

1.中美贸易摩擦演变

受美国政府相关贸易保护主义政策影响,中美贸易摩擦频发,中国的国际贸易发展严重受阻,且摩擦逐渐从关税领域扩大至科技、舆论、投资、人才交流、金融及地缘政治等领域,中国的国际空间发展面临严峻挑战。后疫情时代,世界经济进入全面贸易保护主义的盛行周期,美国已公开放弃贸易自由化、全球化,贸易保护主义已成为经济政策的基本基调,认为现在要提倡贸易公平化,美国贸易特别是进出口贸易和投资遭到不公平的待遇,把保护主义作为"美国优先"、全球贸易再平衡政策的一部分。本次贸易摩擦具有持久性和严峻性,反映了美国在经贸领域从战略上对中国的遏制,美方的反复无常使中美经贸磋商严重受挫。

2.贸易摩擦对中美两国的影响

中美目前处于战略竞合期,双方主要的关注问题在于中国购买美国产品的规模,美对中国关税撤销的力度及时间,协议执行机制,在相关贸易、产业补贴、科技创新方面的分歧及产权保护等方面的结构性难题。两国间产生严重的贸易摩擦,源于两国在个人行为方式、企业、政府及全球地缘政治形态不同等原因,但本质上是中美对市场空间的竞争。美国不顾国内外的反对意见,蓄意制造贸易摩擦,是因其国内政治需要与社会矛盾、地缘政治与经济博弈、维持美元霸权地位与转嫁赤字负担、谋求全球高科技垄断与规避创新竞争、试图颠覆现有国际规则与重塑经贸体系等多因素叠加的结果,而绝不仅仅是美国声称的解决贸易逆差问题。尤其是中美两国间的技术差距日益缩小,美国对中国的高科技发展产生恐慌,所以在国际贸易摩擦中特别关注中国技术转移的相关问题。美国通过人为增加关税与非关税壁垒、出台法案加强对关键技术的收购审查、切断科研交流、增加企业运营成本、迫使全球供应链重构等强硬的霸凌做法对中国经济发展进行抑制,甚至使用围剿华为、把中国列为汇率操纵国的极端手段扩大贸易战。虽然美国对某些中国的进口商品实施豁免,减轻了贸易战的伤害,但"制裁＋豁免"的贸易政策实际还是为贸易设限,增加了贸易的不确定性风险,也大大增加了美国政府及企业的工作量、时间成本与合规成本。中美贸易战已向科技战、金融战领域蔓延,演变成涉及全面贸易、金融和科技的"战斗"。

(1)关税战对中美经济的影响

近年来中美关系扰动多次出现,分别为 2018 年 3 月、4 月和 6 月,2019 年 5 月和 8 月,2020 年 7 月和 8 月,2022 年 3 月,涉及地缘政治、外交、贸易、金融和科技等多个方面,使两国在经济、贸易、产业和科技等方面出现有限脱钩趋势,中美战略博弈已成为两国之间关系的新常态。中美两国贸易总额占全球经济总量的 40% 左右,两国已提高或威胁继续提高针对对方商品的进口关税,可能会改变国际贸易的流向,并有可能使全球经济脱离正轨,贸易战升级将使两国的经济增长放缓,同时带累全球经济增长。据伦敦经济学院预测,如果中美将关税威胁付诸行动,在年度经济上中国将下降0.8%,而美国将下降 0.3%。[95]IMF 的《中美贸易紧张局势造成的影响》一文显示,中美两国间的贸易摩擦不仅伤害了彼此的经济发展,还会累及全球经济,如果对两国之间的贸易征收 25% 关税,会使中国 GDP 下降 0.5%～1.5%,使美国 GDP 下降 0.3%～0.6%,短期内将使全球 GDP 增速下降约 0.33%。[96]

(2)贸易摩擦对企业生产布局及供应链重构产生影响

贸易冲突、地缘政治及汇率不稳定等因素导致全球及生产出现地区转移。贸易战也给中美两国企业的生产布局带来了不可逆的系统性影响,打乱了全球的产业链及供应链,也改变了国际贸易的流向。因此,全球企业开始加快调整横跨两国构建的供应链以应对持久战。据花旗证券相关报告,美国政府按 25% 对中输美 2500 亿美元产品课征关税会导致大量失业。由于美国政府对中国经济市场采取的阴晴不定的做法,美光、英特尔、高通等美国企业不敢轻易向中国市场投资;而夏普、拉夫劳伦、环球电子(UEIC)、苹果等跨国企业及其配套企业也纷纷考虑重塑自己的供应链,将东南亚的一些低成本国家作为迁移生产线的目的地,加速将生产线从中国转移到东南亚、印度等地区。

(3)美国在人才交流、科技、投资及地缘政治方面对华限制

科技方面,美国商务部工业安全署专门针对生物、人工智能和芯片等前沿领域进行出口管制,还将中国多个高科技企业列入"实体清单",围堵华为、中兴和福建晋华等高科技企业。这些打压可能会使中国科技在短期内成本提高,创新效率下降,但长期来看会倒逼中国科技的自主创新与产业升级。

人才交流方面,美国缩短中国留美学生的签证停留期限,阻碍中国留学生获取美国优质的教育资源;打压华人在美企任职,多个研究和学术机构在美国相关部门的调查与要求下解雇华裔学者;阻止中美科研机构与企业的合作。这些做法不仅不利于中美文化的沟通交流与理解,也不利于美国服务贸易的发展。

投资限制方面,美国政府的《美国外国投资风险评估现代化法案》以国家安全、反垄断及出口管制等为由加强对华的投资审查,特别是对核心高科技行业进行重点审查,使中国对美的正常投资、并购、技术合作和全球生产布局受阻,国际化进程风险激增。[97]

地缘政治方面,美国试图对华极限施压,插手港台等中国内政,在国际经贸规则中设置"毒丸计划",联合日、加、澳等国限制华为参与 5G 建设,在

G7会议联合盟国施压中国等。

受贸易保护主义等因素影响,中企对美投资的案例数量及金额都出现了大幅下跌,2021年,中国对美国直接投资流量为558435万美元,比2020年下降了7.2%。[98]但在2022年,中美双边贸易额创出历史新高,展现出了较强的韧性,这说明中美经济结构上还是高度互补的,在经贸合作上存在互利共赢的本质。[99]

四、新型贸易保护主义及其给中国自贸试验区建设带来的风险、挑战及机遇

全球贸易保护主义重新盛行,对世界经济的恢复产生重大影响,无论欧美或中国都面临改革与转型。中国国内经济下行压力较大,在国际上又面临严峻挑战,企业经营困难,如何沉着应对国际贸易形势新变化、做好应战准备,实现经济转型升级,是当前中国不得不思考的重要课题。

(一)新型贸易保护主义给中国自贸试验区建设带来的风险和挑战

1.贸易战带来的复杂敏感国际政治经济环境加大了自贸试验区发展的不确定性

近年来,由于世界经济增长动能不足,现有的全球经济秩序面临严重危机,合作体系正承受巨大压力,世界经济治理面临严峻挑战。当前正在兴起的第四次全球产业转移和全球价值链重构对中国产业格局造成巨大冲击;美国特朗普政府的"美国优先"主义严重挤压了中国的国际经济活动空间;

美国和一些发达国家主导的意图重建世界经济秩序的美加墨协定、日欧经济伙伴协议(EPA)及全面与进步跨太平洋伙伴关系协定(CPTPP)等都给中国施加了较大的规则压力。为了积极应对国际新形势变化、拓展国际空间,中国自贸试验区建设必须适应国际贸易体系变迁,积极探索国际贸易新规则的制定,在复杂多变的国际经济政治环境中应对巨大的风险和不确定性。

2.新冠疫情及贸易战给全球价值链分工带来的不确定性倒逼中国构建国内价值链和"一带一路"价值链体系

美国政府出台"缩减贸易逆差"等保护主义举措给中美经贸合作关系和全球价值链分工体系带来诸多不确定性影响。为了避免征税和降低成本,许多发达国家的订单会向东南亚、非洲及南美等转移;一些在中国投资的外企准备向本国回迁或向自贸协定成员国转移投资,中国的一些本土企业也会为了追求经济利益或为了获取原产地优势将企业外移,这些都伴随着配套产业链的同步转移,中国以低端制造业切入全球价值链的经济发展模式将发生重大转变。

新冠疫情对国际贸易和全球化生产体系造成了巨大的冲击,将进一步推升发达国家的"逆全球化"趋势,发达国家和跨国公司开始加快调整国际经贸秩序和区域贸易布局,同时发达国家加大掌控高端价值链的力度。在中美贸易摩擦中美国对高科技行业和知识产权加强保护,阻碍发达高科技知识向中国溢出。倒逼中国必须启动以内需为基础的经济全球化战略,以"人类命运共同体"理念重新构建全球价值链,特别是国内价值链和以"一带一路"为价值链支点的带路价值链。

3.贸易战加大中国金融业和服务贸易开放压力

欧美等发达国家的服务贸易在国际竞争中占据优势,极力主张推动金融等服务贸易自由,逼迫、要求别国开放服务业。由于制造业服务化和全球价值链使货物与服务紧密联系,中美贸易摩擦虽主要发生在货物领域,但实质上与服务贸易高度相关。美国政府的目标不仅是紧盯"中国制造2025",还要求中国进一步开放货币金融领域。当前中国服务贸易发展很快,但在国际贸易中总体比例偏低,还有很多短板有待补充,如目前国内服务业开放不足,低端服务业已出现产能过剩,以专业化、智能化、效率化和资本化等为特征的涉及教育、医疗健康、科技与金融等高端服务业还处于起步阶段,中国的金融服务领域的市场化程度还较低。贸易摩擦使中国的金融服务领域面临前所未有的竞争压力,而且美国对华的技术贸易管控也大大影响着中国知识产权及高新技术方面的服务贸易,将在知识产权保护和新进入者竞争等方面对中国中小企业造成压力。因此,当前我国急需深化服务业改革开放,提高服务贸易领域的竞争力,但同时相关的金融安全和风险防范也必须高度关注。

4.贸易战影响中国出口商品结构与方向

中美贸易战使一些中国产品出口美国受阻,国内一些领域出现供给旺盛而需求不足的情况,输美商品成本提高,导致企业与消费者都付出高昂的代价;产业方面,中低端产业主要往东南亚加速外移,一些高端产业回流回到美国;原从美国进口的大豆、小麦和牛肉等农产品转由巴西、俄罗斯等国进口。在当前情势下,通过B2B、B2C和B2F(企业到家庭)等跨境电商营销方式成为国际市场开拓的重要渠道,随着消费增长,中国制造的产品越来越多在国内销售,通过大力发展内需市场,逐步将出口产能转化为内销或通过"一带一路"价值链输出国门。

(二)新型贸易保护主义给中国自贸试验区建设带来的机遇

1.贸易保护主义倒逼中国加快对外自由贸易协定的签订进程,深化国际自贸区战略

当前贸易保护主义抬头,逆全球化波澜不断,日欧签订的 EPA 于 2019 年 4 月 3 日生效,标志着美欧日通过双边协定相互联手,其目的也主要是针对中国。虽然中国的快速崛起成为一些国际势力打压的目标,面临的国际压力或有增无减,但目前中国已建立起了知识产权制度的基本框架,服务贸易和投资逐步开放;关税水平逐步接近发达国家水平,远低于印度、巴西等发展中国家;经济实力稳居全球第二,拥有了全方位及高水平推进开放的基本条件,中国可通过推进国际自贸区网络体系建设,深化区域经济一体化合作,推进全球自由贸易进程。[100]

2.贸易保护主义倒逼自贸试验区加快转型升级,与"一带一路"倡议深入融合

在复杂世界经济环境下,自贸试验区转型升级和以点带面的联动发展促进了国内市场的进一步开放,有利于"一带一路"的国内区域及共建国家的要素集聚与经济辐射联动,成为释放"一带一路"共建倡议的重要动力。因此,探索区域经济合作新模式,可将自贸试验区建设和"一带一路"建设工作进行有机对接和深度融合,促进法治化营销环境建设,在"一带一路"建设中创新对外合作机制,鼓励具备竞争实力的企业加快"走出去"步伐,带动中国设备、技术、服务及标准走出去,关注重点国别和产业领域,培育有经济发展前景及准确功能定位的国外经贸合作区,优化国别产业布局,扩大对内、

对外的高水平开放,为中国新一轮对外开放提供强有力支持。

3.贸易保护主义倒逼自贸试验区加快改革开放,优化营商环境

营商环境体现了一国或地区的综合实力和核心竞争力,当前贸易保护主义愈演愈烈、国际环境日益严峻,坚持走改革开放之路,打造营商环境是中国自贸试验区转型升级的必由之路。当前福建自贸试验区的营商环境已得到了很大的改善,但离政务清明、法制公平公正、市场规范有序、文化诚实守信和人才政策开放包容的国际营商标准还有距离,如在自贸试验区建设中,市场主体特别是民营企业的满意度还有待提高,由于政府实施的政策措施或制度创新与市场主体的需求存在着一定的偏差,改革中实施的一些便利化措施没有达到预期的便利效果,造成效率低、资源优化缺失的情况等,阻碍了营商环境的进一步优化。因此,加强同国际规则对接,打造服务型政府,加强政府及市场主体的诚信建设,实行责任负责制,与企业家建立良好的沟通机制,扩展企业发展空间的任务十分紧迫。

4.贸易保护主义倒逼自贸试验区对标国际标准,加快服务业和金融业的开放步伐

服务业的国际转移及要素重组为中国服务业跨越式发展提供了新机遇,而贸易保护主义带来的压力倒逼中国必须紧抓机遇,参照国际惯例及全球新贸易投资规则,进一步放宽市场准入尤其是服务业的改革开放,确立服务业加快发展在经济改革中的核心地位,以文化、健康、旅游、养老、研发、电信和金融等服务行业作为改革突破口,注重创新加快构建有中国特色的服务贸易管理机制,提升自贸试验区对外开放度,把其打造成中国服务贸易改革的重要展示窗口。

在自贸区服务业的发展中,特别注意要将国内外金融市场有机衔接起

来,构建面向国内外双向流通的金融机制与市场体系;衔接国际经贸规则,积极推动立法先行先试,注意防范金融风险;探索金融监管创新,夯实金融服务水平;完善基础设施,吸引更多的外资金融机构入驻。

5.贸易保护主义倒逼自贸试验区加快创新要素集聚,推动高新技术与实体经济深度融合

当前国际高科技领域竞争激烈,智能制造、互联网技术应用、新能源及材料等高新科技领域是各国加强保护和增强国际竞争力的重点。而经济转型升级、创新要素集聚、监管安全高效及重大风险防控等改革都离不开中国高科技信息技术的快速发展。国内外的发展压力倒逼中国必须加强自身经济建设,提高自主创新能力,增强在全球竞争中的抗风险能力。作为改革的先行区,中国自贸试验区必须把握全球创新趋势,深化供给侧结构性改革,加快发展新信息技术产业及数字经济,塑造关键领域国际竞争新优势,构建高精尖经济结构;同时,在改革中还要坚持网络安全与信息化的协调发展,完善网络安全保障体系,提升中国自贸试验区的综合竞争力。

6.贸易保护主义倒逼中国自贸试验区深化国际交流,推动科技、旅游、经贸及文教等领域高效合作

当前的国际形势迫使中国必须积极开拓外交,扩大开放,各地自贸试验区可立足于区位、禀赋优势,深化区域经贸合作,如与"一带一路"共建国家或地区加强合作,鼓励有国际竞争力与开拓国际市场意愿的企业以多种方式"走出去",加强在制造业、农业和矿产等领域的对外合作,建立新型合作关系;还可通过开展联合办学,大力发展高端国际教育行业,提高国内外人才工作的便利度,吸引先进人才;同时不断深化国际科技与人文交流,选择合作领域与重点项目,通过共建科技园区、联合实验室等方式,建立经贸、联

合研发、教育、文化、旅游和科技创新等领域的交流合作机制,提升国际合作层次和水平,更好服务于中国对外开放的总体战略布局,带动中国自贸试验区以全方位、高层次和高水平的大开放带动中国经济大发展。

综上所述,针对新型贸易保护主义和全球经贸不确定的发展态势,中国必须做好应对贸易保护主义的持久战准备,还要及时随势调整:一方面中国必须加强国际合作,积极利用国际经贸规则及国际争端解决机制,坚决捍卫中国的贸易权益和利益,抑制贸易保护主义的进一步扩散,继续维护中国现有的国际市场地位;另一方面,只有实现全球利益共享,才可实现经济可持续发展,作为负责任的大国,中国也必须发挥自身带动作用,大力推进全球贸易的自由化和便利化,加大对自身优势的培育力度,狠抓企业、产业与区域经济转型升级,以自贸试验区改革升级和自由港建设推动中国融入国际贸易规则体系,争取更多的话语权,并为国际经济发展贡献中国智慧,形成内外协调发展的国际国内双循环新格局。

五、应对贸易保护主义的抓手与改革实现路径

后疫情时代,逆全球化抬头和贸易保护主义增强,全球供应链开始重构。中国对贸易摩擦与贸易保护主义既要立足于加快自我改革,降低关税与非关税壁垒,还要平衡贸易,实行贸易多元化,加强国际贸易与投资合作,才能共战疫情,实现共赢。自贸试验区与自由港建设是中国进行竞争中性、开放高效市场改革的有力措施,也是对逆全球化与狭隘的贸易保护主义的有效回击和重要抓手,还体现了中国坚持开放与捍卫自由贸易的决心。

在自贸试验区与自由港建设中,特别重要的是加快对内、对外的改革联动:既要对标高标准国际规则,加快推进高水平国际自贸区建设,又须借鉴

先进国际自由港建设经验,在自身能够承压的范围内改善营商环境。加快投资贸易便利化探索,推进自贸试验区改革及自由港建设,形成国内与国际"双自联动"改革,促进国内与国际双向互动与要素自由流动,结合实际加快建设独具中国特色的更高水平开放型经济新体制。

(一)高标准对标国际经贸新规则

当前全球经济进入"再平衡"状态,发达国家推动国际经贸规则重构,贸易保护主义抬头,USMCA、EPA、CPTPP 及 RCEP 等大型区域贸易协定不断涌现,多边体制面临严峻挑战。面对国际政治与经济上的深刻变化和一系列严峻挑战,中国必须主动积极扩容自贸区"朋友圈",抓紧签署自贸区协定,对接国际高标准国际经贸规则,针对"边境后"措施加快改革步伐,建立能够适应国际经贸新形势的各类"边境后措施"政策体系,融入全球贸易的新秩序与新规则,争取更多的国际发展空间并拥有国际话语权和影响力,摆脱受贸易保护主义挤压的困境。

(二)借鉴国际自由港(区)的先进经验转型升级

国际先进的自由港通常行政管理体系高效,营商环境良好,具有免关税、低税赋的特点,在贸易、资金、通航等方面进出自由,形成特色化、竞争力强的优势产业,腹地广阔、物流集疏运网络发达,方便货物中转运输;同时,其对资金、人才、科技及信息等优质要素的聚集能力也强,电信、金融、营销、租赁等市场开放,总部经济及服务贸易发达,能促进经济"溢出"。中国自贸试验区及自由港建设可通过学习借鉴国际先进自由港的先进发展经验,并结合自身实际与优势,打造区域经济发展的关键增长极。

（三）广泛开展国际合作，共促发展

在逆全球化背景下，世界各国间的交流合作受到了一定的阻碍，中国需要通过自贸试验区与自由港建设"先行先试"，推动"引进来"和"走出去"双向开放，不仅成为"一带一路"联通的重要支点与门户枢纽，还是国际自贸区网络的重要部分，充分利用国内外的市场与资源，有效链接国内、国际经济"双循环"，构建国内价值链与国际价值链[101]，从深层上探索与其他国家的需求与利益契合点，达成共识并开展广泛合作，共求发展。

第三章　国际经贸新规则演变及其对中国的影响

国际经贸规则是指国家(地区)间在国际贸易中,经各方认可并遵守的规章制度,是国际经贸关系的产物及上层建筑,它的确立取决于参与方的共同意愿、经贸实力、企业需求与非国家行为体认可四个方面,并随它们的不平衡发展而变化。[102]统一的经贸规则能促进商品和生产要素的国际范围流动、资源配置,提高国际分工和全球福利水平,为国内和国际上其他国家的经济主体提供依则办事的规程,提高预期、降低风险和交易成本。

国际高标准经贸规则,主要是指标准高于 WTO 规则,如在区域贸易协定(优惠贸易协定)中出现的《国际服务贸易协定》(TISA)、《区域全面经济伙伴关系协定》(RCEP)、《全面与进步跨太平洋伙伴关系协定》(CPTPP)等。主要涉及两种:一种是 WTO+(WTO plus 规则),它是指在现有 WTO 规则基础上具有更高标准,如关税更低、知识产权保护年限更长等;另一种是WTO-extra(WTO-x 规则),它是指在现有 WTO 规则以外的新议题与新规则,用以应对全球新问题,如涉及数字贸易、竞争政策、政府采购和反腐败、环境与劳工问题等。对接国际高标准经贸规则是中国自贸试验区功能提升的关键一环。

一、国际经贸规则的形成机制及主要特点

(一)国际经贸规则的形成机制

从国际经贸规则的形成机制来看,主要由相关参与国家通过双边机制或国际上的多边机制建立规则。欧美发达国家的经贸规则形成机制是在市场力量的推动下,由跨国企业、行业协会或民间组织先提出一些标准,进一

步形成行业准入标准,最终制定成制度规范,并上升成为国际经贸规则。[103]国际经济协调与经贸规则的制定来自国内与国际压力的双层博弈,而且不能忽视两个层次中的任何一层博弈[104],越有国际竞争力的国家越能推动和制定促进其产业发展的国际经贸规则。[105]

(二)当前国际经贸规则的主要特点

目前多边主义和自由贸易体制受到挑战,国际治理体系急待改革,国际贸易规则正处于重构期。在国际经贸规则重构中,出现了投资规则与贸易规则并重、服务贸易与货物贸易并重、关境上规则与关境内规则并重、双边或区域性协定与多边贸易协定并行等趋势与特点。美欧等发达国家利用其在服务及数字贸易等先进技术和产业领域方面的竞争优势和较完善的法律法规,按高标准及共同价值观推动形成新一代经贸规则体系,强调以"自由、公平"为原则大力推动 CPTPP、EPA、USMCA、TTIP、TISA 等双边或区域性贸易协定,力图主导国际经贸规则,维护自身利益,遏制竞争对手,发展中国家及新兴经济体被边缘化,但是新兴经济体崛起导致国际力量对比发生巨变,在国际经贸规则制定中的利益诉求及与发达国家的博弈增强,要求维护多边体系,顾及各方实际情况,保障其差别待遇和权利,实行有差别、有弹性的规则。[106]

二、国际经贸规则的内容变革

当前不断深化的国际分工新模式要求实现货物、服务及投资一体化。顺应国际贸易与国际分工的发展趋势,国际经贸规则的边界从传统的关注边境上的市场准入与待遇向致力于零关税、零壁垒与零补贴的"三零"改革深化,转向关注边境后的营商环境、公平竞争及监管一致性等强调"条件公平及互惠互利"等涉及社会、经济、投资、监管、产业、环境等政策范畴延伸与拓展,涉及政府采购、国有企业改革、知识产权保护、环境与劳工权益保护、投资争端解决机制等新议题。

此外,由于近年来人工智能、自动化、区块链、云计算及数字经济等新技术的兴起,一方面传统贸易向电子商务、数字贸易及服务贸易转型速度加快,另一方面数字与信息技术变革也突破了服务贸易中人员流动的成本限制,带来全球服务生产与消费的分离,促进了服务贸易的飞速发展,在此过程中涉及研发、创新和无形资产等投入和相关领域的技术、标准、数据保护及跨境流动、市场准入、金融、知识产权、公平竞争及环境保护等传统国际经贸规则的变革及新兴业态相关规则构建的内容与议题,特别是注重知识产权保护、数据保护和跨境流动等方面成为新一轮国际经贸规则博弈中各国关注的焦点和 WTO 改革的方向。关于非市场经济地位、市场/制度壁垒及产业补贴等中国议题也成为焦点。[107]

三、国际经贸规则变化对中国的影响及
中国的参与路径

(一)国际经贸规则变化对中国的影响

国际上现有的一些区域贸易协定,如 CPTPP 等为中国带来了可加入的机遇、样板及经验,国际经贸规则中涉及的知识产权、数字经济及服务业开放规则明晰等要求与中国深化改革的要求契合,中国通过借鉴国外先进的规则和理念,有利于加快国内改革和法治建设,培养全社会的法律、规则和信用意识,建设服务型政府,引导企业"合规"经营、公平竞争,促进贸易和产业结构转型升级,提升中国的全球价值链地位。[108]中国在政府采购、国企改革、劳工、知识产权等方面离高标准国际经贸规则还有一定的差距,其中一些涉及服务、资金和人员等要素跨境流动的国际经贸新规则的改变对中国国际经贸环境、服务业及政府管理举措等将产生深远影响。如:USMCA 严格的原产地规则大大影响中国对北美的出口市场空间和美企对华投资,"毒丸"条款的设置将对中国的国际发展空间产生重大影响。如果中国不积极参与,将在国际经贸规则重塑中被边缘化,遭遇贸易替代与转移,同时还必须警惕其中的一些敏感议题对当前中国政治经济体制存在的潜在威胁,必须谨慎评估、分类试验。[109]

(二)中国的参与路径

建议中国在国际规则谈判中以构建"人类命运共同体"为目标,善于提炼中华优秀文化的世界价值,既要善于和发达经济体博弈,变革现有的经贸规则,又要加强与新兴经济体合作,增强国际认同感,推进 WTO 多边贸易体制改革,深化"一带一路"倡议,争取广泛的国际支持。针对国际经贸规则核心议题变化新趋势,以自贸试验区和自由港建设为平台,有步骤、分批、分类展开试验,加大国际与国内改革的联动,深化试验与改革,争取有效降低敏感规则的负面影响,大力提升在国际经贸新规则制定中的话语权。

四、当前对中国影响较大的国际经贸规则

(一)RCEP

2022年1月1日,区域全面经济伙伴关系协定(Regional Comprehensive Economic Partnership,RCEP)正式生效,是当前国际上较具有发展潜力和竞争力的自由贸易协议,RCEP涉及成员国间大幅的关税减让、非关税壁垒降低、通关手续简化及灵活的原产地规则等,它将促进区内产业链和价值链进一步的重构与融合,促进成员国及区域经济的快速发展。

1.RCEP 的主要特点

RCEP的核心在于实现自由贸易,涉及货物、服务贸易及投资,还包含电子商务、政府采购、国企及竞争中性等新议题。另外,首次在金融领域引入信息转移与处理等相关规则与"禁止归零"条款,其特点如下:

(1)实行渐近式的零关税。由立刻降税至零及十年内降税至零,最终实现区内90%以上的货物降至零关税。

(2)区域累积原产地规则。是指在区域价值成分和税则归类改变之间二选一,允许厂商进行自我认证,促进了区域内要素的自由流动,提升了资源的配置效率,降低了供应链成本,促进区域内供应链与生产体系的重构。

(3)服务贸易负面清单。日、韩等七国采用服贸负面清单方式,中国等其余八国以"正面清单+协定生效后六年内转为负面清单"方式承诺。

(4)投资。15个成员国均以负面清单的方式对农、林、渔、采矿和制造五

个非服务业领域承诺较高水平开放,为区内投资者提供了稳定开放、透明便利的营商环境。

(5)数字经济。RCEP 中纳入了高水平的电子商务与知识产权章节以应对数字经济时代的发展与创新需求,并提供制度保障。

(6)人员往来便利。RCEP 在人员往来方面的便利上规定除了技术、商务人员等服务提供者以外,扩展至投资者及家属在规定条件下也可获得一定居留期限和签证便利。

2.RCEP 对中国的影响与应对

在 RCEP 的投资领域中,中国首次以负面清单方式承诺,此举倒逼中国加快提升营商水平,另外中国在服务贸易领域的六年过渡期内必须做好从正面清单向负面清单转型之准备,探索出符合中国服务贸易发展实际水平的负面清单。积极组织智库高效分析 RCEP 对企业产业链、供应链及价值链的影响及可能存在的系统性风险,出台配套的支持与预警政策;加快促进中国电子商务等数字经济的快速发展、探索参与国际经贸规则制定;指导企业研究与学习 RCEP 原产地规则的相关规定与要求,根据自身实力、产品及产业链定位,优化业务系统和管理程序,做好 RCEP 落地的对接准备,用好自贸协定优惠,积极支持企业在区域内"走出去"。

(二)CPTPP

2018 年 12 月 30 日,CPTPP(全面与进步跨太平洋伙伴关系协定)由日本、越南、澳大利亚、新西兰、新加坡等十一国签署并生效。CPTPP 是目前国际上标准最高的自由贸易协定,相对于 RCEP,CPTPP 在数字贸易、国企改革、知识产权、竞争政策、劳工待遇及环境等方面要求的标准水平更高,目前中国要达到 CPTPP 的要求还有较大的差距,需要在政府职能转变、法治建设、投资与贸易便利化、商务人员出入境便利化等方面进行更加深入的改革与探索,推动国内和国际经贸规则的接轨还有一段较长的路要走。

1.CPTPP 的主要特点

CPTPP 除了涉及货物与服务贸易、投资等传统议题,还涉及竞争中性、国有企业、电子商务、数据流通、政府采购等新议题,体现了高标准、高质量与严要求的特征。其主要特点如下:

(1)实行零关税、零壁垒与零补贴的"三零"原则

货物贸易上要求成员国间减免关税,给予成员国货物国民待遇,部分关税可在规定时间内减免,基本达到了 99% 的零关税、零壁垒与零补贴的"三零"标准。

(2)在服务贸易和投资准入方面

CPTPP 均采用负面清单模式。

(3)服务贸易条款

服务贸易条款中的负面清单包含两种"不符合措施":一种是规定了"锁定与棘轮"条款锁定开放水平,另一种是保留了对现有及未来政策的裁量权。

(4)投资条款

在投资条款中包含 ISDS 条款,但缩小了投资者提出主张的范围,不能就与政府签订的投资合同提出 ISDS 主张。

(5)规范国有企业行为

CPTPP 以竞争中立原则为核心,禁止政府对国有企业提供非商业援助,并要求各成员国必须保证国企的透明度,还要求对国企与私企采取竞争中性原则,公平对待,并要求国企遵守争端解决机制。

（6）政府采购

CPTPP 规定政府采购必须向本国及外国提供者公布必要信息，提高信息透明度，要求诚信、防止腐败等。

（7）环境保护

规定高水平环境保护以应对全球的环境挑战，并推动经济的可持续发展。

2.CPTPP 对中国的影响与应对

CPTPP 虽然代表高标准国际经贸规则，其中多数条款中国目前已达到，关于国有企业、政府采购、竞争中性等条款中国正在进行相应改革，还有一些条款如环境、劳工和知识产权等条款也是中国正在努力实现的改革方向。对于不足之处，中国可以对照 CPTPP 不断进行完善，如目前中国的资本项目开放水平尚未达到 CPTPP 的相关要求，在投资争端解决上中国目前的经验与人才储备还不足，可以自贸试验区为依托进一步加强探索与改革；在电子商务规则上，中国比较注重信息与数据安全保护，但中国可以在数据保护上进行分类，在"自由性、流动性"上进行进一步的探索与试验，同时注意风险防控。对中国影响比较大的规则如原产地规则对中国的纺织与汽车产业影响比较大，要组织好智库，与相关行业认真研究、做好应对。

（三）DEPA

2020 年 6 月 12 日，新加坡、智利、新西兰三国签署《数字经济伙伴关系协定》（Digital Economy Partnership Agreement，DEPA），其目的是加强国际数字贸易合作并建立相关规范。2022 年 8 月 18 日，中国申请加入 DEPA，并全面推进加入 DEPA 的谈判，目前谈判的重点在于国内电子交易框架、无纸贸易、电子发票与电子支付、快运货物及物流等条款,中国下一步将针对数字产品、数据治理、数字包容性等议题开展谈判磋商。在实务环节,目前中国商务部正着眼于推进贸易环节、服务及主体的数字化赋能与升级,推进贸易供采对接、贸易服务平台与外贸基础设施的数字化,助力企业降低国际贸易交易成本,并积极推进国际贸易数字化国际规则的构建。[110]

五、国际经贸规则与中国自贸试验区、自由港
建设改革的对接联动

在后疫情时代的国际经贸格局和区域经济大调整中,中国面对的机遇与挑战并存。一方面,中国目前已经在落实 RCEP 协定、积极申请加入CPTPP,以及国际自贸区建设中取得了一些实质性的进展与成效,尤其是与共建"一带一路"国家的国际交流与合作有所深化;但另一方面面临的挑战也十分严峻,目前在国际经贸规则签订和国际自贸区发展水平上,与发达国家、经济体相比,中国在自贸伙伴数量、覆盖面及自由化水平等方面还有较大差距。在国际经济萧条、逆全球化抬头的大背景下,中国在国际经贸谈判中特别是边境后议题上面对的谈判难度及开放压力大大上升,在国际经贸合作与规则制定中面临被边缘化的风险。

为应对百年未有之大变局下国际经贸格局的深度调整、国际经贸规则变革和后疫情时代新型贸易保护主义的挑战,中国须系统地研究、学习和借鉴国际先进规则和经验,实施国内外开放相促进、引进与走出去相结合的双循环战略。一方面,对外积极对接国际经贸新规则进行制度创新;对内通过自贸试验区、自由港的制度设计深入探索"投资、贸易和服务一体化"的国际经贸新规则,在关税、投资、内部审查、国企改革方面深化涉外经济体制改

革,建立投资、贸易、服务、资金、运输及人员等要素自由、安全流动的投资贸易新体制,实现既有国际高标准开放度又能辐射国内市场的双重目标。[111]另一方面,在"一带一路"背景下,对外中国必须加快构筑"一带一路"国际自贸区网络,强化国际规则制度的话语权;对内对敏感规则进行谨慎评估,并在自贸试验区和自由港大胆试验,构建"一带一路"国内网络的战略支点,在法律框架下分类分步探索推进符合国际经贸新规则的制度标准。此外,向体制创新、市场准入、负面清单的投资开放管理模式与体制性开放转型,以要素创新升级增强企业和产业的国际竞争力,集蓄国内经济增长新动力,联动国家战略需求,实现国内外市场深度融合与资源高效配置,成为区域改革与创新的战略引擎,提升中国的全球价值链地位。

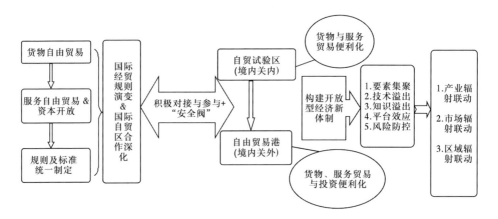

图 3-1　国际经贸规则和中国自由港、自贸试验区建设改革对接联动图

第四章　国内外先进自由港区的
发展模式及经验借鉴

由于世界上各知名自由港区在政治、经济、历史文化背景和地域特点等因素存在差异,构建时的功能定位、产业布局和组织结构等方面也各具特点,因此在建设模式上也有所不同,中国自贸试验区及自由港的建设在借鉴国际先进经验的基础上,还需根据各地的区位、产业基础、资源要素等禀赋优势等进行考量和科学布局。

一、国内外先进自由港区的发展模式

表 4-1 根据中国商务部国贸经济合作研究院课题组(2014)对自贸区政策框架的相关定义[112],从政策、投资、金融、贸易、监管、税赋、法制及自然人移动八个方面对国内外先进自由港(区)的建设经验及相关要素进行梳理,为国内自贸试验区向自由港转型升级设立了参照坐标。

表 4-1　国内外先进自由港(区)建设经验及要素一览表

自由港区	政策	投资自由化	金融自由化	贸易自由化	监管	税赋	法制	自然人移动等
中国香港	营造"积极不干预"自由经济环境	除金融、电信等,绝大多数行业准入限制少,企业注册手续简单。内外资一视同仁	港币自由兑换,满足不同的贸易结算及融资需求	注意风险管理。除战略物品外,对进出口贸易不设管制,无主动配额限制。转运、过境货物可豁免通关	政府授权下的企业管理模式	对大部分货物进出口不设关税壁垒。主要收取利得税、薪俸税和物业税,并设制免税额。对境外利润及收入不征税	以判例法为归依,以《基本法》为基础,由《香港法例》构成	约170多个国家(地区)国民可获半年旅游免签证,允许输入劳工,提出"输入内地人才计划"

续表

自由港区	政策	投资自由化	金融自由化	贸易自由化	监管	税赋	法制	自然人移动等
新加坡	实行自由经济政策	投资管理上注重正负面清单相结合,对投资人无国籍及年龄、经营范围限制。实行注册资金认缴制	是世界及中可开行融资汇外自立银金融贸易户无、外资种业管汇、资汇资提供模式各务	实行风险管理,强调守法便利。对超过90%货物免关税。通过"单一窗口"促进贸易便利化	公司化运营管理。在全球率先使用贸易管理电子平台。实施海外企业奖励制度、海外投资避免双重扣税和国际化路线图等计划举措	大部分商品免征关税。与进出口相关的服务按零税率征收。对内外资企业实行统一的所得税	以《自由贸易区法》为核心,还颁布了《合同法》《公司法》及《海关法》等	大力培养本地人才,通过优惠政策和针对性外籍配额管理引进外来优秀人才,同时注意内外人才在数量和质量上的平衡
中国台湾	打造"自由经济体"	允许外资设立控股公司,负责海外投资	允许国际金融机构办理区内企业的结算、外汇和交易外币兑换等业务	货物通关采取审查免检放行。货物流入采取每月申报制度	港区跨部门推动小组:审议政策及计划;各港区内工作小组:处理港内相关业务;区内:厂商自主管理制度	对入港货物及自用机器等免关税、营业税及货物税等。港区内货物经储存和简易加工后外销区外的,可免征营业所得税	《自由贸易港区设置管理条例》等	放宽外国劳工的招聘比例至40%,港区内企业人力安排高度灵活

续表

自由港区	政策	投资自由化	金融自由化	贸易自由化	监管	税赋	法制	自然人移动等
迪拜	积极推行经济自由区政策，实行与国内其他地区不同的政策与制度体系	外资可全额独资，不受阿联酋公司法对内外资要求的限制，享受税收优惠及公司设立运营的一站式综合服务	是地区经济、贸易及金融枢纽。无外汇管制。外资企开立外汇账户无特殊规定	针对传统货物贸易和服务贸易自由化设立不同自由园区。除中介服务，加工和贸易行业可由外资100%持股。除禁止入区的货物及食品，其他进口商品准入标准宽松	"地方政府＋迪拜港董事局"的政企合一的管理模式。对港区、自贸区、海关采取三位一体的管理	无个人所得税，进口商品实行5%低税率，对出口及转口免税。迪拜国际金融中心内企业零税率	《金融自由区法》、《商业公司法》(修订)、《中华人民共和国劳动法》等。将自贸区置于国内法之上。国际金融中心实施英国法律及监管制度	劳动力市场高度开放，除敌对国的国民外，区内经营者可自由雇佣员工。为人才流入提供便利化措施
鹿特丹	推行"比自由港还自由"政策举措。目标是2030年建成"智慧港口"	除少数国有和非政府垄断行业等外，外资可自由投资任何部门	外资开设外汇账户、选择支付货币及资金出等受限。融资也受民享国民待遇	欧洲最大的贸易港与国际信息大港，港务引领能力强。"区港合一"、储运销一体化，商品出入港和种类数量限制，入港内不须报关，且免税	政府负责规划建设，港务局负责日常管理，企业承租基础设施的发展业务。港口实现服务信息化，拥有立体交通运输网络。采取无形监管模式	为进口货物提供税务免交或缓缴优惠	以《荷兰王国宪法》为基础，以欧盟及关税法、荷兰税法等作为保障	加强物流人才的专业化教育与培训。大力发展工业旅游

续表

自由港区	政策	投资自由化	金融自由化	贸易自由化	监管	税赋	法制	自然人移动等
釜山	重视服务,积极建立对外战略合作关系,促进物流发展	鼓励外资投资高附加值知识型企业,政府提供技术研发和人力培训的特定援助,负责出租厂房的维修和基础设施建设	大力促进交易,是韩国金融及商业中心	物流中转不须备案,手续便捷。拓展电子数据交换系统(EDI)的服务功能,享受全球无障碍通关服务	地方政府及公共协同治理模式。港口作业区、自贸区及工业经济加工区实行一体化监管	除税收减免外,还进行税收补贴和财政支援	《关于制定自由贸易区的法律》《关税自由贸易区专门法》等法律	吸收先进大学高水平尖端产业人才。招聘地方化的物流管理人才
汉堡	结合"德国工业4.0""智慧化"等举措创新改革。积极参与"港口联盟"和"一带一路"共建合作	汉堡港营销局及其成员提供当地市场营销的专业指导。积极吸引中国资本投入	打造港口金融,是德国大保险和最大的对外金融中心	在港内装卸、运输储存等不须办海关手续,对期限、数量无限制。允许对货物加工、中转自由	实行"港区合一"管理架构,由自由港管理局负责管理。过境贸易便利,港口高效	入港货物无须报关、检查和征税,离区时付关税	欧盟委员会及德国联邦宪法等法律	港口为企业提供人才培训及再教育服务

续表

自由港区	政策	投资自由化	金融自由化	贸易自由化	监管	税赋	法制	自然人移动等
上海	从投资、贸易、资金、运输人员自方入面改造港五手打由由	企业注册程序已达到国际先进水平。将进一步在保险、证券和电信等领域放宽注册资本及投资方式等限制。推进外商投资股权投资企业试点	在FT账户分算内、内资金和兑换监管区外流动货币放宽监管	免常规性海关监管，区内出口配额无须进	政府负责管理，自贸区管委会统筹管理	临港新片区已获准实施15%企业所得税，按"减少税种、降低税负、离岸优惠、完善税制"方针进行改革	以中国自贸试验区条例、上海自贸试验区的框架规划、国务院关于临时调整行政审批事项或有关行政法规规定的特殊行政管理办法及负面清单为法律框架	提升海外高层次专业人才的签证与停居留便利，提供医疗、子女入学等高端配套服务，促进建筑、医疗等领域境内外人才交流
海南	建设中国特色自由港，发展离岸服务贸易及离岸金融，重点发展旅游、现代服务业及高新技术产业	实行市场准入承诺即入制。实行跨境服务贸易与外商投资准入负面清单。完善产权保护制度。优先支持上市公司	自由贸易账户体系上线运行，避免系统性金融风险	建立"商贸+物流+金融+数字"的"四网聚焦"商流物化应用场景，贸易单一窗口基本建成	政府管理模式，在全岛实施现行自贸区的全部试点政策	已实施离岛免税政策。实行个税最高15%；鼓励类企业15%企业所得税，免进口关税、增值税和消费税等；对旅游、服务及高新技术类企业2025年前新增境外直接投资所得进行免税	根据《全国人民代表大会常务委员会关于授权国务院在中国（海南）自由贸易试验区暂时调整适用有关法律规定的决定》调适	59国入境旅游免签，发布《百万人才进海南行动计划（2018—2025年）》等。人员出入境及停居留政策更开放便利

资料来源：

（1）黄茂兴，等.中国（福建）自由贸易试验区发展报告（2018—2019）[M].北京：社会科学文献出版社，2019.

（2）福建师范大学福建自贸区综合研究院.自贸区大时代——从福建自贸试验区到21世纪海上丝绸之路核心区[M].北京：北京大学出版社，2015.

（3）王珍珍，陈婷，赵富蓉.我国自由港建设的机制及实践探索[J].全球化，2018（9）：73-85.

二、国内外先进自由港区的经验借鉴

从表 4-1 可以看出,国际先进自由港的普遍特点如下:

(一)区位优势

国际先进自由港大多区位优势明显,富有文化底蕴,环境优美,交通便利,基础设施及公共服务方面十分发达完备,软、硬件配套齐全。许多自由港已形成港、城、产三方协同,实现了一体化的融合发展;服务业发达,在物流、金融、法律、港口社区等增值服务上形成多功能服务集成平台;注重建立多式联运与集疏运物流体系,物流集散与通关高效;以先进的电子化、智能化数字网络系统提高物流运行与服务效率,降低成本并提高其监管水平。

(二)政策环境

国际上先进自由港政策环境的普遍特点体现在对外开放度、自由度及便利化等方面水平较高。一是政府积极与世界许多国家签订自由协定,注重为企业对外开放开拓国际市场空间,在金融市场、贸易管制、海关监管及货物流转方面高度开放。二是政府实行投资经营自由、货币金融自由、贸易体制自由及通航自由等不干预的开放型经济政策,在政策上大力支持企业和产业发展。三是支持港区建设高效的管理体系,注重加强公共管理与优化管理队伍,鼓励企业自由经营。四是在同一国家类似的功能区内保持基本一致的优惠政策,以便在全国进行复制与推广。

(三)投资环境

在投资政策方面,国际先进自由港区对行业的准入限制较少,除少数行业进入有限制或要求备案外,外资享受与本地同等的国民待遇,对企业经营没有过度限制和约束,企业注册便利,可在市场上进行平等竞争。实行覆盖面较广的综合政策体系,在投资上实行豁免税费等优惠措施,对外资、金融外汇、股利汇出及人员出入境等给予较大的自由度。鼓励外国企业设立总部经济,推行产业规划,大力发展各类港口项目或大力扶持企业进行对外投资。

(四)金融管理体制

国际先进自由港的金融服务业高度开放、高度国际化和市场化,金融服务配套完善。金融管理体制完善且高效,经济金融化程度高,注重金融风险防范,能够促进有效资本的形成,为自由港的发展提供良好的金融生态环境和金融服务保障。金融法律、法规健全,依据法律条例对金融市场实行监管,操作透明。在金融上推行汇兑与结算自由,取消外汇管制,利润汇出不受限,资本市场宽松,融资模式多样化,离岸金融市场比较活跃。

(五)贸易便利

贸易上推崇自由贸易政策,遵循市场供求规律配置要素与资源,强调市场公平竞争。为企业提供优质服务,简化进出口流程与环节,收费透明,营造宽松自主的通关环境,取消关税与非关税壁垒,提高贸易便利化水平,创造有吸引力的良好营商环境;通过大力发展转口贸易、离岸贸易、商业旅游等多种功能,促进港区向多功能、综合化方向发展;通过建设立体交通运输网络,打造国际物流枢纽,并强化港口物流管理与服务功能,促进储存、运输与销售的一体化运营。

(六)监管模式

监管模式上普遍采用先立法后设区,通过政府颁布自由港法令与法案,详细制定关于港口主管机关的管理、港口航行及港口管理公司等方面的政策与法规体系。港区管理上由政府负责制订长远的策略与公共规划,并提供所需的基建配套,采用"政府授权、企业管理"的政企相结合的管理模式,或采用公司化运营。港区善于利用高科技实现港口服务信息化,使用先进的贸易管理与服务电子平台;提供先进的海关设施,提高监管效率,降低成本,实现资金、商品、信息及人才等高级要素的自由流动与有效配置。

(七)税赋体制

税赋上实行简税制与低税率,综合税负率低,对一般货物进出口免税。对内外资企业实行统一的企业所得税,在企业所得税上实行鼓励支持的优惠税率,尤其是对高新企业和服务业实行特别的税收减免、财政补贴及资金扶持等优惠政策。对企业境外所得利润无须纳税、注重在对外国际经贸谈判及对内政策制定上避免企业遭遇双重课税,并对非居民取消利息所得税。

(八)法制体系

在法制体系上,世界先进的自由贸易港区都有比较健全、完善的法律法规体系,政府通过统一对基本法、特别法、税法与关税法等法律明确自由港区的地位,并以法律、法规的形式对自由港区的管理模式及各项政策予以规定来保障政策实施的有效性及稳定性。[113]这些都为其发展提供了强有力的制度保障,甚至还有一些为了促进自由贸易港区的发展而专门制定的法律、法规,或实施与国内其他领域不同的法律规范,其内容通常包括自由贸易港区的功能定位、监管体系、管理制度与优惠政策等。

(九)自然人移动等方面

在自然人移动等方面,实行便捷开放的出入境制度,人员进出自由、手续简便,利于人员流动及人才集聚,促进跨国公司开展国际业务。在人才培养方面,注重将正规教育与职业教育、职业技能与道德培养相结合;制定政策加大优秀人才的引进与激励力度,重视将人才引进与培养的国际化与本地化相结合;加强与高校及科研院所的合作,完善教育与培训体系,提高专业化人才储备的质量和水平。

三、国际自由港区建设的主要教训

在百年未有之大变局下,中国特色的自贸试验区与自由港建设既要以国际先进自由港区作为标杆借鉴学习,也要以反面案例为鉴,吸取教训,因地制宜,实现差异化发展。

(一)基础条件不足

从国际上大多数自由港的发展来看,区位一般要选择与海空交通枢纽相连,并毗邻人口密集区域,基础设施完备并具有广阔的经济腹地。而俄罗斯的符拉迪沃斯托克(海参崴)因为地广人稀、交通基础设施不发达及政策落实不够到位而没有发展起来。日本的冲绳自贸区也由于区位选择不佳,没有明确的定位,竞争力缺乏而开发失败。

(二)业务创新滞后

港口设施先进、集疏运系统高效及临港产业发达是国际自由港区发展的关键。西半球最大的自由港科隆的发展因为以转口贸易为核心,严重依赖于商品转运的腹地区域,区内的业务主要是仓储、分销、会展及金融等,业务创新比较滞后,未能形成能够集聚和配置全球资源的强大能力,所以近年来经营状况不佳。

(三)过多地区布点

自由港区一般是世界贸易、航运和金融的中心,也是区域中心,能在带动周边区域的发展,并对周边的资源产生虹吸效应。在设置自由贸易港区时必须有规划性,韩国先后设立了八个经济自由区,我国台湾省也密集分布了六海一空七个自由贸易港区,二者都因为过多布点,各自由港定位不明确,导致竞争加剧及资源分散而失败。

中国在自贸试验区转型升级及建设自由港的过程中,应充分吸取国内外先进自由贸易港区的优秀建设经验和失败的教训,根据实际经济发展水平、资源禀赋,充分发挥优势,克服劣势,统筹设计与规划,实现创新发展。同时注重在法律体系完善、政府职能改革、投资准入、贸易监管、金融开放、税改、出入境便利上对建设经济新体制的重难点及关键节点、环节加快先行先试、分类改革,打造与国际接轨的一流营商环境。

第五章 中国自贸试验区转型升级研究

当前,国际新形势对中国开放提出了更高的要求,特别是在投资、贸易、服务业开放等营商环境、规则对接,以及资本、技术、数据及人才要素流动、集聚与市场配置能效等方面,且当前中国国内又面临资源、环境承载能力、要素成本上升较快的瓶颈,国内经济面临增长动力机制亟待转换,同时中国与国际先进水平差距较大,面临亟待提升的瓶颈。为应对国内外复杂的经济形势,中国经济必须由高速增长向高质量发展转型升级,重视产业升级、科技创新、金融改革深化等一系列挖掘内需潜力、提高经济发展质量和注重区域协调发展的内在关键性问题,更好地促进内外需,加快国内、国际市场资源的畅通与利用,实现国内外产业链、供应链及价值链的衔接、补充与扩展,提高开放的效率与质量。中国自贸试验区是中国建设好新发展格局的"前沿阵地",肩负着在中国经济高质量发展的道路上继续走在前列的重大使命,高标准实施中国自贸试验区提升战略,既是中国经济发展的内在要求,也是发展的需要。

一、中国自贸试验区转型升级的内涵

(一)从数量增长向质量变革

截至 2023 年底,中国已分七批共 22 个自贸试验区获批,不仅实现了数量上的突破、区域上的扩展和对外开放水平的提高,还形成陆海边统筹、东西南北中协调、由点到面的雁阵型、全方位开放新格局。当前中国自贸试验区着重根据各地自贸试验区的不同定位、区位优势、产业基础与特色,探索差异化改革,夯实发展质量。

（二）从传统产业向高端制造与服务业转型

当前多数自贸试验区从设立至今已经过一段时间的建设并取得了一定的成果，区内的企业和产业积极把握制造业服务化及数字化发展趋势，依托区内龙头企业积极推动传统制造业向"制造＋服务＋数字化"、"产品＋服务＋数字化"的服务型制造业发展新模式转型，大力发展高端制造业和服务业。

（三）从要素驱动向创新驱动转型

中国自贸试验区要实现经济发展由要素驱动转向技术创新驱动的跨越，推进开放式自主创新，吸引更多的全球创新要素在区内聚集，并以制度创新和科技创新驱动来大幅度提升全要素生产率、劳动生产率与科技贡献率，实现更高水平的对内与对外开放来应对经济的逆全球化。[114]

二、大变局下中国自贸试验区转型升级的必要性

中国的自由港及自贸试验区是"一带一路"经济带的关键支点，也是连接国内、国际经济双循环的重要纽带和节点，更是建设更高水平开放型经济新体制改革探索的"试验田"，其建设是为了实现从靠特殊政策转变为靠体制创新，从发展出口引进外资转变为广义的市场准入，投资开放模式从正面清单管理向负面清单管理转型，从政策性开放转型为体制性开放，以创新实现要素升级替代发挥廉价劳动力优势等，是中国深化改革、创新的重要战略

引擎,加快自贸试验区的转型升级与自由港建设是中国应对国际经贸格局变化的有效手段。

2020年5月18日,中共中央、国务院印发《关于新时代加快完善社会主义市场经济体制的意见》,提出要推动由商品、要素流动型开放向规则等制度型开放转变,加快国内制度规则与国际接轨,以高水平开放促深层次市场化改革。中国需要化外部压力为动力,积极改革、主动对接国际经贸规则,坚持竞争中性原则,加快国际自贸区与国内自贸试验区的建设与联动[115],对内应通过加快国内自贸试验区建设,吸收国际合理的规则和因素,探索高标准开放规则在国内的适应性,深化市场经济体制改革,不断改善营商环境来提高对外资的吸引力,构建更高水平的开放型市场经济体制;对外应积极通过推动"一带一路"建设、RCEP落地和中日韩自贸区谈判等,争取国际规则制定的话语权。[116]因此,建设高质量、高标准自由港与自贸试验区是中国短期内对冲经济下行压力的迫切改革需要,也是大变局下中国应对新型贸易保护主义,全面对接国际高标准市场规则体系,参与国际竞争与合作,建设开放型经济新体制,提高国家治理能力与体系的现代化水平,培育发展新优势的必要之举。

三、中国自贸试验区建设情况及存在的问题

(一)中国自贸试验区发展的总体态势

1.差异化定位逐渐形成

各地自贸试验区每个批次都有一些共同发展的目标,这些目标既注重

协同,又重视根据各自的发展水平、资源禀赋、区位优势、产业和开放基础鼓励差异化发展。

(1)立足于高端开放定位。沿海自贸试验区基于较为成熟与坚实的外向型经济基础,不断推进更高层次的对外开放合作。第一批的上海定位于构建与国际规则接轨的跨境投资与贸易规则体系,重视培育国际化、法制化的营商环境;第二批的广东、天津与福建定位于打造"法治化、国际化、市场化"营商环境,并强化国际贸易的"功能集成"。第四批海南自由港建设则重点强调"加强改革系统集成,力争取得更多制度创新成果"。而第六批中的北京以制度创新为核心,打造服务业开放先行区和数字经济试验区,大力构建京津冀协同发展的对外开放平台。根据2023年6月29日国务院印发的《关于在有条件的自由贸易试验区和自由贸易港试点对接国际高标准推进制度型开放的若干措施》,要求率先在上海、广东、天津、福建、北京等具备条件的自贸试验区和海南自由港,试点对接国际高标准经贸规则,逐步稳健地扩大制度型开放。

(2)注重对接国家战略定位。自贸试验区的大力发展首要注重服务于国家发展大局,对接国家重大发展战略,促进经济和社会的稳定发展。第三批除了浙江沿海,辽宁沿边,其余的陕西、河南、湖北、四川及重庆均位于中西部内陆地区,强调既要与上海等国内先进自贸试验区协同改革,又要结合自身区位与地域特色,对接"一带一路"、长江经济带、中部崛起、西部开发等中央规划的重要发展战略。

(3)关注区域性发展议题。自贸试验区的发展注重促进新兴产业发展与技术创新解决区域固有难题,也关注巩固边境和睦友好关系。第五批的江苏、山东为沿海进出口大省,河北注重产业转型,而黑龙江、云南及广西沿边主推"跨境经贸合作",该批定位于"对标国标先进规则,力争取得具有国际竞争力的制度创新成果";第六批的湖南、安徽、浙江自贸试验区扩区着重通过科技创新引领产业高质量发展,促进产业链的集成创新和国内国际双循环发展新格局的形成。

2.各自贸试验区发展成效显著

从中国设立第一个上海自贸试验区至 2022 年底,中国各自贸试验区推出的改革举措累计达 3400 多项,向全国和特定区域进行复制推广的制度创新成果已超过 200 项,大大推进了政府职能向服务化转变,充分发挥出中国自贸试验区的窗口、示范、引领与带动作用。[117]中国自贸试验区持续改革创新,不仅集聚了优质的生产要素和资源,还改善了营商环境,促进了外资与外贸的增长,激发了市场活力。各地自贸试验区根据各自的战略定位及发展目标,服务于国家重大战略,在国际经贸新规则尝试、国家制度探索和地方发展上改革创新,形成国内改革倒逼机制,推动了中国形成高水平开放和开放型经济新体制的构建。其围绕科技创新、高端制造、数字经济与服务贸易等新领域、新业态开展各具特色的差别化试点改革,打造区域改革开放新高地。在抗击新冠疫情期间,各地自贸试验区通过科技创新加强研发创新补链、强链,依靠产业链集成创新稳链、固链,强有效地保障了产业链、供应链的安全稳定,充分发挥了区域的"增长极"效应。

3.重点产业聚集度不断提高

由于在中国范围内适合中国自贸试验区发展的产业上具有客观上的相似性,各自贸试验区在规划和布局上有一定程度的重合性,但由于各地自贸试验区的发展目标不同,存在地理区位不同、产业基础差异、要素禀赋差别等原因,各自贸试验区的重点产业布局有所不同,各自贸试验区特色产业不断集聚,并围绕重点产业链配套日渐完善和壮大,发展各具特色。

表 5-1　中国自贸试验区各自贸片区重点发展产业列表[118]

批次	自贸试验区	片区	重点发展产业
第一批	上海	保税区片区	融资租赁、跨境电商、航空维修、高端消费品保税展示、全球分拨中心等临空功能服务产业链
		陆家嘴片区	金融中心、国际航运中心、国际贸易中心、总部经济
		金桥开发片区	智能制造、未来车、汽车保税展示与销售、保税维修与再制造、大视讯及 SG 新通信
		张江片区	高科技园区、国家科学中心
		世博片区	总部经济、航运金融、高端服务业
		临港新片区	新能源汽车、装备制造、绿色再制造、集成电路、人工智能、航空航天、生物医药
第二批	广东	广州南沙新区片区	金融服务、总部经济、航运物流、国际大宗商品交易、智能装备、新能源汽车、新一代信息技术
		深圳前海蛇口片区	科技服务、信息服务、现代金融等高端服务业
		珠海横琴新区片区	旅游休闲健康、文化科教和高新技术
	天津	天津港片区	航运物流、国际贸易、融资租赁等现代服务业
		天津机场片区	航空航天、装备制造、新一代信息技术、保税维修与再制造
		滨海新区中心商务片区	以金融创新为主的现代服务业
	福建	平潭片区	健康养生、旅游购物、现代航运物流、对台贸易、电子信息设备制造、智能轻型设备制造、海洋生物及医药、医疗器械等高端制造业
		厦门片区	金融服务、国际商贸、港口服务、航运服务、现代物流、智能装备、飞机维修、新兴服务业以及服务外包等产业
		福州片区	电子信息、海洋生物及医药、智能装备、商贸会展、航运物流、企业总部、新兴服务业、生态旅游

续表

批次	自贸试验区	片区	重点发展产业
第三批	辽宁	大连片区	港航物流、航运服务、金融商贸、循环经济、高新技术和先进装备制造
		沈阳片区	装备制造、航空装备、汽车及零部件、金融、科技和物流等现代服务业
		营口片区	新一代信息技术、高端装备制造、商贸物流、跨境电商、金融
	浙江	舟山离岛片区	石化,大宗商品储存、中转、贸易,保税燃料油供应服务
		舟山岛北部片区	大宗商品贸易、仓储、制造、保税船用燃料油供应、保税物流
		舟山岛南部片区	大宗商品交易、研发设计及相关配套产业、航空制造和零部件物流
		宁波片区	油气资源配置中心、全球新材料科创中心、国际供应链创新中心和智能制造
		杭州片区	数字贸易、跨境电商、跨境金融、生物医药、数智制造、研发检测、保税贸易等
		金义片区	数字贸易、智能制造、新型贸易、贸易金融、国际投资合作、跨境电商、进口日用消费品展贸平台等
	河南	郑州片区	智能终端、高端装备及汽车制造、生物医药、现代金融服务、服务外包、创意设计、商务会展、动漫游戏等现代服务业
		开封片区	医疗旅游、服务外包、创意设计、艺术品交易、文化传媒、文化金融
		洛阳片区	装备制造、机器人、新材料、研发设计、电子商务、服务外包、国际文化旅游等现代服务业
	湖北	武汉片区	新一代信息技术、生命健康、智能制造、国际商贸、金融服务、信息服务、专业服务等现代服务业
		襄阳片区	高端装备制造、新能源汽车、大数据、云计算、商贸物流、检验检测
		宜昌片区	先进制造、生物医药、新材料、研发设计、电子信息、电子商务、总部经济

续表

批次	自贸试验区	片区	重点发展产业
第三批	重庆	两江片区	高端装备、电子核心部件、云计算、生物医药、总部贸易、服务贸易、融资租赁、研发设计等
		西永片区	电子信息、智能装备、保税物流中转分拨等生产性服务业
		果园港片区	国际中转、集拼分拨等服务业
	四川	成都天府新区片区	临空经济、口岸服务、现代服务业、高端制造业和高新技术
		成都青白江铁路港片区	国际商品集散转运、保税物流仓储、国际货代、整车进口、特色金融、信息服务、科技服务、会展服务等现代服务业
		川南临港片区	港口贸易、航运物流、教育医疗、装备制造、现代医药、食品饮料
	陕西	中心片区	高端制造、航空物流、贸易金融
		西安国际港务区片区	国际贸易、电子商务、现代物流、金融服务和旅游会展
		杨凌示范区片区	农业科技创新
第四批	海南	中国(海南)自由贸易试验区	旅游业、高新技术产业和现代服务业
第五批	山东	济南片区	人工智能、产业金融、信息技术、医疗康养和文化产业
		青岛片区	国际贸易、先进制造、现代海洋、航运物流和现代金融
		烟台片区	高端装备制造、新材料、节能环保、生物医药、生产性服务业和新一代信息技术
	江苏	南京片区	现代金融、生命健康、集成电路、人工智能和物联网
		苏州片区	先进制造业集群、现代服务业、新一代信息通信技术
		连云港片区	生物医药、新材料、新能源和高端装备、大数据及跨境电商、健康医养、港航物流、临港加工等

续表

批次	自贸试验区	片区	重点发展产业
第五批	广西	南宁片区	现代金融、智慧物流、文化传媒和数字经济
		钦州港片区	港航物流、国际贸易、绿色化工、生物医药、新能源汽车关键零部件和电子信息
		崇左片区	跨境贸易、跨境金融、跨境旅游、跨境劳务合作和跨境物流
	河北	雄安片区	新一代信息技术、现代生命科学和生物技术、高端现代服务业
		正定片区	临空产业、生物医药、国际物流、高端装备制造等
		曹妃甸片区	国际大宗商品贸易、港航服务、能源储配、高端装备
		大兴机场片区	航空物流、航空科技、融资租赁
	云南	昆明片区	高端制造、航空物流、总部经济及数字经济
		红河片区	跨境旅游、跨境电商、加工及贸易及大健康服务
		德宏片区	跨境电商、跨境金融及跨境产能合作
	黑龙江	哈尔滨片区	新一代信息技术、新材料、生物医药和高端装备
		黑河片区	跨境能源资源综合加工利用、商贸物流、沿边金融、旅游、健康和绿色食品
		绥芬河片区	商贸金融、现代物流、木材、粮食和清洁能源等进口加工业
第六批	北京	科技创新片区	新一代信息技术、科技服务、生物与健康
		国际商务服务片区	跨境金融、数字贸易、文化贸易、商务会展、医疗健康及国际寄递物流
		高端产业片区	国际金融、商务服务、文化创意、生物技术和大健康
	湖南	长沙片区	生物医药、电子商务、农业科技、高端装备制造和新一代信息技术
		岳阳片区	航运物流、电子商务和新一代信息技术
		郴州片区	有色金属加工和现代物流

续表

批次	自贸试验区	片区	重点发展产业
第六批	安徽	合肥片区	跨境电商、科技金融、高端制造、集成电路、人工智能、新型显示和量子信息
		芜湖片区	跨境电商、智能网联汽车、智慧家电、机器人、航空和航运服务
		蚌埠片区	硅基新材料、生物基新材料和新能源
第七批	新疆	乌鲁木齐片区	国际贸易、现代物流、先进制造业、纺织服装业和生物医药、新能源、新材料、软件及信息技术服务等新兴产业
		喀什片区	纺织服装制造、农副产品精深加工、电子产品组装等劳动密集型产业
		霍尔果斯片区	跨境物流、跨境旅游、金融服务、展览展示、特色医药、电子信息、新材料等产业

（二）中国自贸试验区建设存在的问题

1.顶层设计不完善，导致管理机制不通畅

当前各自贸试验区之间的协调机制不完善，比较突出的问题有：纵向协调存在条块化、政策零碎化的现象，协调费时费力，效率低；横向协调存在定期例会协调周期长、反应慢、沟通不及时，跟不上自贸试验区的实际发展需求，企业存在"能进不能干"现象，民众的预期管理需要进一步加强等问题。各地自贸试验区的一些深化改革的举措，特别是在制度创新方面的改革，必须得到中央相关部门的充分授权才能实施，导致改革效率低下。另外，许多地方政府习惯采用传统的招商引资工作方式，不习惯自贸试验区创新发展的工作方式，加之地方政府的人力与精力有限，难以兼顾经济增长与自贸试验区的先行先试的探索要求。日益严格的问责机制使各自贸试验区工作人

员的"大胆试、大胆闯、自主改革"的主观能动性受挫,大大影响了自贸试验区的改革与发展。

2.缺乏制度创新亮点,改革同质化明显

虽然当前自贸试验区建设已取得较明显、良好的成效,但自贸试验区的法律制度建设比较滞后,导致制度创新缺乏高阶法律作为基础进行支撑,除上海、广东等沿海自贸试验区取得了一定的制度创新成绩,其余自贸试验区在制度创新方面缺乏亮点。另外,自贸试验区现有的管理条例与现行的法律法规存在关系未理顺、部分规定甚至出现矛盾的情况,导致具体的管理部门出现依法行政与改革创新之间难以平衡与抉择,深层次与高价值的制度创新工作开展难度较大。各地自贸试验区目前的改革主要还是集中于货物贸易领域的程序化和便利化创新,出现政策优惠趋同化、营商服务环境用户体验一般、制度创新碎片化、系统集成性弱化及改革边际效用递减等实际问题。另外,在促进具体区域的发展上还面临引领方面的作用还未充分发挥、改革创新的自主权限待提升、改革举措推进的协同性和针对特色化制度创新和重视程度还不够、服务业开放程度须待进一步提高等问题。

3.对标高标准国际经贸规则还有较大差距

与国际先进自由港相比,中国自贸试验区在营商软实力方面如海关通关与监管、现代物流体系、部门横向协作和数字化水平等方面有较大的差距。一是目前国内现代服务业开放领域的准入如物流、电信、云服务、医疗等限制较多,尤其是在教育、文化等知识密集型服务业市场准入障碍较大,除生产性服务业以外,目前其他服务业开放比较多的还只是处于个别试点的状态。二是中国自贸试验区在贸易便利化方面还达不到国际上通行的"境内关外"的贸易监管水平,在投资、金融服务、知识产权、补贴政策、国有

企业、生产过程中的环境保护和监管一致性等高标准经贸规则方面的建设还较为落后。三是边境后的监管领域中限制较多,特别是在先进制造业中对利用外贸虽然放开,但存在准入不准营的情况,导致近年来外资并购的收缩及新能源汽车等行业在利用外资方面出现下滑。另外,在数字贸易中,数据跨境流动、数据本地化限制、数字知识产权保护等方面存在的障碍较多。将中国目前的经贸规则与 CPTPP 规则对比就会发现,中国要进行经济体制改革还面临较大的挑战,以开放促改革还有较大的提升空间。

4.重大开放领域风险防范与压力测试不足

中国自贸试验区从设区以来,在深层次开放和风险测试方面的探索比较谨慎,特别是在敏感领域的试验偏向保守,尤其是在金融业开放、跨境资本流动、信息与数字安全有序流动、政府采购、知识产权及人员流动等方面的探索面临诸多体制与结构性的困难与障碍。当前中国自贸试验区的重要任务就是对标国际高标准经贸规则,各地自贸试验区在推进 RCEP 的过程中需针对其 170 项软约束条款进行落地试验,另外,还需为中国申请加入 CPTPP 与 DEPA 先行先试,针对 CPTPP 与 DEPA 等规则的相关开放要求和可能产生的冲击进行拔高性的风险测试与压力测试,如中国要申请加入 CPTPP,首先就要面对实行零关税、取消非关税壁垒、在原产地规则和管理制度的实施这些难题上提出中国的应对措施,同时还要进行有效试验测试应对的效果。

四、中国自贸试验区开放型经济发展水平评价指标体系构建

(一)构建指标体系

中国开放型经济新体制建设强调要对内对外开放相协调,夯实开放基础与提高开放效率。本书通过从对外开放、对内开放、开放基础及开放效率四个维度构建开放型经济指标体系,通过综合指数评价模型实证测度2022年中国21个自贸试验区相关省份开放型经济发展水平,进一步分析中国开放型经济的发展情况及水平。

表 5-2　2022 年中国自贸试验区相关省份开放型经济发展水平评价指标

目标	一级指标	二级指标	功能细划	属性
开放型经济发展水平	对外开放	外贸依存度/%(公式:进、出口贸易总额/地区 GDP)	外贸开放度	+
		外资依存度/%(公式:外商实际投资/地区 GDP)	外资开放度	+
		对外直接投资额/亿美元	对外投资情况	+
		世界 500 强企业数量/家	引资质量	+
	对内开放	内贸依存度/%(公式:社会消费品零售总额/地区生产总值)	内贸开放度	+
		固定资产投资增长率/%	基础设施投入	+
		年末金融机构本外币各项存贷款余额/亿元(公式:年末金融机构本外币各项存款余额＋金融机构本外币各项贷款余额)	金融服务业表现	+
		全国民营 500 强企业数量/家	实体经济表现	+

续表

目标	一级指标	二级指标	功能细划	属性
开放型经济发展水平	开放基础	人均 GDP/元	人均国内生产总值	＋
		居民人均可支配收入/元	人均可支配收入	＋
		第三产业增加值占 GDP 比重/%	第三产业发展情况	＋
		地方财政收入/亿元	地方财政实力	＋
		技术交易额/亿元	技术发展水平	＋
		研究生教育及普通高等教育毕业生/万人	人力资源	＋
		全年货运量/万吨	货运交通能力	＋
		全年客运量/万人	客运交通能力	＋
开放型经济发展水平	开放效率	GDP 增长率/%	国内生产总值增长速度	＋
		地方财政收入增速/%	财政收入增长速度	＋
		第三产业增加值增长率/%	服务业增长速度	＋
		外商及港澳台商投资企业增长率/%	外资增长速度	＋
		常住人口城镇化率/%	城镇化水平	＋
		电力消费量(亿千瓦·小时)	能耗情况	－

注:"属性"一列中"＋"为正向指标(越大越好),"－"为负向指标(越小越优)。

(二)建模测算

参考魏敏、李书昊(2018)的方法,采用熵权 TOPSIS 法建模[119],使用 Matlab 2014b 软件对 2022 年中国 21 个自贸试验区所在省份开放型经济发展水平进行测算。

1.用极差法针对开放型经济发展水平体系中的各测度指标 α_{pk} 做标准化处理

$$\beta_{pk} = \begin{cases} \dfrac{\alpha_{pk} - \min(\alpha_{pk})}{\max(\alpha_{pk}) - \min(\alpha_{pk})}, \alpha_{pk} \text{ 为正向指标} \\ \dfrac{\max(\alpha_{pk}) - \alpha_{pk}}{\max(\alpha_{pk}) - \min(\alpha_{pk})}, \alpha_{pk} \text{ 为负向指标} \end{cases}$$

其中,p 为省份,k 为测度指标,α_{pk} 及 β_{pk} 分别为原始和标准化后的开放型经济发展水平测度指标值,$\min(\alpha_{pk})$ 及 $\max(\alpha_{pk})$ 分别为 α_{pk} 的最小值与最大值。

2.计算各测度指标 β_{pk} 的信息熵 E_k

$$E_k = \ln \frac{1}{n} \sum_{p=1}^{n} \left[\left(\beta_{pk} / \sum_{p=1}^{n} \beta_{pk} \right) \ln \left(\beta_{pk} / \sum_{p=1}^{n} \beta_{pk} \right) \right]$$

3.计算各测度指标 β_{pk} 的权重 W_k

$$W_k = (1 - E_k) / \sum_{k=1}^{m} (1 - E_k)$$

4.构建加权矩阵 $\boldsymbol{R}$

$$\boldsymbol{R} = (r_{pk})_{n \times m}$$

$$r_{pk} = W_k \times \beta_{pk}$$

5.以加权矩阵 $\boldsymbol{R}$ 确认最优方案 S_k^+、最劣方案 S_k^-

$$S_k^+ = (\max r_{p1}, \max r_{p2}, \cdots, \max r_{pm})$$

$$S_k^- = (\min r_{p1}, \min r_{p2}, \cdots, \min r_{pm})$$

6.计算各测度方案和最优方案 S_k^+、最劣方案 S_k^- 的欧氏距离 d_p^+ 与 d_p^-

$$d_p^+ = \sqrt{\sum_{k=1}^{m} (S_k^+ - r_{pk})^2}$$

$$d_p^- = \sqrt{\sum_{k=1}^{m} (S_k^-) - r_{pk})^2}$$

7.计算各个测度方案与理想方案的相对接近度 C_p

$$C_p = \frac{d_p^-}{d_p^+ + d_p^-}$$

相对接近度 C_p 介于 0 和 1 之间。C_p 值越大,表明具体省份 p 的开放型经济发展水平越优;相反,省份 p 的开放型经济发展水平则越差。

(三)中国自贸试验区所在省份开放型经济发展水平实证测度

表 5-3 2022 年中国自贸试验区所在省份在省开放型经济发展水平具体指标数据表

一级指标	二级指标	属性	上海	广东	天津	福建	辽宁	浙江	河南	湖北	重庆	四川	陕西	海南	山东	江苏	广西	河北	云南	黑龙江	北京	湖南	安徽
对外开放	外贸依存度/%（进出口贸易总额/地区GDP）	+	172.78	64.36	51.80	37.33	27.29	60.27	13.90	11.48	28.01	17.76	14.75	29.47	38.11	44.32	25.11	13.29	11.62	16.68	87.59	14.50	16.72
	外资依存度/%（外商实际投资/地区GDP 或 FDI/地区GDP）	+	3.61	1.41	2.45	0.63	1.43	1.67	0.20	0.33	0.43	0.42	0.30	3.58	1.76	1.67	0.35	0.26	0.16	0.10	2.81	0.49	0.32
	对外直接投资额/亿美元	+	86.2	220.72	24.12	125.11	13.9	45%	13.8	22.2	10.63	35.3	4.1	18.95	81.2	96.7	4.6	96.1	11.76	1.1	69.3	19.1	17
	世界500强企业数量/家	+	12	6	0	5	1	1	0	1	0	3	2	0	5	3	1	2	0	0	54	1	2
对内开放	内贸依存度/%（社会消费品零售总额/地区生产总值）	+	36.82	34.76	21.90	39.64	32.88	39.20	39.79	41.25	47.81	42.48	31.74	33.27	38.01	34.79	32.47	32.38	37.43	32.77	33.15	39.14	47.77
	固定资产投资增长率/%	+	-1.00	-2.60	9.90	7.50	3.60	9.10	6.70	15.00	0.70	8.40	7.90	-4.20	6.10	3.80	0.10	7.60	7.50	0.60	3.60	6.60	9.00
	年末金融机构本外币各项存款余额/亿元（金融机构本外币各项存款余额）	+	295431.97	568080.6	82982.94	148301.52	129696.7	386148	99248.69	153626.09	99619.09	201238.1	110817.26	438.71	270070.8	416150.7	84902.17	176110	81779.73	64140.5	316448.7	132493.4	142662.3
	全国民营500强企业数量/家	+	15	53	7	13	6	101	15	20	11	9	6	0	51	90	4	29	1	0	26	6	8

续表

一级指标	二级指标	属性	上海	广东	天津	福建	辽宁	浙江	河南	湖北	重庆	四川	陕西	海南	山东	江苏	广西	河北	云南	黑龙江	北京	湖南	安徽
开放基础	人均GDP/元	+	179900	101900	119235	12.68	6.88	118496	62106	92059	90663	67777	82864	66602	86000	144390	52164	56995	61716	51100	19000	73598	73603
	居民人均可支配收入/元	+	79600	47065	49000	43100	36089	60300	28200	32900	35666	30679	30116	30957	37560	49900	27981	30867	26937	28346	77415	34036	32745
	第三产业增加值占GDP比重/%	+	74.10	35.30	61.30	46.99	50.46	54.28	49.01	51.19	52.95	52.21	43.52	59.98	52.75	50.48	49.78	49.35	49.98	48.06	83.86	51.13	50.93
	地方财政收入/亿元	+	7608.19	13279.73	1346.81	3339.06	2524.3	8039	4261.64	3280.73	2103.4	4882.2	3311.58	832.42	7104	9258.9	1687.72	4084	1949.32	1290.6	5714.4	3101.8	3589.1
	技术交易额/亿元	+	3120.11	2663.57	792.97	251.66	526.39	2226.66	512.95	1558.34	183.86	1075.98	2153.2	34.97	2398.98	2582.77	97.89	322.68	120.82	153.29	6134.86	749.15	1193.57
	研究生教育及普通高等教育毕业生/万人	+	27.27	67.89	18	29.96	36.2	382619	79.8633	52.16	31.51	54.9	41.5	7.5	79.5	64.1	37.62	50.74	38.62	29.5	30.7	47.8	44.3
	全年货运量/万吨	+	141059	351809	52898	169091	166281	321583	259983	209475	135491	184123	164723	30007	334165	279143	213331	232136	145857	52119	18918	213251	394061
	全年客运量/万人	+	7397	42329	8295	16567	17579	32659	26628	26050	19634	40221	13372	6688	17536	47077	20654	8410	16698	9203	25055	38244	14672
开放效率	GDP增长率/%	+	-0.20	1.90	1.00	4.70	2.10	3.10	3.10	4.30	2.60	2.90	4.30	0.20	3.90	2.80	2.90	3.80	4.30	2.70	0.70	4.50	3.50
	地方财政收入增速/%	+	-2.10	0.60	-5.80	1.90	-0.40	5.50	2.10	8.50	-2.50	7.50	26.80	-2.90	5.30	1.50	3.60	6.60	2.00	9.30	2.60	-4.60	9.90
	第三产业增加值增长率/%	+	0.30	1.20	1.70	4.00	3.40	2.80	2.00	2.70	1.90	2.00	2.60	-0.20	3.60	1.90	2.00	3.20	3.10	3.80	3.40	3.50	2.20
	外商直接投资企业增长率/%	+	-6.90	0.90	10.40	1.80	1.40	12.70	-3.50	1.20	-23.70	2.30	0.64	-2.80	-23.99	-22.04	-0.50	8.10	1.50	14.40	22.30	8.80	1.80
	常住人口城镇化率/%	+	89.30	74.79	85.11	70.11	73.00	73.40	57.07	64.67	70.96	58.35	64.02	61.49	64.54	74.40	55.65	61.65	51.72	66.20	100.00	60.31	60.20
	电力消费量/亿千瓦·时	-	1746	7870	991.00	2900	2551	5799	3908	2648	1404	3447	2378	416	7559	7400	2217	4344	2390	1139	1281	2236	2993

数据来源：来自各省市 2022 年国民经济和社会发展统计公报，国家统计局 2022 年国家统计数据。

表 5-4　2022 年中国自贸试验区所在省份开放型经济发展水平标准化数据

	上海	广东	天津	福建	辽宁	浙江	河南	湖北	重庆	四川	陕西	海南	山东	江苏	广西	河北	云南	黑龙江	北京	湖南	安徽
X_1	1.0000	0.3278	0.2499	0.1603	0.0980	0.3024	0.0150	0.0000	0.1024	0.0389	0.0203	0.1115	0.1651	0.2036	0.0845	0.0112	0.0009	0.0322	0.4718	0.0187	0.0325
X_2	1.0000	0.3735	0.6711	0.1523	0.3795	0.4480	0.0279	0.0666	0.0944	0.0914	0.0579	0.9932	0.4733	0.4478	0.0722	0.0473	0.0187	0.0000	0.7738	0.1112	0.0641
X_3	0.3893	1.0000	0.1075	0.5659	0.0611	0.0000	0.0606	0.0987	0.0462	0.1582	0.0166	0.0840	0.3666	0.4370	0.0188	0.4342	0.0513	0.0030	0.3126	0.0847	0.0751
X_4	0.2222	0.1111	0.0000	0.0926	0.0185	0.0185	0.0000	0.0185	0.0000	0.0556	0.0370	0.0000	0.0926	0.0556	0.0185	0.0370	0.0000	0.0000	1.0000	0.0185	0.0370
X_5	0.5760	0.4964	0.0000	0.6845	0.4237	0.6679	0.6904	0.7468	1.0000	0.7942	0.3798	0.4388	0.6219	0.4977	0.4079	0.4046	0.5996	0.4194	0.4343	0.6655	0.9986
X_6	0.1667	0.0833	0.7344	0.6094	0.4063	0.6927	0.5677	1.0000	0.2552	0.6563	0.6302	0.0000	0.5365	0.4167	0.2240	0.6146	0.6094	0.2500	0.4063	0.5625	0.6875
X_7	0.5197	1.0000	0.1454	0.2605	0.2277	0.6795	0.1741	0.2699	0.1747	0.3537	0.1945	0.0000	0.4750	0.7323	0.1488	0.3095	0.1433	0.1122	0.5567	0.2326	0.2506
X_8	0.1485	0.5248	0.0693	0.1287	0.0594	1.0000	0.1485	0.1980	0.1089	0.0891	0.0594	0.0000	0.5050	0.8911	0.0396	0.2871	0.0099	0.0000	0.2574	0.0594	0.0792
X_9	1.0000	0.5664	0.6628	0.0000	0.0000	0.6587	0.3452	0.5117	0.5039	0.3767	0.4606	0.3702	0.4780	0.8026	0.2899	0.3168	0.3430	0.2840	0.1056	0.4091	0.4091
X_{10}	1.0000	0.3822	0.4189	0.3069	0.1738	0.6335	0.0240	0.1132	0.1658	0.0711	0.0604	0.0763	0.2017	0.4360	0.0198	0.0746	0.0000	0.0268	0.9585	0.1348	0.1103
X_{11}	0.7990	0.0000	0.5355	0.2407	0.3122	0.3909	0.2822	0.3273	0.3634	0.3482	0.1694	0.5082	0.3594	0.3126	0.2982	0.2894	0.3023	0.2628	1.0000	0.3260	0.3220
X_{12}	0.5444	1.0000	0.0413	0.2014	0.1359	0.5790	0.2755	0.1967	0.1021	0.3254	0.1992	0.0000	0.5039	0.6770	0.0687	0.2612	0.0897	0.0368	0.3922	0.1823	0.2215
X_{13}	0.5058	0.4309	0.1243	0.0355	0.0806	0.3593	0.0784	0.2497	0.0244	0.1707	0.3473	0.0000	0.3875	0.4177	0.0103	0.0472	0.0141	0.0194	1.0000	0.1171	0.1899
X_{14}	0.2732	0.8345	0.1451	0.3104	0.3966	0.4251	1.0000	0.6172	0.3318	0.6550	0.4699	0.0000	0.9950	0.7822	0.4162	0.5975	0.4301	0.3040	0.3206	0.5569	0.5085
X_{15}	0.3256	0.8874	0.0906	0.4003	0.3928	0.8068	0.6426	0.5080	0.3107	0.4465	0.3887	0.0296	0.8403	0.6937	0.5182	0.5684	0.3384	0.0885	0.0000	0.5180	1.0000
X_{16}	0.0176	0.8824	0.0398	0.2446	0.2697	0.6430	0.4987	0.4794	0.3205	0.8303	0.1655	0.0000	0.2686	1.0000	0.3458	0.0426	0.2478	0.0623	0.4548	0.7813	0.1977
X_{17}	0.0000	0.4286	0.2449	1.0000	0.4694	0.6735	0.6735	0.9184	0.5714	0.6327	0.9184	0.0816	0.8367	0.6122	0.6327	0.8163	0.9184	0.5918	0.1837	0.9592	0.7551
X_{18}	0.1135	0.1963	0.0000	0.2362	0.1656	0.3466	0.2423	0.4387	0.1012	0.4080	1.0000	0.0890	0.3405	0.2239	0.2883	0.3804	0.2393	0.4632	0.2577	0.0368	0.4816
X_{19}	0.1190	0.3333	0.4524	1.0000	0.8571	0.7143	0.5238	0.6905	0.5000	0.5238	0.6667	0.0000	0.9048	0.5000	0.5238	0.8095	0.7857	0.9524	0.8571	0.8810	0.5714
X_{20}	0.3692	0.5377	0.7429	0.5571	0.5485	0.7926	0.4426	0.5442	0.0062	0.5679	0.5321	0.4577	0.0000	0.0420	0.5074	0.6932	0.5506	0.8293	1.0000	0.7083	0.5571
X_{21}	0.7784	0.4778	0.6916	0.3809	0.4408	0.4490	0.1108	0.2682	0.3985	0.1373	0.2548	0.2024	0.2655	0.4698	0.0814	0.2057	0.0000	0.2999	1.0000	0.1779	0.1756
X_{22}	0.8216	0.0000	0.9229	0.6668	0.7136	0.2778	0.5315	0.7006	0.8675	0.5934	0.7368	1.0000	0.0417	0.0631	0.7584	0.4730	0.7352	0.9030	0.8840	0.7558	0.6543

表 5-5　2022 年中国自贸试验区所在省份开放型经济发展水平权重计算结果

一级指标	二级指标	熵值	差异化系数	权重
对外开放	外贸依存度/%(进、出口贸易总额/地区 GDP)	0.7764	0.2236	0.0887
	外资依存度/%(外商实际投资/地区 GDP 或 FDI/地区 GDP)	0.8291	0.1709	0.0678
	对外直接投资额/亿美元	0.8087	0.1913	0.0759
	世界 500 强企业数量/家	0.5724	0.4276	0.1696
对内开放	内贸依存度/%(社会消费品零售总额/地区生产总值)	0.9694	0.0306	0.0121
	固定资产投资增长率/%	0.9490	0.0510	0.0202
	年末金融机构本外币各项存贷款余额/亿元	0.9197	0.0803	0.0319
	全国民营 500 强企业数量/家	0.7993	0.2007	0.0796
开放基础	人均 GDP/元	0.9381	0.0619	0.0245
	居民人均可支配收入/元	0.8266	0.1734	0.0688
	第三产业增加值占 GDP 比重/%	0.9517	0.0483	0.0192
	地方财政收入/亿元	0.8878	0.1122	0.0445
	技术交易额/亿元	0.8291	0.1709	0.0678
	研究生教育及普通高等教育毕业生/万人	0.9521	0.0479	0.0190
	全年货运量/万吨	0.9307	0.0693	0.0275
	全年客运量/万人	0.8875	0.1125	0.0447
开放效率	GDP 增长率/%	0.9529	0.0471	0.0187
	地方财政收入增速/%	0.9193	0.0807	0.0320
	第三产业增加值增长率/%	0.9626	0.0374	0.0148
	外商及港澳台商投资企业增长率/%	0.9453	0.0547	0.0217
	常住人口城镇化率/%	0.9231	0.0769	0.0305
	电力消费量/亿千瓦·时	0.9487	0.0513	0.0204

表 5-6　排名结果

地区	对外开放		对内开放		开放基础		开放效率		综合水平	
	得分	排名	得分	排名	得分	排名	得分	排名	得分	排名
北京	0.2877	1	0.0517	6	0.1994	1	0.0946	1	0.6334	1
上海	0.2237	2	0.0387	11	0.1821	4	0.0539	15	0.4985	2
广东	0.1491	3	0.0813	3	0.1936	2	0.0455	19	0.4696	3
江苏	0.0910	4	0.1087	2	0.1927	3	0.0426	20	0.4350	4
浙江	0.0603	9	0.1234	1	0.1764	5	0.0708	6	0.4309	5
山东	0.0903	5	0.0737	4	0.1352	6	0.0489	18	0.3481	6
福建	0.0832	7	0.0392	10	0.0649	15	0.0784	4	0.2657	7
湖北	0.0151	17	0.0536	5	0.0994	9	0.0757	5	0.2439	8
四川	0.0311	12	0.0413	8	0.1087	7	0.0613	13	0.2423	9
天津	0.0758	8	0.0250	17	0.0726	13	0.0673	10	0.2408	10
河北	0.0434	10	0.0501	7	0.0622	16	0.0704	7	0.2261	11
安徽	0.0192	13	0.0403	9	0.0925	10	0.0688	8	0.2208	12
湖南	0.0188	15	0.0316	13	0.1013	8	0.0684	9	0.2201	13
陕西	0.0133	18	0.0283	15	0.0781	12	0.0934	2	0.2131	14
辽宁	0.0422	11	0.0253	16	0.0598	17	0.0667	11	0.1940	15
河南	0.0078	19	0.0372	12	0.0920	11	0.0519	16	0.1890	16
重庆	0.0190	14	0.0315	14	0.0661	14	0.0513	17	0.1679	17
海南	0.0836	6	0.0053	21	0.0249	21	0.0409	21	0.1547	18
广西	0.0170	16	0.0174	19	0.0556	18	0.0578	14	0.1477	19
云南	0.0052	20	0.0249	18	0.0477	19	0.0634	12	0.1413	20
黑龙江	0.0031	21	0.0137	20	0.0278	20	0.0856	3	0.1302	21

　　从表 5-6 可以看出 2022 年我国 21 个自贸试验区所在省(区、市)的开放型经济发展水平情况。

1.对外开放水平

　　21 个自贸试验区所在省(区、市)对外开放水平得分由最低的 0.0031(黑龙江)到最高的 0.2877(北京),后者是前者的 92.80 倍,表明中国的对外开放水平在地区间差异比较悬殊,部分省(区、市)对外开放水平急待提升,不同省(区、市)间对外开放的协同优化能力还较弱。具体来说,对外开放水平得分高于0.1的仅有北京(0.2877)、上海(0.2237)和广东(0.1491)3个省(区、市),而且北京一枝独秀,其对外开放指数是上海的1.29倍、广东的1.93倍,这是因为北京作为首都,深化开放,大力激发市场主体活力及发展动力,积极营造数字贸易创新发展的环境,提升服务业开放创新能级,强化国际经贸枢纽功能,打造内外双循环的交互节点,因此对外开放程度高。上海(0.2237)和广东(0.1491)2个省(区、市)对外开放水平得分在0.1与0.25之间,它们地处中国东南沿海,临近港澳台,与国际市场联系紧密,侨源丰富,富有工业基础,所以对外开放度较高,特别是上海,区位条件优越,交通便利,作为中国金融对外开放的窗口,外向型经济特色显著,经济辐射腹地广阔。江苏、山东、海南、福建、天津与浙江的对外开放度在0.05与0.09之间,它们的对外开放程度属于中等,还有较大的提升空间。其余12个省份经济对外开放水平得分均低于0.05,具体包括河北、辽宁、四川和安徽等,占所考察省份总数的50%以上,尤其是河南、云南和黑龙江,它们的对外开放水平均低于0.01,须高度重视对外开放问题,着力提升对外经济开放度。

2.对内开放水平

对内开放水平得分最高的省份是浙江(0.1234),得分最低的省份是海南(0.0053),前者是后者的23倍。位于第一梯队的浙江(0.1234)、江苏(0.1087)、广东(0.0813)、山东(0.0737)的对内开放指数与位于第二梯队的湖北(0.0536)、北京(0.0517)、河北(0.0501)、四川(0.0413)和安徽(0.0403)的对内开放指数的差距达2倍左右,这表明中国省际对内开放的水平差异巨大,当前我国要形成以国内大循环为主的经贸新格局,务必要高度重视提高相关省份的对内开放水平。第三梯队的上海(0.0387)、河南(0.0372)、湖南

(0.0316)、重庆(0.0315)、陕西(0.0282)、辽宁(0.0253)、天津(0.0250)和云南(0.0249)的对内开放水平在 0.02 与 0.04 之间,对内开放水平一般,其中上海因为内贸依存度较低及对民营企业的吸引力相对较弱,因此在此项指标上表现一般。而余下的广西(0.0174)、黑龙江(0.0137)和海南(0.0053)的对内开度均低于 0.02,说明这些省份的对内开放水平亟待提升;另外,海南(0.0034)是 21 个自贸试验区中唯一的对内开放水平得分低于0.01的省份,对内开放水平亟待提升。

3.开放基础

开放基础得分最高的前三个省(区、市)依次为北京(0.1994)、广东(0.1936)和江苏(0.1927),这三个省(区、市)在发展中的经济基础雄厚,比较重视资源、要素的合理配置与投入,在财力、人力、技术或交通基础等方面具有优势,尤其是北京,《2022 中国城市营商环境指数评价报告》显示,北京市营商环境指数排名第二,成为仅次于上海的营商环境城市。上海(0.1821)和浙江(0.1764)位于中国东南沿海,是改革开放前沿阵地,开放基础较好。山东(0.1352)、四川(0.1087)和湖南(0.1013)这三个省份的开放基础指数均在0.1 与 0.15 之间,开放基础水平一般。湖北(0.0994)、安徽(0.0925)、河南(0.092)、陕西(0.0781)、天津(0.0726)、重庆(0.0661)、福建(0.0649)、河北(0.0622)、辽宁(0.0598)和广西(0.0556)的开放水平较差,当务之急是基于自身基础、禀赋和条件,更有效地配置资源,夯实开放基础。云南(0.0477)、黑龙江(0.0278)和海南(0.0249)的开放基础指数还低于0.05,说明开放基础很差,必须加快开放步伐,积极向先进省(区、市)学习、积极互助共建,争取实现共同发展。

4.开放效率

开放效率指标注重从地方发展速度、财政收入、服务业和外资增长多角度入手,综合考量各省市城镇化水平及能耗情况,为的是考察各自贸试验区相关省份开放型经济的可持续发展情况。从计算结果可看出,21 个省份的开放效率分为三个层次:北京(0.0946)、陕西(0.0934)和黑龙江(0.0856)的开放效率较高,均高于 0.08,而福建(0.0784)、湖北(0.0757)、浙江(0.0708)、河北(0.0704)、安徽(0.0688)、湖南(0.0684)、天津(0.0673)、辽宁(0.0667)、云南(0.0634)和四川(0.0613)的开放效率处于 0.06 和 0.08 之间,处于中等水平,而广西(0.0578)、上海(0.0539)、河南(0.0519)、重庆(0.0513)、山东(0.0489)、广东(0.0455)、江苏(0.0426)与海南(0.0409)的开放率低于 0.06,这表明开放效率较低,其中广东因为在 2022 年的外资增长速度表现情况欠佳且能耗相对较大,因此在开放效率指标的表现上处于较低水平。当前中国经济运行的内外部环境都在发生巨变,中国改革开放面临广阔机遇与严峻挑战,所以在自贸试验区转型升级和自由港建设中一定要高度重视提高开放效率。

5.开放型经济发展综合水平

综合考查 2022 年中国 21 个自贸试验区所在省份的开放型经济发展水平,可发现其得分处于 0.1302 与 0.6334 之间,其中得分最低为黑龙江(0.1302),得分最高为北京(0.6334),21 个自贸试验区所在省份开放型经济发展得分均值(M)为 0.2768,而标准差(SD)为 0.1382,其结果表明,2022 年中国自贸试验区所在省份开放型经济发展综合得分整体较低,不同省(区、市)间存在较明显的空间差异。根据得分均值(M)与标准差(SD),可以将 21 个自贸试验区所在省份分为先进型(得分>M+0.5SD)、中等型(M−0.5SD<得分<M+0.5SD)及后进型(得分<M−0.5SD)三种类型。

表 5-7 得分计算结果

省(区、市)	对外开放	对内开放	开放基础	开放效率	综合水平	类型
上海	0.2237	0.0387	0.1821	0.0539	0.4985	先进型
广东	0.1491	0.0813	0.1936	0.0455	0.4696	先进型
天津	0.0758	0.0250	0.0726	0.0673	0.2408	中等型
福建	0.0832	0.0392	0.0649	0.0784	0.2657	中等型
辽宁	0.0422	0.0253	0.0598	0.0667	0.1940	后进型
浙江	0.0603	0.1234	0.1764	0.0708	0.4309	先进型
河南	0.0078	0.0372	0.0920	0.0519	0.1890	后进型
湖北	0.0151	0.0536	0.0994	0.0757	0.2439	中等型
重庆	0.0190	0.0315	0.0661	0.0513	0.1679	后进型
四川	0.0311	0.0413	0.1087	0.0613	0.2423	中等型
陕西	0.0133	0.0283	0.0781	0.0934	0.2131	中等型
海南	0.0836	0.0053	0.0249	0.0409	0.1547	后进型
山东	0.0903	0.0737	0.1352	0.0489	0.3481	先进型
江苏	0.0910	0.1087	0.1927	0.0426	0.4350	先进型
广西	0.0170	0.0174	0.0556	0.0578	0.1477	后进型
河北	0.0434	0.0501	0.0622	0.0704	0.2261	中等型
云南	0.0052	0.0249	0.0477	0.0634	0.1413	后进型
黑龙江	0.0031	0.0137	0.0278	0.0856	0.1302	后进型
北京	0.2877	0.0517	0.1994	0.0946	0.6334	先进型
湖南	0.0188	0.0316	0.1013	0.0684	0.2201	中等型
安徽	0.0192	0.0403	0.0925	0.0688	0.2208	中等型
均值	0.0657	0.0449	0.1016	0.0646	0.2768	

从表 5-7 可以看出,先进型省(区、市)包括上海、广东、浙江、山东、江苏和北京,它们的开放型经济发展综合水平平均得分为 0.4693,占 21 个自贸试验区所在省份总数的 29%,在经济建设过程中能够较好地兼顾经济增长的质与量,综合表现优异从数据中可以看出,上海明显领先于其他省份,是中国开放型经济发展综合表现最优的城市。中等型省(区、市)包括天津、福

建、湖北、四川、陕西、河北、湖南和安徽,它们的开放型经济发展综合水平平均得分为 0.2341,占 21 个自贸试验区所在省份总数的 38%,这些省(区、市)在经济发展中能在一定程度上重视对内和对外开放的质量与效率,但重视的程度还不足,还需进一步提升。后进型省(区、市)包括辽宁、河南、重庆、海南、广西、云南和黑龙江,开放型经济发展综合水平平均得分为 0.1607,占 21 个自贸试验区所在省份总数的 33%,这些省(区、市)在改革发展过程中必须高度重视对内与对外经济高质量开放的相关理念和要求,在当前新形势下加快对内、对外的开放速度,提升开放效率。

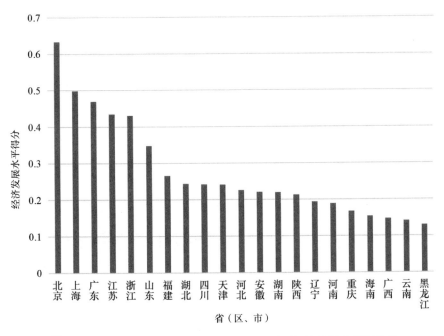

图 5-1　2022 年中国自贸试验区相关省份开放型经济发展水平得分图

6.地域分布分析

将 21 个自贸试验区按东部、中部与西部来划分,得到表 5-8。结果表明,在 21 个自贸试验区相关省(区、市)中,有 11 个属于东部地区,占总数的

52%,而且在先进型和中等型的自贸试验区所在省(区、市)中,属于东部地区的分别有 6 个与 3 个;而中部地区 5 个自贸试验区相关省(区、市)中,属于先进型的自贸试验区有 0 个,中等型的有 3 个;在西部地区 5 个自贸试验区相关省(区、市)中,先进型的有 0 个,中等型的有 2 个,说明中国东、中、西部开放型经济发展综合水平差距较大,东部地区最优,中部地区次之,西部地区最差,呈现出较为明显的东高、中中、西低的区域分布格局。

表 5-8   三种类型开放型经济发展水平省份的区域分布

类型/地区	东部地区	中部地区	西部地区
先进型	上海、广东、浙江、山东、江苏、北京		
中等型	天津、福建、河北	湖北、湖南、安徽	四川、陕西
后进型	辽宁、海南	河南、黑龙江	重庆、广西、云南

注:本书所考察 21 个自贸试验区所在省(区、市)的区域划分为:自贸试验区位于东部的省份有天津、河北、辽宁、上海、江苏、浙江、福建、山东、广东、海南和北京;自贸试验区位于中部的省份有黑龙江、河南、湖南、湖北和安徽;自贸试验区位于西部的省份有广西、重庆、四川、云南、陕西。

五、中国自贸试验区的转型升级方向及模式

(一)中国自贸试验区的转型升级方向

当前对中国而言,要打造国内大循环,既要立足于各自贸试验区的区位优势、发展与开放程度、营商环境及资源要素禀赋,加快对国际经贸新规则的探索与改革,探索差异化发展道路,充分发挥国内市场和产业体系优势,提升开放费效比,推动国内经济高质量发展,又要积极推进国际与区域合作

参加国际大循环,高质量共建"一带一路"及 RCEP,探索加入 CPTPP、DEPA 的可能性,加快建设高标准的国际自贸区网络,提高在新一轮国际规则制定中的影响力和话语权。

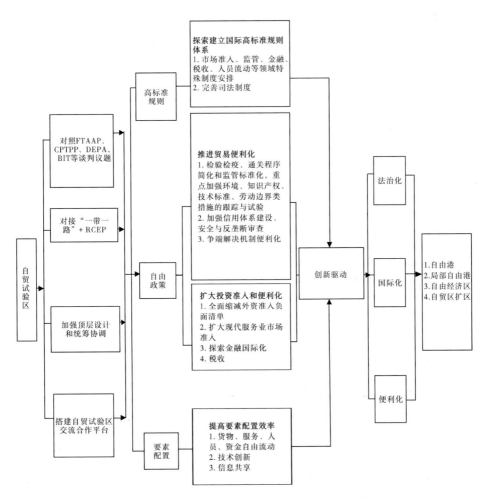

图 5-2 国际经贸规则新趋势下中国自贸试验区转型升级方向及模式

根据国际经贸规则新趋势,中国自贸试验区转型升级的方向主要有以下几种:

1.探索建设自由港或局部自由港

根据国家发展战略和自贸试验区发展的基础条件,在海南设立自由港的基础上,再挑选两三个有条件的自贸试验区发展具有中国特色的自由港,至少在"十四五"规划实施期间能进行局部自由港的探索。能实行此类转型升级的自贸试验区必须能够适应国际经贸新规则发展趋势,实现向综合性多功能的自贸试验区或自由港转型,其主要具有的特征如下,建议可在上海浦东、大连等地进行探索[120]:

一是区位优势明显,能够依托海陆空港优势,发挥国际物流中转功能。

二是营商环境优良,通关便利化,能够实现物流、人流、资金及信息的自由流动。

三是能够实现服务业的有序开放,努力向"港区＋港产＋港城＋现代服务业"的综合性多功能方向发展。

2.探索建设自由经济区

截至 2023 年底,已设立的 22 个中国自贸试验区中,有多个属于边贸型自贸试验区,如广西崇左自贸试验区、云南德宏和红河自贸试验区等,或者是与共建"一带一路"国家、地区合作的关键节点,如广西南宁自由试验区(面向东盟)、辽宁(面向中东欧)及青岛自贸试验区(面向上合组织成员国)等,以及粤港澳大湾区,注重深化对台经贸、人文交流合作的福建自贸试验区,这些自贸试验区为与中国接壤或临近的国家或地区提供经贸合作、交流平台,促进了国家及地区间的经济社会的交流与发展,是中国企业、商品、服务及人民币走去的"桥头堡",建议可在这类自贸试验区加强基础设施的建设与互联互通,探索与接壤或邻近国家或地区合作共建自由经济区,主要进行互惠合作型制度创新,其目的是以深化区域合作为导向,探索制度共建、要素共享和市场共拓中探索互惠合作,促进投资准入的切实落地实施,避免遭遇开放的"二道玻璃门"的问题,使国内国际双循环更加顺畅、联通。

3.加快自贸试验区扩区步伐

(1)有规划、分批次继续在尚未设立自贸试验区的省份设立自贸试验区

目前中国已设立的自贸试验区主要分布在东部沿海,为了发挥自贸试验区"以点带面"的辐射带动作用,应构建以国内循环为主、国内国际相促进的全面开放新格局,预计自贸试验区还会进一步向中西部扩容,深度挖掘国内的市场与需求,让更多省(区、市)能参与到自贸试验区的建设中去,建议尤其是在"一带一路"沿线已具有一定规模的城市群设立自贸试验区,带动区域经济与产业发展,深入参与、融入国家的发展战略中。

(2)根据定位与作用,对自贸试验区进行地理扩区

当前各地自贸试验片区的面积及数量受限于各省省级行政的划分限制,存在片区面积小、地理分散、政策施展空间和人力物力受限的问题,故难以承接大型新兴产业和项目,从而影响了改革的系统集成性。2020年9月21日,浙江自贸试验区的扩区方案被批准。浙江自贸试验区扩区不但有利于突破空间约束,还能对现有自贸试验区的功能定位、行政架构及政策内涵进行再创新与整合,发挥自贸试验区的聚集效应,为区域发展吸引更多资源创造条件。

(3)注重发挥自贸试验区的协同改革联动作用,实现广义"扩区"

为了深入推进国内先进自贸试验区成果的可复制、可推广,注重加强全国自贸试验区和各省自贸试验片区间的互联互通和协同联动,作为自贸试验区领头羊的上海可以在全国自贸试验区管理协调体系中发挥管理协调作用,并做好与中央的协调与对接。另外需要在自贸试验区及协同创新区进行普惠协同型制度创新和推广实施,其目的主要是以优化营商环境为导向,

围绕简化程序、提高办事效率,注重实现要素自由流动、服务功能集成化与程序便利化,形成普惠的改革红利和开放成果共享的新局面,如:放宽市场准入,转变监管方式,构建监管体系,简化商事登记制度,进行金融与服务创新等。建议加强与各类省级、国家级开发区、新区和示范区等联合建立协同创新区,在政策、体制机制改革创新、产业及招商等方面实现多维度、多层次协同,积极将创新成果在协同创新区进行复制推广,优势互补、协同配合,提高行政效率,避免趋同投资和重复建设,推动自贸试验区进一步提升制度创新和系统集成水平。[121]

除了协同创新的共同目标以外,当前中国自贸试验区在转型升级过程中还必须紧跟国际经贸规则新趋势,既要做好普惠协同型制度创新,又要尝试特惠差异型制度创新,更要注重互惠合作型制度创新,避免出现同质化竞争,促进各地形成互补与良性互动合作。特惠差异型制度创新是根据各地的要素资源禀赋与产业基础,并以培育新经济、新兴产业及重大项目为导向,根据具体的业态和项目需求进行差异化设计和制度创新,探索符合区域发展方向与需求的自贸试验区制度改革创新路径,使其服务于经济、产业发展及项目落地。这对于目前创新能力较低或地处内陆的自贸试验区尤为重要,有利于其吸引人力、物力资源,培育创新文化、开放意识并促进科技创新,打造特色突出和富有竞争力的新经济产业体系。另外,在劳工、环境、知识产权保护及促进中小企业发展等方面应继续探索创新,形成标准,加快我国自贸试验区的扩区步伐。

表 5-6　中国自贸试验区转型升级的方向及差异化发展着力点

序号	自贸试验区	各自贸试验区定位	所属批次定位	转型升级方向	差异化发展着力点
1	上海	定位于国际经贸、金融、航运、科创与消费中心、加快政府职能、法制建设、税收、金融服务业等方面的改革探索，培育国际化法制化的营商环境，建立的与国际高标准经贸规则接轨的跨境投资、贸易规则体系	第一批定位于"国际高标准自贸园区"，其中临港新片区要影响重点构建"更具国际市场竞争力、竞争力的特殊经济功能区"	具有国际竞争力的自由港	重点探索资资源境跨境流动、知识产权保护、数字安全等问题，建设高端制造业、开放现代服务业特别是金融业，实现人民币离岸中心，打造贸易、投资、资金、运输和人员从业五个方面的自由
2	广东	全面对接国际经贸规则，打造21世纪海上丝绸之路的关键枢纽，粤港澳大湾区合作示范区		自由经济区	建立国际航运枢纽、国贸中心及金融对外开放试验示范窗口，深度推进粤港澳服务贸易自由化，打造海洋经济国际竞争力核心区
3	天津	全面对接国际经贸规则，打造"一带一路""海陆双向开放的新平台，京津冀协同发展	第二批定位于打造"法治化、国际化及市场化"的一流营商环境，并着强化国际贸易功能集成	探索"京津冀自由贸易港"	推动航运、金融和跨境电商大数据创新应用，推进融资租赁创新，打造京津冀金融聚集，大数据综合试验与总部集聚区
4	福建	全面对接国际规则，深入推进两岸经济合作的示范区，21世纪海上丝绸之路核心区建设		依托东南国际航运中心逐步探索建设局部自由港	对台投资贸易自由化，培育平潭开发新优势，拓展与21世纪海上丝绸之路沿线国家（地区）的互通互联，建设海洋经济文化产业带

续表

序号	自贸试验区	各自贸试验区定位	所属批次定位	转型升级方向	差异化发展着力点
5	辽宁	提升老工业基地竞争力与对外开放水平打造东北振兴新引擎		与其他自贸试验区协同改革联动	加强东北亚的区域开放合作,深化国资国企改革,发展生产性服务业
6	浙江	新型国际贸易中心,国际海上开放门户示范,东部经济发展示范,先进制造业集聚,国际大宗商品自由化先导及国际重要资源配置基地		探索建设自由港区先行区,局部自由港	围绕油气产业链进行大宗商品交易与投资,实现便利化,自由化
7	河南	全面改革开放试验与内陆开放型经济示范区	第三批定位:打造国际规则对接的制度创新高地,既要实现与国内自贸试验区的协同创新,又要突出地域特色,对接"一带一路",长江经济带等重大国家发展战略	与其他自贸试验区协同改革联动	引领内陆经济转型,打造国际交通物流通道,构建全方位对外开放新格局
8	湖北	中部有序承接产业转移,战略性新兴及高技术产业集聚,内陆开放新高地		与其他自贸试验区协同改革联动	重点发展新一代信息技术,生命健康,高端装备制造,电子信息及新材料等战略性新兴产业,探索以贸易便利化为主的制度创新;推进长江经济带建设,并在中部崛起战略中起示范作用
9	重庆	"一带一路",长江经济带联机的关键枢纽,西部大开发重要支点		与其他自贸试验区协同改革联动	重点发展新兴产业和制造业,服务于"一带一路",长江经济带的国际物流枢纽和口岸高地,深入实施西部大开发战略
10	四川	西部门户城市开放引领,内陆开放战略先与,国际开放通道枢纽,内陆与沿海,沿边,沿江协同开放示范区		探索构建有航空特色及多式联运集成优势的内陆自由贸易港	在行政管理,金融开放,双向投资,区域协同内陆开放,西部进行突破,推进协同内陆开放,西部大开发及长江经济带发展
11	陕西	"一带一路"经贸交流合作重要支点,内陆型改革开放新高地		与其他自贸试验区协同改革联动	重点发展新兴产业和制造业,大力推动"一带一路"和西部开发战略的实施

续表

序号	自贸试验区	各自贸试验区定位	所属批次定位	转型升级方向	差异化发展着力点
12	海南	全面深化改革开放试验,国际旅游消费中心和国家重大战略服务保障及面向太平洋、印度洋的重要开放门户	第四批定位:突出投资、贸易自由	建设有国际竞争力和影响力的自由港	更开放、便利的出入境和停居留政策,数据跨境自由流动,健全自由贸易港法治体系,具有国际竞争力的特殊税收制度,与国际接轨的监管标准、规范制度
13	山东	新旧发展动能转换,发展海洋经济,打造对外开放新高地		与其他自贸试验区协同改革联动	发展海洋特色产业,培育贸易新业态与贸易模式,港口集群合作、中日韩经济合作等
14	江苏	建设"一带一路"枢纽,开放型经济发展先行,实体经济转型升级新示范区		与其他自贸试验区协同改革联动	推动长江经济带、长江三角洲一体化发展,强化金融对实体支持,创新制造业、提升跨境外投资合作水平
15	广西	面向东盟建设国际陆海贸易新通道,建设金融开放门户,先行先试示范区和西部陆海新通道门户,打造跨境产业合作示范区	第五批定位:主推"跨境贸易规则",对标国际高标准制度创新成果,得助推沿边开放	跨境合作自由经济区	跨境经贸合作与智慧物流,大力发展数字金融、文化传媒等现代服务业与新兴制造产业,加深"中国—东盟"合作机制
16	河北	积极承接、疏解北京非首都功能,加快京津科技成果转化,按高标准、高质量发展要求建设雄安新区		与其他自贸试验区协同改革联动	建立数字贸易监管模式,发展国际大宗商品交易、生物医药等健康等产业
17	云南	南亚和东南亚通道的桥头堡,面向南亚与东南亚的辐射中心		跨境合作自由经济区	创新跨境经贸合作及政治经济社会发展新模式,加大对外文化交流与科技领域的国际合作力度
18	黑龙江	全面振兴东北,打造面向俄罗斯及东北亚合作的枢纽,深化"中蒙俄经济走廊",推动"一带一路"和欧亚经济联盟的战略对接。		跨境合作自由经济区	建设面向国际陆海通道的陆上边境型物流枢纽,加强跨境能源、资源的综合利用,优化产业布局,延伸产业链,提升对俄贸易综合服务能力

续表

序号	自贸试验区	各自贸试验区定位	所属批次定位	转型升级方向	差异化发展着力点
19	北京	打造服务业扩大开放先行与数字经济试验区,构建京津冀协同开放平台		探索"京津冀自由贸易港"	大力发展数字、文化、医疗健康、商务会展、国际寄递物流及金融等产业,创新打造临空经济引领示范区
20	湖南	联通长江经济带与粤港澳大湾区的投资贸易走廊,打造先进制造业集群,内陆开放新高地,深化中非经贸深度合作	第六批定位:以科技创新补链强链、产业链集成创新稳链固链,促进形成国内、国际双循环经济发展新格局	与其他自贸试验区协同改革联动	发展高端装备制造业,江经济带投资贸易与粤港澳大湾区国际投资贸易,探索中非经贸合作新路径与新机制
21	安徽	推动长三角一体化与"一带一路"建设,发挥在长江经济带发展的重要节点作用,推动科技创新与实体经济的深度融合		与其他自贸试验区协同改革联动	加快建设科技创新策源地,集聚发展先进制造业和战略性新兴产业
22	新疆	充分发挥"五口通八国,一路连欧亚"的区位优势,深入开展差别化探索,大力发展新疆特色优势产业	第七批定位:融入国内国际双循环,服务"一带一路"核心区建设,助力打造亚欧黄金通道及向西开放的桥头堡,为中国—中亚命运共同体的建设做出积极贡献	与其他自贸试验区协同改革联动	打造开放型特色产业体系,积极承接中东部先进装备制造业及劳动密集型产业转移,培育新能源和新材料等高新技术企业

(二)中国自贸试验区转型升级的模式

后疫情时代,对中国而言,打造国内大循环中需要通过国内自贸试验区与自由港建设加快改革探索,注重制度创新,并充分发挥国内市场和产业体系优势,促进中国经济的高质量发展;此外,还需要积极推进国际与区域合作,积极参加国际大循环,高质量建设"一带一路",加快建设高标准的国际自贸区网络,提高在最新国际规则制定中的影响力与话语权。根据"帕累托最优"和"帕累托改进"理论,推进中国自贸试验区的转型升级可从四方面进行:

1.探索建立国际高标准规则体系

后疫情时代,在国际贸易规则深刻变化的背景下,中国自贸试验区改革应坚持全方位开放和重点突破相结合,对照中国对外多边、双边谈判议题,对标国际先进规则,探索体制机制创新;积极参与国际规则制定,探索建设高水平国际自贸区体系,如推动 WTO 争端解决机制和上诉机构的加快改革,在中美关系中注重找到双边利益共同点大力推进合作,落实推进中欧投资协定并启动中英"自由港"合作,加快中国参与全球经济一体化进程与中日韩自贸区的相关谈判,进一步推进 RCEP 的实施,进一步增强中国在东亚区域的影响力与领导力;论证与探索加入 CPTPP 的可能性。

2.积极对接"一带一路"＋RCEP,加强对外合作

对接"一带一路",加快推进 RCEP 的区域合作,加强国际抗疫和经贸合作的协同联动,共同打造"开放、健康、绿色、人文"团结应对国际重大疫情挑战的合作之路,推进服务外包、智能制造、数字产业、电子支付、外贸海外仓

和健康医疗等产业的对接与合作,构建绿色健康的人类命运共同体网络;在出口抗疫救援物资的结算等方面,适时推动人民币国际化。通过推进基础设施的互联互通及政策、规制、标准的联通,强化产业链、供应链合作,提升国内产业链嵌入全球价值链的长度和高度[122],充分利用有限资源并提高其产出效率。

3.积极应对国际规则变化趋势,转向制度型开放

中国自由港与自贸试验区的改革探索强调向制度型开放转变,参照国际标准打造一流的国际营商环境。介入和参与以"三零"为原则和纲领的国际贸易体系中,因为零关税、零壁垒和零补贴的"三零原则"强调贸易投资自由化和营商环境国际化,所以在政策制定上可通过税、费和财政加大改革支持力度,制定原产地规则和具有国际竞争力的税收政策,对进口商品的关税及附加税进行零关税改革,对符合条件的个人及企业的所得税税率征收低税率。注重从制造业向服务业开放转型,推进国际贸易、双向投资的协同开放,简化负面清单,根据竞争中性原则对内外资一视同仁,构建与经济发展相适应的制度体系及监管模式,使国内外要素自由流动、市场深度融合,高效配置要素与提高配置效率,培育面向全国乃至全球的竞争新优势。

4.结合中国城市化进程和"十四五"规划进行科学布局

因为大多数自贸试验区多建设在各省(区、市)重要的都市区或城市带上,是区域经济的"增长极"。后疫情时代,自贸试验区转型升级与自由港建设还应顺应当前中国经济改革,立足于国内市场,根据"供给侧"向"需求端"着力重心转移的趋势,结合"十四五"规划的"新基建"和"都市圈"建设相融合特点,紧密连接中国的城市化进程进行科学布局。另外,还必须注重密切结合各省市的发展目标,争取获得所在省份的有力支持,在人工智能、5G、新

能源汽车等科技领域及教育、医疗等民生领域加大投资力度对冲疫情带来的负面影响,带动产业转型升级,促进服务业开放,对区域经济起到辐射带动作用。

六、中国自贸试验区实现转型升级的政策建议

作为中国的改革前沿,各地自贸试验区都面临着转型升级的紧迫形势,建议各地自贸试验区在充分学习借鉴国际自由贸易港的先进经验的基础上,对标最新国际经贸规则,加快改革步伐。

(一)提高资源产出效率

1.加快制度创新和系统集成

对标国际最高标准,强化创新意识、竞争意识,敢于在制度创新和系统集成上先行先试。应紧密结合国际标准和中国特色,聚力构建现代政府治理、贸易监管服务、双向投资管理、产业集聚创新、金融开放创新等核心制度创新体系,做好系统性风险防控,使各方面的创新相互配合、互相促进,提高改革创新的整体效益;促进自贸试验区管理部门加快职能转变,探索政府职能市场化、企业化运作机制;通过在投资贸易便利化、政府采购、国有企业管理及知识产权保护等重点领域形成与国际经贸规则相衔接、灵活高效的监管模式和管理体制,建立以过程监管为重点的事中事后监管机制,大力破除生产要素流动的障碍,加快推动制度型开放。

2.加强法治建设,完善公平竞争制度

其一,在法治建设上。突破当前法律法规及体制、机制对高水平开放的制约,在自贸试验区立法上给予更大的改革自主权,加快完善政府采购、竞争政策、资金转移、环境、劳工、产权及知识产权保护等领域法规制度的改革,加强对中小投资者的保护。[123]严格规范政府的"权力与责任清单",明确工作人员职责,提高执法透明度,对违法违规行为依法追责。在与市场经营密切相关的法规制定中,充分听取企业、行业与商协会的意见。对符合中国改革发展的规则,通过"政策开路,地方立法跟进,国家立法提升"渐近推动自贸试验区法治建设,尽快推进相关法规的修改及政策监管方案、开放措施的复制与推广,避免出现监管缺失及"灰色地带";对超出经济管理范围,触及国家、社会及文化发展方面的国际敏感规则进行谨慎评估,并根据压力测试和效果评估的情况,在自贸试验区分类、分步、多轨推进和大胆实验;制定风险防控清单兼顾经济贸易风险监管的可控性,利用大数据提升风险防控能力,对清单内的风险加强防范,清单外的风险放宽监管;对于未达成共识或监管风险还不可控的规则,需再进行试验,暂缓复制与推广;对威胁到国家安全和与违背的中国法律底线的规则坚守安全底线。

其二,在公平竞争制度建设上。坚持竞争中性原则,营造所有制中性的市场环境,在经济政策的制定与实施上强化由市场监管转向公平竞争审查,强调以服务市场为主;打破行政性垄断,在许可经营范围准入、监管、制定标准、获取生产要素、优惠补贴、税收和政府采购及招投标等方面,对内外资、国营及中小微民营企业等一视同仁、平等竞争,防止市场垄断并减少差别待遇,避免减损企业的合法权益或增加义务,维护公平竞争的市场秩序;优化许可审批流程、提高审查透明度并统一产品规格评估标准,实现"准入"与"准营"同步提速,降低制度性交易成本。在知识产权保护上,建立知识产权的申请、保护及争端解决机制,细化知识产权的维护执行标准,明确转让流程和条款,健全侵权惩罚性赔偿制度及维权援助机制。在信用制度建设上,培养中国企业的法律、规则和信用意识,引导企业"合规"经营,建立企业信用信息采集、共享、使用及公开制度,设立征信查询系统,对企业信用风险进行分类监管,推行守信激励与失信惩戒的联动机制,建立法治化、国际化的管理新体制。

其三,深化国企改革。逐步取消各类补贴及政府采购、税收、融资等政策倾斜。根据 OECD 原则,制定国企考核标准,定期评估其在市场竞争中的影响。严格划分国有企业的公益类、商业类经营领域,根据"以市场调节为主,减少政府干预"的理念与思路,对公益类服务禁止采用市场垄断与政策优惠的方式进行补偿,而从财政收入中直接划拨补贴,且补贴不向竞争性商业类经营转移;对商业类的业务经营,不断推进市场化和公司化改革。

其四,在产业补贴上,在新一轮国际经贸规则重构中,产业补贴是发达国家关注的焦点。中国有一大部分的产业补贴来自省级与地方政府机构,因此在自贸试验区的改革中,产业政策应注重向导向性和功能性转型,明确补贴范畴,优先支持教育、研发和融资等基础领域例如:对 WTO 允许的环保、研发抵免、促就业和专项扶贫等"绿箱"及"黄箱"补贴政策进行充分研究和运用,不补贴特定行业与企业,减少对市场的扭曲;规范补贴方式和手段,细化补贴强度,尤其注意避免采用出口补贴、进口替代补贴等禁止性补贴,以免与 WTO 的补贴规则相冲突;在反补贴方面,注重规范调查、证据收集、协商和补救等程序。[124]

其五,加强税制改革。必须注意区分与界定区内企业的在岸与离岸业务,针对这两种业务的差异进行税收政策创新,既要保证离岸业务税制符合国际惯例,又不侵蚀其在岸业务的税基。大幅度减轻企业税负,根据普华永道及世界银行的《2020 年世界纳税报告》,中国的纳税指标位列全球第 105

位[125],中国自贸试验区改革亟须制定具有国际竞争力的税收政策,精准实施减税降费措施,争取将中国税负排名提升到世界前 50 位。[126]

3.对标国际先进水平,创新发展服务贸易

建立跨境服务贸易负面清单制度,逐步取消或放宽对境外消费、跨境交付和自然人移动的限制,加快公共服务业市场开放,形成全国统一、内外资一致的精简化市场准入负面清单;及时调研和深入了解自贸试验区的产业发展情况,细化其配套管理措施,进一步提升清单的透明度和可操作性。降低金融、教育、医疗、电信、电力、建筑工程及专业服务等行业的内外资准入门槛,消除投资壁垒,引入竞争性供给主体,实现既准入又准营。[127]立足于服务企业和服务实体经济发展,加快服务业市场化进程,简化企业经营周期、办事流程和市场要素等相关流程;加大服务标准的引进力度,加快完善服务保障体系,倒逼政府改革和企业转型升级。

统筹推进服务贸易与低碳制造业、智能制造业及货物贸易相互配合、融合发展,提高制造业的服务水平。积极推进金融供给侧改革与创新,放宽企业融资条件,降低融资成本并扩大应急资金救助,通过直接融资尤其是风投与地方性中小银行等多层次资本市场,重点解决创业及科技型中小微企业融资问题;建立本外币一体化账户,打通国内与国外两个市场,促进人民币国际化,提高自贸试验区金融的便利性、吸引力与竞争力,亦便于监管。[128]以数字技术为支撑,大力提高金融、信息和专利等高端服务在服务贸易中的占比,提升服务贸易的质量与水平。重点推进和"一带一路"共建国家在科教、文化、医疗、旅游、跨境电商及金融等方面服务贸易项目的合作,但须注意在教育、出版及金融等高风险的意识形态领域建立健全的配套监管制度,并分步骤推进。

4.加大研发投入力度,推动创新转型,争取国际标准制定权

当前国际经贸的规则边界已扩展到电子商务和数字贸易领域,触及数据跨境流动、数据保护、知识产权保护等核心议题。新冠疫情加快了中国向数字经济与人工智能方向的转型,各地自贸试验区在发展中应注重根据行业发展大力提高全要素生产率:加快推进产业关键与核心共性技术的研发与转化,帮助传统企业加速向线上转型与数字化方向发展;加强在集成电路、人工智能、高端医疗、云计算和大数据等高科技领域的研发投入,加强区块链在知识产权交易与存证等方面的实际应用,实现基础研究与创新方面的突破,实现企业的数字化和智能化升级;大力发展跨境电商,根据《电子商务法》及《网络安全法》,探索数据跨境自由流动、专业资格互认及商务人员临时入境等相关管理方面的创新改革,并进行风险压力测试,完善网络安全监管制度。

搭建政府、产、学的互动合作机制与平台,鼓励与支持跨地区、跨国界的联合创新,打造新型研究智库,加快数字经济的基础标准、应用及安全等领域标准的研制和应用、数据分析与管理进程,提出顺应国际经贸规则和产业的发展趋势,体现中国产业界诉求的国内规则、标准,如与数字关境、流动、货币及产品跨境交付规则等数字贸易的相关标准,特别是在跨境电商领域针对跨境电商便利化、低值商品免关税及保护消费者隐私等方面制定符合中国利益的关键规则。在国际标准制定方面,加强研究储备和推介传播,争取在国际上获得"数字经济"、"电子支付"和"跨境电商"方面标准的制定权和影响力,推动中国经济高质量发展。

5.创新人才培养机制,保障劳工权益

当前中国在国际上面临的激烈竞争本质上是科技、教育与人才的竞争,

人才环境建设是建设高水平自贸试验区、自由港的关键环节；自贸试验区与自由港建设需要积极开展人才需求调查和推出人才政策，积极学习新加坡经验，推进国际、国内人才管理改革试点，掌握好内外人才在数量和质量上的平衡；统筹各项人才管理的政策、资金、资源和项目，坚持育引并重，创新柔性引才与人才培养支持机制，大力引进国际高水平人才，积极引进国内外、港澳台高水平大学一起合作办学，加大本地人才的培养力度，建立健全全面多元化与立体式的人才培养体系；同时完善人才评价激励机制，提供优质、高效和便捷的人才服务，探索人才流动便利化措施，集聚更多管理人才和科技人才。此外，加强劳动者权利保护，引导企业对照 SA8000 标准，积极改进劳工工作和生活环境，分阶段逐渐提高劳工标准，对工资、工时和社会保障等明确立法的劳工问题严格执法；对强迫劳动、就业及职业歧视等难以量化的劳工问题，建立反馈和检查机制。

（二）提高资源配置效率

1.打造协同改革、开放的载体平台

中国各地自贸试验区的转型升级须坚持差异化发展，同时注意进行对比和互补试验，补齐发展短板；加强各省自贸片区之间的互联互通，强化与其他省份自贸试验区的协同改革开放，促进政策衔接，形成发展合力，避免出现分散化、内部竞争及多头监管等问题；加强自贸试验区和国家相关的改革先行区如：自主创新示范区、国家新区等进行协同改革与联动发展；打破地域限制，强化自贸试验区与所在区域的发展联动，形成外溢效应和辐射带动作用。通过探索从"点"至"线"再至"面"的区域合作格局，整合资源，增进资源共享，提升中国改革开放的整体、系统与协同性，提高利用国内外两种

资源、市场和规则的能力,不断完善中国开放型经济新体制。

2.通过创新驱动,提升中国供应链效率

当前中国在全球价值链攀升的时间和空间受到进一步挤压,中国自贸试验区改革必须充分发挥自贸试验区保税研发的政策优势,推动贸易监管方式创新,为企业跨境研发提供便利;支持各类企业在自贸试验区设立开放式创新平台、全球或跨区域研发中心,形成以平台型企业为核心的平台生态系统,攻克核心技术难题,降低研发成本,推动产业升级。

结合"一带一路"和国内"新基建"的宏观政策导向,在硬件与软件配套上围绕全产业链进行集成式创新,一方面通过加强交通、信息、物流等基础设施建设,提升空港、港口的能级和功能整合,构建公铁水空高效联运的国际物流服务体系;另一方面借鉴新加坡商业注册与文件呈交系统(bizfile)的成功建设经验,推进互联网、大数据、区块链及人工智能等先进技术在自贸试验区企业服务、政务等方面的运用,提高政府智能和信息监管水平,建设区域性商贸、物流等信息化公共服务平台,贯通全产业链。在推进中注意选择代表性企业开展试点,积累经验后推广,对中小企业提供硬件升级资金与技术维护、应用培训的相关支持,使企业能尽快采用并适应新系统。以科技、制度和"新基建"协同创新促进基础设施互联互通、信息共享及产能合作,降低生产成本、交易成本和运输成本,加强供应链风险管理,提升中国的供应链效率,促进中国供应链由以制造为中心向服务为中心转型,构建国内价值链和区域价值链,促进中国的对内与对外开放。[129]

3.结合国内宏观经济导向改革,实现绿色、可持续发展

后疫情时代,中国自贸试验区改革必须严控疫情反弹,打造国际"经济绿岛",积极吸引外资,在项目、园区的招商中注意发挥各地自贸试验区当地

的资源、要素与产业优势；依托国内市场，紧密结合"新基建"和"都市圈"等宏观经济导向，学习国际先进自由港如鹿特丹的城港建设经验，与自贸试验区所在地的城市发展、基础建设相结合，有效规划和利用空间，提高土地利用效率；在发展中同时应注重与社会、环境的协调融合例如：在建设中可根据 2017 年《关于推进绿色"一带一路"建设的指导意见》，将生态环保融入建设中，重视生态环保设施的共建共享；建设先进的 U-CITY 基础设施、绿色新交通系统、资源循环型的生活设施和美丽环境等，实现绿色与可持续发展。

综上所述，在后疫情时代，面对世界经济衰退、新型贸易保护主义加剧的严峻形势，中国自贸试验区与自由港建设需要实行更加主动的内外开放战略，对内积极夯实经济基础，对外全面对接国际高标准规则体系，建设更高水平的开放型经济新体制。

第六章　中国自贸试验区高质量发展研究

在百年未有之大变局下,中国经济面临需求收缩、供给冲击及预期转弱的三大难题,同时又面临着经济逆全球化等严峻复杂的外部环境,习近平总书记在党的二十大报告中强调"高质量发展是全面建设社会主义现代化国家的首要任务",新形势、新矛盾与新目标强调了中国实现高质量发展的必要性,高质量发展是中国经济实现合理增长的新动力来源与支撑。要实现中国经济的高质量发展,决定了中国必须实施更高水平的开放与更深层次的改革,而自贸试验区是中国改革开放的新高地,能推动改革深化,是提升经济开放水平的"试验田",承担着带动经济高质量发展的重任。

一、经济高质量发展与中国自贸试验区高质量发展的内涵

(一)经济高质量发展的内涵

经济高质量发展的本质是推动经济实现质的有效提升与量的合理增长。经济从高速增长转向高质量发展,不仅要求对经济增长的途径与发展路径进行优化,更要求对经济体制和发展机制进行变革;中国经济向高质量发展转型,是突破当前国内外严峻情势掣肘的最佳解决方案。要实现经济的高质量发展,创新是第一动力,而技术创新与制度创新是经济实现可持续发展的核心源动力。

(二)中国自贸试验区高质量发展的内涵

自贸试验区高质量发展的内涵在于既要坚持党建引领,充分发挥党统

一领导的制度优势,深入贯彻习近平总书记关于加快自贸试验区建设的重要指示精神,落实党的二十大关于自贸试验区提升战略的相关部署[130],又要坚持党中央提出的"创新、协调、绿色、开放、共享"的新发展理念,以科技创新为动力,持续优化创新"软环境",构建全流程、全方位及可持续的立体创新生态体系,组建"重点产业链科技创新联合体",实现自贸试验区发展的动力转换、效率提升、质量提高与可持续发展,充分发挥自贸试验区"对内融合"和"对外开放"的衔接功能,提升自贸试验区经济发展空间与资源配置能力,推动中国式现代化[131],具体表现如下:

1.增长质量的提升

中国自贸试验区正在实现增长质量的提升,主要通过中国自贸试验区在双循环新发展格局下的发展再定位和深化改革方面的成效来体现。在国内经济循环方面,中国自贸试验区是国内循环的改革试验田和有力抓手,可以通过完善内需体系促进消费升级、深化供给侧结构性改革和创新驱动来促进产业升级和经济结构的调整,从而带动区域经济的发展;在国外经济循环方面,中国自贸试验区作为改革开放的"桥头堡"、交流窗口以及国际国内双循环的重要节点与关键枢纽,与国际自贸区、"一带一路"及国际大市场一起构成中国参与国际大循环的核心要素,促进国际经济与国内经济形成良性循环,实现中国经济的高质量发展。如图6-1所示。

2.发展质量的提高

中国自贸试验区的经济正在实现发展质量的提高,主要表现在追求双碳目标、竞争中性和可持续发展等方面。各地自贸试验区都以实现习近平总书记提出的"碳达峰,碳中和"目标为引领,大力推动能源结构和产业结构战略性调整,实现绿色低碳优势产业高质量发展,走出一条服务国家战略全

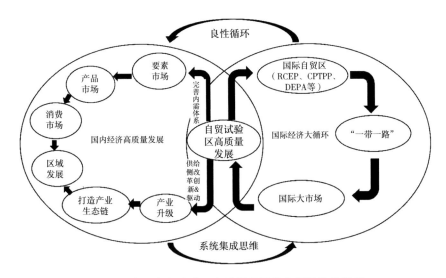

图 6-1　中国自贸试验区高质量发展的内涵及作用机理

局、支撑中国未来经济发展的绿色、低碳发展之路。同时,中国自贸试验区还在以竞争中性为原则,对标国际一流营商环境,为各类企业提供公平竞争的市场环境。此外,各地自贸试验区都在努力推动经济实现可持续发展,大力促进经济、社会与环境的协调发展。

3.增长速度的稳定

中国自贸试验区正在实现增长速度的稳定。随着各地自贸试验区大力调整经济结构与提高发展质量,其经济的增长速度正逐渐趋于稳定。同时,各地自贸试验区正不断在开放环境下主动对照国际经贸规则、规制、管理、标准等,开展高水平开放压力测试,不断积累风险识别和防范经验,健全完善风险防控制度,为全面深化改革、扩大开放积极探索路径并为推动加入高标准国际经贸协定提供实践支撑,实现中国经济增长的稳定性及可持续性。

二、自贸试验区高质量发展的必要性

(一)服务中国经济新发展格局的需要

目前中国经济保持复苏向好的态势,但改革已进入攻坚阶段,经济发展中还存在许多深层次的矛盾急待解决,国际经济环境错综复杂,不确定因素和风险增多。中国经济要实现可持续发展的压力较大,继续推进改革的困难增多。

第一,对内方面,必须攻克经济发展中的难点与痛点。为了应对国内外的艰巨挑战,必须通过自贸试验区的科技创新,差别化探索制造业发展与重点推进高端装备与智能装备制造、新能源、新材料及绿色再制造等新兴制造业和服务业的发展,完善扩大内需的政策支持体系,更高水平地推进供需实现动态平衡等举措来疏通国民经济中的梗阻点、衔接断点、攻克难点。通过制度创新,协调产业和区域高质量发展的体制与机制,加强国内国际两个市场、两种资源的联动效应,加快国内外经济的良性循环,增强国内国际双循环的动力与活力。

第二,对外方面,必须深化推进"一带一路"倡议及国际自贸区建设特别是 RCEP 的落地。自贸试验区是深化推进"一带一路"倡议与国际自贸区合作、落实 RCEP 的重要支点和高水平开放的压力测试区,通过自贸试验区的高质量发展,在国际投资贸易的"引进来"与"走出去"中深入探索自由化与便利化,加大投资贸易合作与设施互联互通,能够加大与"一带一路"共建国家及 RCEP 成员国的交流与合作,推动高端要素资源的自由流动,使"一带一路"与 RCEP 能够形成"双轮"驱动中国实现更高水平的对外开放,扩大中国的国际发展空间。

(二)主动适应服务贸易发展新格局

服务贸易是衡量国际贸易高质量发展的重要标志,也是推动中国供应链、产业链和价值链向中高端迈进及提升国际经贸规则话语权的关键所在。近年来,尽管新冠疫情对全球服务贸易发展带来了巨大的冲击,但仍未改变全球服务贸易快速发展的趋势。2022 年,全球服务贸易总额达到了 13.8 万亿美元,比 2019 年增长了 11.4%。随着世界经济服务化和数字经济的发展,服务在全球价值链中的作用日益凸显,服务贸易也成为高水平区域贸易协定的标配,是全球国际经贸规则重构的焦点。例如:2009 年以来,全世界生效的 170 多个区域自贸协定中,包含服务贸易规则的占比约 70%。[132]当前中国已步入以服务业和服务贸易开放为主的经济发展新阶段,服务贸易将成为中国制度型开放的发展重点。自贸试验区能够集散全球服务业与服务贸易的优质资源与要素,发挥"雁阵效应"推动高端服务业集聚。为了适应国际服务贸易发展较快的大趋势,中国必须率先在自贸试验区内形成与国际服务贸易相衔接的规则、规制、管理与标准等的制度体系,在制度创新上先行先试并复制推广来应对和适应全球服务业扩大开放及服务贸易加快发展的新趋势,引领中国加快建立更高水平开放型经济新体制。

(三)主动适应数字经济和数字贸易发展的需要

受新冠疫情、贸易保护主义、俄乌冲突等因素影响,世界银行预计 2023年全球经济增长的预测将调缓至 1.7%,全球投资和贸易等不确定因素不断增多,但跨境电商、线上协同办公、远程医疗及在线教育等数字经济和服务广泛应用、快速发展,数字经济已经成为世界各国大力推动经济复苏和增长的关键举措。数字经济依托数字技术解决了实体经济中的要素流动、信息壁垒等一系列相关难题,大大降低了国际投资、贸易、物流等环节的相关成本,成为重塑全球产业链和重构供应链格局的新引擎,带动世界经济迅速发展。根据中国《"十四五"数字经济发展规划》,数字经济要大步迈向全面扩张期。建设适应数字经济和数字贸易发展的新型自贸试验区是中国自贸试验区迭代升级的新趋势和新任务,数字经济成为中国自贸试验区先行先试和深化改革的新领域,也是验证自贸试验区是否具有引领性的新"试金石",特别是在推动传统贸易数字化转型、大力促进优势数字服务出口、积极探索数字贸易规则标准方面争取能取得突破性进展,将数字经济发展优势有效转化为数字贸易优势,特别是促进服务贸易的转型发展,力争在现代化产业体系发展中抢占先机、赢得主动,着力打造数字经济新高地,助推中国经济实现动力变革、质量变革和效率变革。

(四)对标国际经贸新规则的需要

当前世界各国对全球经贸规则调整的竞争日趋激烈,另外在跨境信息传输、绿色低碳、投资争端解决机制等新议题与新规则的构建与博弈加剧。随着 RCEP 落地以及中国正式申请加入 CPTPP 及 DEPA,继续对标 CPTPP 与 DEPA 等高标准国际投资贸易的新规则,适应新趋势进行深化改革,在数字经济、金融市场准入、知识产权保护与透明度等敏感领域加大风险与压力测试,并推动高水平对外开放的需求日益迫切。对接国际高标准经贸规则是自贸试验区功能提升中十分关键的一环,中国对自贸试验区必须顺应国际经贸规则的调整与变化的新趋势,在前期十年自贸试验区探索的基础上,进一步在货物与服务贸易、数字贸易、营商环境、人员往来及风险防控等方面深入探索改革;促进中国积极参与全球治理,通过国际自贸区与国内自贸试验区的"双区联动"推动国际经贸规则的"中国实践",加快构建更高水平的制度创新与政策体系,充分发挥自贸试验区对国家战略实施的支点撬动作用,还要把探索成功的"中国开放规则"推向国际,进一步提升在国际经贸规则变革中的话语权,建设公平与公正的国际经济新秩序。[133]

三、中国自贸试验区高质量发展机制

中国自贸试验区的高质量发展可根据党中央提出的"创新、协调、绿色、开放、共享"的新发展理念,从微观、中观与宏观三个层次来推进:在微观层面上注重发挥自贸试验区改革开放新高地的集聚作用,吸引技术、人才、资金、信息等高端要素与资源,构建良好的营商环境,降低企业成本,提高企业生产效率,激发企业创新活力;在中观层面上注重打破制约产业高质量发展及区域协同发展的体制、机制障碍,推动传统产业转型升级并促进高新产业创新升级,建设现代产业体系,构建区内外与国内外的产业链一体化;在宏观层面上注重通过对接国家发展战略与国际经贸新规则、构建全面风险防控体系来完善顶层设计和深化制度创新,提升区域生产效率和释放市场活力,促进中国经济体制和发展机制的变革。从以上三个层面共同发力实现自贸试验区进一步有效扩展自贸试验区经济发展的国内外空间和提升要素、资源配置的能力,推动自贸试验区充分发挥"对内融合"与"对外开放"的无缝衔接作用,形成对国内与国外市场的有效开放,实现自贸试验区经济发展的动力转换、效率提升及高质量发展,并带动中国经济增长与开放效率的提升。[134]

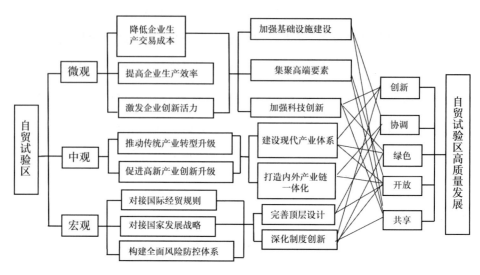

图 6-2　中国自贸试验区高质量发展机理图

在创新发展方面,主要涉及制度创新、科技创新与产业创新三个方面,制度创新是实现科技创新与产业的前提,通过制度创新有利于破除阻碍国内外、区内外创新资源及要素集聚的体制与机制性障碍,进一步增强吸引资金、高端优秀人才和集聚高新技术产业的功能,通过对原创技术开发和高新技术产业培育的制度性倾斜,优化科技创新机制,提升企业的自主创新能力,促进"中国制造"向"中国创造"转型;推动新产业、新业态和新模式加快发展,建成一批具有较强国际竞争力的产业集群,促进各地自贸试验区的产业链协同创新发展和区域产业结构升级。[135]

在协调发展方面,自贸试验区贯彻新发展理念,致力于协调国内与国际的协同开放,一是要协调各地自贸试验区内部各片区之间、自贸试验区之间及自贸试验区与所在城市之间的协同,这有助于充分发挥各自贸试验区的区位优势和资源禀赋优势,加强基础建设,形成各地自贸试验区的优势协同,但在协同中不仅要重视个性,同时也要重视共性,从而实现互利共赢。二是注意实现各自贸试验区之间的产业协同,这有助于形成经济平衡结构和推动建设现代化经济体系,使经济社会发展的总体容量更大,另外还要做好产业链的跨境运营,打造具有国际竞争力的内外一体化产业链。三是协调各地自贸试验区积极对接国家重大发展战略,缩小沿海、沿边与内陆区域发展的差距,促进区域协调发展。四是协调各地自贸试验区积极对接国际经贸新规则,加快制度创新与政策设计,并加快在产业升级、金融开放、投资贸易领域改革等方面实现与"一带一路"共建国家、地区及 RCEP 成员国之间的交流合作与深度融合。

生态兴则文明兴,生态环境是自贸试验区的核心竞争力和可持续发展的基础。在绿色发展方面,自贸试验区要实现可持续发展,必须坚持习近平总书记提出的"绿水青山就是金山银山"的绿色发展理念,重视绿色生态管理并设立绿色条款保护生态环境,为实现高质量发展提供不竭的绿色动力。另外还要将绿色发展融入制度创新、科技创新、基础设施建设和现代产业体系建设中,各自贸试验区应因地制宜在制度创新中坚持绿色低碳发展模式,持续完善促进循环经济、提高资源利用效率、绿色清洁生产、污染治理、环境信息公开、应对气候变化、促进绿色设计、推动绿色产业发展及扩大绿色消费等方面的政策措施。完善以市场导向的绿色技术创新体系,形成绿色低碳循环发展的生产体系、流通体系和消费体系。实施绿色产品清单制度,推行产品的绿色设计,培育绿色制造企业,促进传统企业实现绿色转型,构建绿色制造体系;出台绿色贸易政策并严格落实,实现进出口产品低碳化,促进进出口贸易绿色发展。积极构建高质量绿色建设与发展指标,加快基础设施绿色升级,推进产业园区及产业集群的绿色循环化改造和能源综合管理,大幅提高能源资源利用效率,促进再生资源回收利用企业的规范发展;加快工业绿色转型升级,引导绿色产业集聚发展,提升绿色产业比重。

在开放方面,必须以开放倒逼自贸试验区做好顶层设计,长效建章立制,加强法治建设,引领规则之治;深化在金融创新、投资贸易自由化、数字贸易等方面的"深水区"改革,提高制度创新的层次和质量;推动中国优势领域的集成和开放创新,探索灵活高效的创新推进、成果形成及落实保障机制。在各地自贸试验区及及其区域联盟内部应加快探索如何安全豁免关税,解除货物自由流动的制度约束,消除发展转口贸易等相关业务的管制性障碍,加大对外开放力度。在产业建设方面,深入梳理开放型经济发展、产业集聚与科创人才等领域存在的瓶颈障碍,围绕全产业链进行稳链、强链、补链、延链的"四位一体"制度创新,通过创新制度性要素供给加快科技创新和金融改革,并积极以数字赋能破解全产业链发展堵点,加快完善海外贸易网络体系,全面提升产业链和供应链的效率、韧性与安全,构建现代产业体系和打造内外产业链一体化。

在共享发展方面,自贸试验区应通过完善港口、机场、公路、铁路、水利、综合枢纽等基础设施和公共平台建设、促进区域的交通及物流发展,高效集聚国际高端要素和深化制度创新,简化投资贸易程序、降低贸易和物流成本,有效实现了投资贸易便利化。同时通过优化营商环境、推动科技创新,大力发展人工智能、数字经济、集成电路和健康医疗等新兴产业,强化产业集聚和激发企业创新活力,为经济高质量发展持续积累动能。自贸试验区的"增长极"效应,形成"自贸试验区+联动创新区+辐射带动区"的改革创新与高质量发展新格局,大力带动周边区域及其所在城市经济的快速与高质量发展,也能大大增进城市的民生福祉,丰富人民群众的物质文化生活,让人民共享自贸试验区和中国经济高质量发展带来的福祉。

四、自贸试验区实现高质量发展的制约因素

中国自贸试验区除了上一章节中提出的在建设中存在的管理体制层面和制度创新上存在的一些问题,如顶层设计不完善、缺乏制度创新亮点、对标高标准国际经贸规则有较大差距及重大开放领域风险防范与压力测试不足制约了自贸试验区实现高质量发展以外,在产业布局、扩大开放和辐射带动方面还存在一些制约因素:

(一)整体产业布局不够均衡,产业链须进一步拓展和延伸

中国各地政府对自贸试验区带动区域经济发展的期望都很高,所以在自贸试验区的发展中存在比较普遍的问题是许多自贸试验区的定位存在目标多元化、重点产业发展目标不明确的情况,而且许多自贸试验区的产业发展具有较高的趋同性都想大力发展现代服务业、总部经济及智能制造、人工智能、数字经济等高新技术行业,但在实际发展中,因为缺乏清晰的产业布局、富有竞争力的产业基础和配套服务能力、产业链生态系统不完善等原因,特别是在后疫情时代国内外经济形势都不太乐观的情况下,各地自贸试验区能打造特色优势产业的能力大大削弱,难以发挥集聚经济效应和形成产业核心竞争力。一些内陆或沿边的自贸试验区的部分产业链环节还处于全球产业链低端,无法向设计研发、营销等中高端环节攀升,对区外的辐射带动的作用与经济效应较弱。[136]

(二)服务业开放程度不高,与企业预期差距较大

服务业开放是自贸试验区先行先试的重点内容之一,虽然目前中国自贸试验区负面清单涉及的内容在不断减少,但对于医疗、教育、电信、金融和文化等高端或敏感类的服务领域对外资准入或在股权、数量方面仍存在较高的限制,比如在保险、电信、广播电视与电影投资等行业,外资希望能以独资形式经营;在电信增值业务上,国际投资者希望能放开对云计算领域的准入限制,目前最新版的负面清单还不能实现,相关配套的法律法规、管理方面的体制与机制特别是对外资安全审查制度与信用体系还不不完善,对服务贸易的非关税壁垒和市场开放度的压力测试开展不足。另外因为自贸试验区的区域面积受限,区内无法大规模入住,加上周边商业配套和生活配套设施比较缺乏,导致教育、医疗、总部经济和文化等服务业开放试验的空间受限、缺乏可操作性。[137]总体而言自贸试验区对知识密集型、资本密集型和资源环境密集型服务贸易的开放力度、落地程度与配套能力较弱,导致已开放领域的服务业在落地过程中存在诸多限制与困难,与企业预期之间存在着较大的差距,并导致与区内跨国公司的产业链、供应链及价值链运行有关的生产性服务业与服务贸易对经济发展的带动能力不足。[138]

(三)辐射带动方面效果不佳

近年来由于新冠疫情的影响及国内外经济形势低迷,中国自贸试验区的经济增长溢出效应并不显著,东南沿海的自贸试验区在科技创新速度和对区域发展的制度辐射、功能辐射与产业辐射上都受到了较大的影响,对区域经济发展引领的效果减弱;一些内陆与沿边自贸试验区在发展智能制造、

人工智能、新能源、新材料及生物医药等高新技术产业和高端服务业的基础也比较薄弱，对区域经济的辐射带动作用不足。另外，因为自贸试验区的发展对周边区域的资金、人才、信息与技术等生产要素会产生虹吸效应，对周边地区的产业升级与经济发展会产生负面影响，恶化周边地区企业的创新环境，使自贸试验区与周边区域经济发展的差距拉大，所以自贸试验区只有不断完善体制与机制并打通与周边区域产业结构匹配的堵点、痛点，才能对周边区域的经济发展产生显著的辐射效应，进而带动良性循环的互促发展。

五、中国自贸试验区高质量发展对策及建议

（一）坚持"新发展理念"，完善顶层设计

中国自贸试验区要实现高质量发展，必须坚持党中央提出的"创新、协调、绿色、开放、共享"的发展理念，科学认识自身经济发展水平、产业基础、贸易结构等基本条件，充分了解自身优劣势。同时正视与国际水准的差距，对照先进国际自贸区与自由港的成功经验，具体管理采用政府指导下的企业化管理，实现市场化运作。政府专注于顶层的制度设计与政策供给，全面落实"法无禁止皆可为"的法治精神，为自贸试验区实施提升战略提供高层次的立法护航；在管理机构设置上注重扁平化、专业化与高效化，进一步捋顺自贸试验区的宏、中、微观三级管理的体制与机制，特别要注重建立自下而上的政策沟通与创新机制，特别是与企业建立常态化的沟通机制。[139]

加强政策设计的针对性和精准性，加快设计并实施能够畅通国内经济

大循环、优化区域经济布局的政策,如在税收政策的设计上,针对东部沿海自贸试验区在全国自贸试验区改革中需要起到引领改革的作用,针对其税收政策的设计可以更多地着眼于吸引高端要素与资源的国际增量,而对中西部与东北地区相关的设计则着力于既可以吸引国际增量,也可吸引国内东部沿海地区的国内存量,从而推动国内区域间的经济均衡与协调发展;在对高端要素、资源集聚的政策制度或平台载体的设计上,东部沿海发展较好的自贸试验区可以设计离岸政策,尝试在欧美发达国家设立离岸研发中心对接国内设立的在岸研发中心,着重解决外企关注的知识产权、税收等,攻克中国高新技术研发的瓶颈问题。[140]

(二)深化制度创新,设立跟踪反馈机制

在中国自贸试验区建设进入提升阶段,制度创新必须注重跟踪其实施效果,在创新举措上更加强调必须具有突破性和前瞻性。在当前国内外经济形势复杂严峻的情况下,首先需要以系统集成思维把各个创新改革举措的"明珠"集成创新项目的"项链",降低各地自贸试验区制度创新的成本,深入推进高质量的改革创新,以应对世界经济收缩与全球供应链调整带来的负面影响。对已实施的创新举措,必须注重跟踪其实施效果,特别是当国际形势发生巨大变化时,一些已接轨于国际经贸规则的制度安排则会失效甚至会产生负面效应,必须及时调整来适应新形势。建议对新发布的制度创新案例设立第三方反馈机制,根据实施周期密切跟踪其实施效果,及时对实施中效果与经济运行冲突或不符合预期的创新成果进行撤销或调整。

在突破性和前瞻性创新方面,一是要赋予自贸试验区对未来具有发展前景的新兴产业、高新或突破性技术及跨境金融等产业发展自主权,允许其自主出台并试行相关的扶持政策;二是要更进一步加大放权力度,赋予自贸

试验区行政法规的制定权,允许其对管理规章作一定的调整,并上报全国人大审批。三是要建立容错纠错制度,赋予自贸试验区改革创新的试错免责权,为各地自贸试验区敢闯、敢试提供保障。四是要授予各地自贸试验区海关关税裁定权,使各自贸试验区所在地海关可因地制宜,针对各地进出口商品的特点和情况决定是否征税及适用的税率。制度创新的主要目的是实现区域效率的最大化和社会福利最大化,还需注意根据地区功能定位的不同进行制度创新的差异化探索,如内陆自贸试验区制度创新的促进作用弱于东部沿海地区,必须注重立足当地实际情况,打造区域改革新高地,带动区域经济增长;再如浙江自贸试验区在建设中注重针对油气全产业链开放发展、数字经济、智能制造、量子信息等特定产业形成系统性的政策设计和制度创新,而陕西自贸试验区则需注重在现代农业合作、扩大内陆与"一带一路"共建国家的经济合作与人文交流等方面进行机制与制度创新,所以让其生搬硬套东部沿海地区的做法就不合适。

(三)根据中国实际国情,有的放矢深入对接国际规则和借鉴经验

在自贸试验区对标国际经贸新规则中,要特别注意根据中国的实际国情与发展阶段、水平设计自贸试验区的政策制度,特别是对国有企业改革、劳工、知识产权和环境保护等方面,不能脱离实际盲目对标,必须注意中国的基本国情及实践中的可操作性,如绿色环保方面就应该坚持国家对"双碳"目标的落实部署,而不能盲目追求国际高标准;对标的国际经贸新规则中的一些不合理的高标准规则,如代表贸易保护主义及逆全球化、针对中国和打压中国的不合理的条款,就需要过滤与摒弃。在对标的过程中,还应借鉴国际上先进自贸区和自由港的建设经验,并盯紧它们最新发展改革步伐,再根据中国国情设计与调整政策制度,如 2023 年英国针对已投入运营的 8

个自由港设计的一揽子提升贸易便利性及区域发展活力的简化通关手续、减免税收、商业税收本地留存、鼓励创新创业、支持贸易投资等建设模式与政策制度就值得我们学习与借鉴。另外,在中国有优势的实践领域如移动支付、跨境电商、数字经济、共享经济等领域,要积极参与国际经贸规则的制定与引领。在各自贸试验区对接国际经贸规则的过程中还要注意对接与监管的一致性,同时紧跟国际经贸规则的最新发展动向,并及时研判和申请调整不合时宜的管理条款,以制度型开放实现对标规则与国内改革协同推进,并结合规则变化提前布局与谋划产业的高质量发展。因国际经贸新规则内容繁复,各地自贸试验区可根据自身特色有针对性的率先针对某一领域的国际经贸新规则进行先行先试,如上海可主动探索深入对接国际投资新规则、人民币国际化,而海南自由港则主要针对数据跨境流动及其安全性进行试验。[141]

(四)根据自身定位及特色,提升服务国家发展战略的能力

自贸试验区战略是国家开放发展战略中的重要组成部分,各自贸试验区的布局必须充分发挥自贸试验区在打通国内经济体制的梗阻点、构建内需体系的重要作用,如:北京、天津、河北自贸试验区的发展定位就要牢牢抓住服务于京津冀协同发展战略,打造成自贸试验区引领区域协同发展的样板区域;而上海自贸试验区就要充分利用金融要素、禀赋,积极服务于国家金融开放、打造离岸金融市场,推进人民币国际化,赋能国内经济实现高质量循环发展;安徽自贸试验区立足于推动长三角区域一体化发展战略;湖北、湖南、四川、重庆、江苏、安徽各地的自贸试验区则注重服务于长江经济带协同发展,进一步发挥示范引领和提升服务国际战略大局的能力。

另外,各地自贸试验区还应主动在开放中融入"一带一路"倡议、推进

RCEP 成员国之间的交流合作、构建新发展格局等国家发展战略中,打造自贸试验区＋"一带一路"、自贸试验区(FTZ)＋国际自由区(FTA)的完整对接体系,充分发挥中国自贸试验区衔接国内与国际双循环及融入全球供应链、产业链及价值链中的桥头堡作用,将其建设成为中国国内与国际开放发展战略中的前沿阵地,如:积极在推进"一带一路"倡议中先行先试金融开放新举措,建议在上海与海南(面向国际)、广州(面向粤港澳)与福建(对台)积极尝试建立自贸试验区离岸金融中心;在 RCEP 的落地推进工作中,积极推进人民币计价结算,稳步推进人民币国际化进程。

(五)打造特色鲜明的产业布局,建设现代产业体系

为发展新格局构筑现代产业体系,对自贸试验区的产业发展进行精准性、差异化和前瞻性施策,精准定位产业发展诉求,聚焦资金、人才、技术与数据信息等高端要素,根据新技术、新业态和新模式的发展趋势实施前瞻性的产业开放发展策略,加快构建有助于高端要素、资源与产业集聚的产业发展新生态。进一步扩大服务业开放,激活服务贸易的活力。一方面,要大力发展支持产业转型升级和能够带动中国企业融入全球产业链、供应链和价值链的生产性服务业,破除制造业高质量发展的机制与机制障碍,挖掘高端制造业向深一步发展的潜力;加快建设能集散服务业及服务贸易高端资源与要素的自贸试验区。另一方面,要适应新产业、新业态与新模式的快速发展,准确把握产业链及产业生态等未来可能发生颠覆性变化的新特征与新特点,制定具有前瞻性、定制化新兴产业开放发展策略。

各自贸试验区的空间特点、地理区位与产业基础都有所不同,建议各地因地制宜发展特色产业,如自贸试验区临近机场的片区可以侧重于发展航空物流、保税维修等,而临港片区则重点发展航运物流、航运金融、临港产业

等,打造自身的独特竞争优势。围绕各自贸试验区产业发展的侧重点,打造功能型自贸试验区,有针对性地提供差异性的公共服务,如:注重发展高端制造业的自贸试验区注重提供提升通关与物流效率,促进贸易便利化方面的公共服务;以金融发展为重点的自贸试验区注重提供市场准入方面的服务;以研发为重点的自贸试验区则着重于人力、技术与设备等要素的集聚和品质认证认可、检验检测和标准制定等高端服务的提供,并为区外产业链的其他环节提供服务,发挥火车头的引擎带动作用,带动区域整个产业链的快速发展,建设现代产业体系。[142]

(六)充分吸引与利用外资,打造内外产业链一体化的新发展格局

通过积极引进外资,推动具有区域比较优势与特色的智能制造、高新技术、绿色环保和现代服务业聚力发展,为其发展量身定制一揽子政策措施,形成具有地域特色及国际竞争优势的现代产业链及生态系统,同时可针对产业链两端的中高端服务环节探索服务贸易技术创新、标准与规则的制定,形成贯穿全产业链的系统性政策与制度体系,充分发挥各地自贸试验区的资源、禀赋优势,科学规划差异化发展,从全产业链的角度寻求和创造联动发展的机会,如沿海和内陆自贸试验区可以形成产业互补,大力支持企业"走出去"开展对外合作、投资与海外并购等,及时给予企业相关国别与地区投资环境、法律法规、国际市场与产业特点、风险情况等相关资讯,促进自贸试验区产业链向海外拓展和延伸,促进中国的装备、服务、技术与标准能向国外输出;鼓励各地自贸试验区能与国外园区合作,带动企业集群式"走出去"积极参与境外经贸合作园区的技术创新、特色产业共建、贸易、物流等领域的跨境合作,打造自贸试验区内外、国内外产业链一体化的新发展格局。

(七)坚持科技创新，加快推动数字经济发展

自贸试验区通过科技创新和制度创新,大力推行市场有效和政府有为,一方面营造公开透明、竞争中性的营商环境,为技术创新提供有利的孵化环境;另一方面优化技术、人才、资金等资源配置,注意知识产权保护,集中力量攻克"卡脖子"的原创性、关键性技术,使中国技术与全球产业链实现"共生形态",无法脱钩。当前全球数字经济与数字贸易快速向三次产业渗透,带动全球经济复苏,以数字经济赋能科技创新,为自贸试验区实现高质量发展提供重要的驱动力。各地自贸试验区可通过加强数字基础设施的建设与数字技术的运用,以大数据、区块链及人工智能等数字技术加快传统产业的数字化改造、强链与补链,积极引进数字高新技术产业,大力发展数字产品、数字服务、数字技术贸易及数据跨境交易等新业态,探索建设数据海外仓和离岸数据岛充分发挥数字化、智慧化的规模效应,并加强数据保护能力认证和交易风险评估等数据安全管理,推动数字贸易积极健康发展。鉴于数字经济领域的全球竞争日益激烈,但数字化的全球性市场与规则还未形成与完善,上海、海南和东部沿海有条件的自贸试验区可积极对标 DEPA,加快在数字经济、跨境数据流动与安全、数据权益保障、数字长效治理与规则制定、政府及公共服务机构数据的有序开放与共享机制等方面的探索步伐。

(八)创新构建全面风险防控体系，保障国家经济和开放安全

中国要实现高水平的对外开放,必须建立健全的法律、法规与制度,构建与其相适应的有效风险管理体系,统筹与协调开放发展与经济安全,避免发生系统性经济风险。可利用数字技术对企业与个人的社会信用进行分级

管理,建立自贸试验区的信用体系,形成信用及惩戒信息的共享机制。逐步完善反垄断审查、外商投资安全审查、金融宏观审慎等管理措施,加快自贸试验区在教育、文化、金融与数字等开放较敏感的领域进行压力与风险测试,打造法规透明、公平高效的自贸试验区监管体系,建立涵盖管理机构、行业主管部门及区内企业的一体化监测管理信息系统,不断增强风险的监管与风险防控能力。针对因自贸试验区在开展风险压力测试中存在部分没有承载主体或者见效不明显的改革创新事项,所以存在风险压力测试不足的问题,建议不应该简单的停止试验或收回授权,而应该认真研判,进一步加大改革创新的试验力度或者扩大试验范围,深入开展风险压力测试。[143]

另外,针对在开放中的关键领域,必须采取审慎的态度和步伐循序渐进开放、严控风险,如在贸易领域要妥善应对国际经贸摩擦,丰富国际贸易调整援助、贸易救济等政策工具,建立健全的产业损害预警体系;在金融领域要加强对各类金融科技系统及业务的监管,虽然对人民币资本账户放开管制,但同时要对自贸试验区的实行自贸试验区自由贸易账户体系的分账核算,在自贸试验区与国内资金流动之间形成"金融安全网",防止跨境资本流动对中国国内经济造成冲击,并逐步探索建立全国统一、高效的本币与外币可以自由兑换的高级账户体系,健全中国经济开放的安全保障体系。

综上所述,虽然当前世界处于"百年未有之大变局",全球经济正充斥着诸多不确定性,但中国仍处于重要的战略机遇期,必须大力推进中国自贸试验区的高质量发展,通过将自贸试验区打造成区域深化改革与扩大开放的高地,深化与世界各国与地区的经贸合作与交流,带动中国实现高水平的对内与对外开放,在世界各国实力的角逐中占据主动地位。

第七章　中国自贸试验区开放效率提升研究

习近平总书记指出，世界经济已进入新旧动能转换期，必须提升经济运行效率。根据本书第五章中的建模分析也可看出，在国内外经济环境和发展条件发生巨变的情况下，中国自贸试验区在实现转型升级与高质量发展的过程中，必须高度重视提高中国自贸试验区的开放效率。当前，中国经济自进行了几十年的改革以来，已进入变革的攻坚期和深水区，深入改革难度不断增大，提升的空间也越来越小，目前急需在一些关键环节上进行突破。所以，在"十四五"期间，中国自贸试验区实现高质量发展的目的就是要扩大对内与对外开放，构建开放型经济，其工作重点就在于提升经济开放的效率。中国自贸试验区开放效率的提升有利于充分发挥其在区域经济发展中的"高地效应、磁场效应、叠加效应、集聚效应和组合效应"，对区域经济发展产生乘数效应，从而反向推动中国经济实现高质量发展的良性循环。

一、经济开放效率提升的内涵

提升经济开放效率，即提升开放费效比，指在经济运行中创造必要条件，以创新为动力、结构优化为途径，强调低要素投入、低资源环境成本与高社会经济效益，适宜合理地调节开放速度与进程，控制开放成本，在开放中实现成本一定的情况下利益最大化或者利益一定时成本最小，对内推动经济高质量发展，对外拓展国际新空间，打造核心竞争力。

二、中国自贸试验区提升经济开放效率的必要性

根据第六章图 6-1，中国自贸试验区只有提升经济开放的效率才能高效

地配置国内外的资源,促进商品、资金、人才、服务、信息等高端要素在国内外自由流动,从而充分利用国内外市场,促进国际、国内双循环的良性互促发展。

从对外开放来看,中国自贸试验区需要提升对外开放的效率。中国自贸试验区是中国推进"一带一路"倡议实施和参加国际自贸区合作的重要支点,由于目前中国在国际经贸合作领域中某些方面如跨境电子商务、基础设施建设、第三方市场方面已处于世界领先水平,所以中国自贸试验区应当积极参与国际经贸相关规则与标准的探索与制定,提高其在国际上的话语权,这些都需要以实现高效的对外开放为基础。在国际市场上,目前中国的产业主要还处于全球价值链中低端,出口的产品中有较大一部分还是以劳动密集型产品为主,技术含量、品牌价值、知识产权保护等方面急待进一步提升。为了促进国际贸易中的货物贸易向服务贸易升级转型,自贸试验区必须支持企业加强营销、研发投入与科技创新,放宽电信、金融、教育、文化、医疗等服务业的准入限制,特别需要在高端的资本、金融方面加强影响力;另一方面,也需要通过加大进口引进国外先进的技术、优质的产品与服务,丰富国内消费市场,提升国内技术水平;在引资方面,也须通过引入优质外资参与国内市场的竞争,倒逼国内企业建立与完善企业制度,提高国际竞争力,这些都必须打破各种不合理的藩篱与壁垒,提高中国自贸试验区的对外开放效率。[144]

从对内开放来看,就国内经济基础而言,中国经济当前面临人口红利减少、收入差距较大、储蓄下降、消费增长受限的瓶颈。在国内宏观层面,中国地区间经济发展不平衡、城乡差距较大,一些地方的基础设施建设还须不断地完善与提升。地方政府之间的竞争和地方保护主义对国内市场造成了一定的分割和垄断,形成了地区之间的隐性壁垒,使生产要素的自由流动受到阻碍;地方政府存在债务风险,政府投资存在重复建设投入、低效浪费的问题；市场在资源配置上存在低效甚至无效的情况，中西部地区的外贸与利用外资的水平与规模远低于东部沿海地区，对内开放的水平与效率急需提高。在微观层面，国有企业的国际竞争力不够，市场化改革还须加快；金融对实体的支持程度不够，运行效率及开放程度需待提升，存在潜在的金融风险；作为区域经济的增长极，中国自贸试验区必须在提升对内开放效率上先行先试，通过提升中国自贸试验区的开放效率能够解决扩大内需、深化供给侧结构性改革和激发市场创新活力，深化金融和国企改革等经济运行中的痛点与堵点、打通关键环节，建立现代化经济体系、夯实开放基础。

三、影响中国自贸试验区经济开放效率提升的因素

中国自贸试验区的经济开放效率从深层次上来看取决于各地自贸试验区的经济开放基础，即带动经济发展的一些基本的条件，对这些条件进行创造与完善是提升经济开放效率的重点与难点。影响和制约中国自贸试验区经济开放效率提升的主要因素有：

（一）现有的要素与资源禀赋及其配置机制

对于一个国家来说，劳动力、技术水平、资本、土地、信息、管理等要素禀赋决定了其参与国际分工的产业结构，而且产业最优结构是由要素、禀赋结构决定的，本国的资源禀赋对一国经济增长起主导作用，而国外要素流入仅起到辅助作用，一国资本的积累能够促进该国要素结构的升级。而对于中国自贸试验区而言，区内与跨区域的人才、资金、信息、技术和知识产权等企

业和产业发展所需的要素与资源能够实现更便捷与低成本的流动,是其经济开放效率提升的重要保障。目前东部沿海自贸试验区在吸引投资、人才和技术等资源要素上要优于中西部沿边及内陆自贸试验区,高端资源、要素更多地流入东部沿海自贸试验区,形成了一定的"循环模式"。提升中西部沿边及内陆自贸试验区吸引高端资源、要素的能力,是提升中国自贸试验区开放效率的关键。

(二)合适的产业基础与合理的产业结构

产业基础是一国参与国际分工,决定该国在全球供应链、价值链位置及在其中的控制与治理能力,它能够利用国外市场实现资源的优化配置,提高劳动生产效率,改善消费福利。只有产业基础坚实、结构合理,才能根据国际与国内经济形势的快速变化进行及时的调整,它与开放效率成正比。各地自贸试验区的产业基础与配套能力、与其他自贸试验区的产业链接和支持能力影响着中国自贸试验区开放效率的提升。

(三)科技创新能力的培育

技术创新能够提升生产效率,科技创新能力不足是制约中国自贸试验区经济转型和高质量发展的重要瓶颈,企业、产业通过技术创新有利于提高竞争力,应对激烈的国内国外市场竞争。当前必须着重了解市场需求、掌握最新技术的研究方向,构建以企业为主体的现代产业创新体系,加大投入建设重点实验室、产业研究中心、科技创新中心等科技创新平台,关心投入效率与产出效能,加快培育科技创新能力。

(四)投资贸易自由化

投资贸易自由化与便利化能够提升对外与对内开放的范围和效率,有利于促进权利、机会与规则公平的制度创新,提高中国服务业的开放水平,打造国际化的营商环境。贸易政策的变革必须以优化进出口商品结构作为战略目标,而且在贸易自由化的过程中,对本国需要大力发展但竞争力还较弱的新兴产业,仍需保持必要的贸易保护。另外,贸易与投资是互动的,在中国自贸试验区的投资与贸易自由化中,必须注重以贸易来引发投资,用投资来推动贸易,积极利用投资自由化来促进贸易政策的自由化,特别是在当下低迷的国内外经济环境中,要通过积极"走出去"进行对外投资,来拉动外贸的增长,提高国际市场占有率,提升企业的国际竞争能力。

(五)金融开放合适度

金融开放是经济开放中的重要一环,金融开放不足或开放质量不高会影响开放效率,而金融开放过快或开放度过大会给经济运行带来巨大风险,所以在自贸试验区的开放中,必须把握好金融开放的力度与节奏,提高金融对实体经济发展的支持,促进金融机构、监管部门与市场环境互动成长,促进中外金融机构加强合作,在金融开放改革中注重风险防控和审慎管理,确保金融安全。

(六)外资利用效率的提升

近年来,中国利用外资存在向高技术产业及服务化领域转移的趋势。

东部地区吸引外资效果明显高于中西部地区,有必要提高中西部地区利用外资的水平与能力,缩小与东部沿海地区利用外资的差距。在中国自贸试验区的开放中须着重关注引资产出效益及对产业创新的带动力,引导"引资"向"引智"转变,提高外资利用率。同时积极推动外资来源地多元化,切实推进外商投资安全审查。

(七)绿色可持续发展

生态环境是自贸试验区竞争力和发展的基础,根据中国自贸试验区的国家战略目标定位,目前各地自贸试验区的生态环境保护工作水平还存在较大的差距。提升自贸试验区的开放效率必须在坚持生态优先的基础上推动清洁能源与节能环保等绿色产业发展,加快实现重点产业和领域的绿色转型,注重与国际环境与贸易规则接轨,统筹发展与保护的关系,将自贸试验区打造成为低碳试点先行区,让绿色成为自贸试验区可持续发展的底色。

总之,在影响开放效率提升的因素中,虽然外部环境也会对开放效率有较大的影响,尤其是在其发生重大变化时,可能会大大增加对外开放的成本,但开放效率的提升主要还是取决于一国或地区内部的经济结构的调整与合理的制度安排,源自于内生动力和自身竞争能力的提升。

四、中国自贸试验区经济开放效率提升机理

中国自贸试验区经济开放效率提升是通过以创新为动力、优化经济结构和实现绿色低碳发展的高效、低投入,带来社会福利提升、经济增长效率

提升和实现可持续发展的高产出,从而带动对内、对外开放效率及整体开放效率的提升。如图 7-1 所示。其中,投入中的低碳绿色发展和产出中的社会福利提升对于对内开放效率的提升大大有益。在中国自贸试验区提升经济开放效率的过程中,可能会面临资源重组的巨大耗费与改革的不确定性,但是在判断开放是否有效率上应该主要着眼于宏观经济是否有效,而不能简单从某些消费者福利或产业的情况来判断,且要对成本与利益做合理的比较与判断。

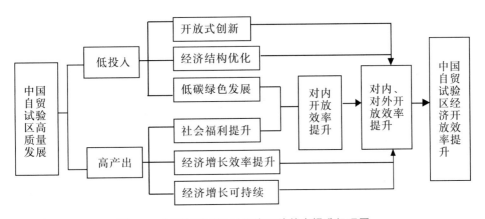

图 7-1　中国自贸试验区经济开放效率提升机理图

(一)以低投入为目标,力争实现高效益

1.打造开放式创新的生态体系

数字技术的发展对世界经济产生了颠覆性的影响,在急速变化的时代,企业和产业发展想要进行科技创新和管理创新,往往受限于自身的资源与能力,并且难以承受创新可能带来的巨大的经济风险与时间成本。自贸试验区作为改革试验田,能够大力吸引全球创新要素在区内聚集,与企业实现

创新、融合发展,特别是能为企业打造敏捷、高效、具备成本优势且可持续的创新型交流平台和"能够实现高度互联互通和提供有效供给"的开放式创新的生态体系,使区内企业能在内部创新之外还能快速、便捷地通过合资、技术特许、委托研究、技术合伙、战略联盟或风险投资等适合的商业模式从外部选择新的创新模式,最大限度地利用外部资源,节约开发的时间与成本,降低风险,增加企业的收益,提升产业的国际竞争力。

2.优化区内的经济结构

首先,优化经济结构的基础在于根据各地自贸试验区的自身优势与特色打造适合本地经济发展的产业基础与合理的产业结构,因此各地自贸试验区特别是中西部内陆及沿边自贸试验区可通过差异化发展高端制造业、绿色再制造等重点制造和生产性服务业,夯实产业配套能力,提升与沿海自贸试验区的产业链接和支持能力,东部沿海自贸试验区则着力于新能源汽车、高端与智能装备制造等新兴产业与高端服务业,形成互补与支持之势。其次,双向贸易协同和双向投资协同有利于加快构建双循环新发展格局,以低成本实现高效益;在贸易方面,通过促进中国自贸试验区进一步深化投资贸易便利化举措,如重塑税收制度,打造以增值税为核心的税收体系,协调税种、理清合理税负关系及降低税收成本,进一步完善中国海关监管体制、促进物流模式升级等,加大贸易模式创新,发挥自贸试验区对国内与国际两个市场的双向贸易协同效应,降低本国企业出口成本并吸引国际产品和国际资源更广泛进入中国市场。但在自贸试验区的开放中也必须注重对一些敏感性或新兴产业给予一定的保护与扶持,注重进口中国急需的高新技术和产品,实现有一定保留的自由贸易;在投资方面,一方面,通过进一步优化与简化负面清单,完善外汇管理制度,简化外商投资流程,将外资吸引到中国目前开放还不到位的服务贸易、数字贸易、金融业和教育、卫生、文化等政府公共服务领域,放大外资对中国产业结构优化的正效应;另一方面,通过完善境外投资项目的税收、备案及风险管理制度实现双向投资协同,以高效、低成本的全球资源配置能力,稳定中国在全球供应链、产业链和价值链中的地位[145],带动中国外贸的可持续发展。在协调双向贸易与投资协同的过程中,必须大力推动金融开放创新,提升资金跨境融通便利化水平,处理好金融开放与风险防范之间的关系,才能保证自贸试验区的经济发展实现低投入、高效益。

3.低碳绿色发展

中国宣布力争在 2030 年前实现碳达峰,并于 2060 年前实现碳中和,"双碳"目标倒逼中国经济加速向高质量发展转型。中国自贸试验区的绿色可持续发展不仅要注重完善绿色生产(供给)系统也要重视完善绿色消费系统。在生产方面,仅依赖清洁能源进行转型是不够的,还必须以环保补贴、税收优惠等提高企业参与"双碳"和绿色发展目标的积极性,发挥行政的管理与引导功能,并注重为企业提供合同能源管理和环保管家等特色低碳服务,大力支持企业依靠技术创新替代非化石能源,降低能源损耗,提升生产与消费系统的能源利用效率,使企业在生产中注重污染预防、碳减排与能效提升,降低企业的环境成本与合规成本,提升市场竞争力。在内需引导上,注重推动消费领域的碳减排,在自贸试验区的布局与建设中充分考虑能耗与碳排放,充分使用经济手段,发挥市场机制作用,如建立碳交易平台等来促进低碳技术的研发与市场化应用,实现用最少能源、最大限度的满足社会与经济的发展需求。[146]

(二)以高产出为目标,控制低成本

1.以有限付出最大化提升社会福利

在自贸试验区提升战略的实施过程中,应该让更多的企业和民众能够了解、参与和体验自贸试验区的建设成效,共享开放创新带来的福祉,并为自贸试验区的发展建言献策,使自贸试验区深化"放管服"改革和加快转变政府职能的效果能够切实落实到民众的生活与工作中去,使人民群众享受到高效优质的政府服务,提升群众办事的便利性,激发民众干事创业的热情,提升创业成功的概率。应充分发挥自贸试验区在贸易、投资、金融及服务开放等方面的先行先试与制度创新优势,围绕民众与企业诉求形成更多的制度创新成果;通过自贸试验区扩大外资准入,吸引更多的优秀国际企业入驻,扩大社会的就业机会;可进口更多高品质产品与优质的服务,加强知识产权保护,为国内消费者提供更多、更好的生产与生活服务,让自贸试验区的改革发展惠及更多的企业与群众,不断提升人民群众的生活品质和企业竞争力。

2.不断提升经济增长效率

如图 6-1 所示,要提升对内开放效率,中国自贸试验区一定要扭转"重外轻内"的发展惯性,注重通过制度与科技创新疏通国内经济循环中的断点和疏通梗阻点,解决内循环不畅的问题:一方面,以供给侧结构性改革为主线,注重对技术、土地、劳动力、管理及资本等相关要素市场进行大力改革,对有国际竞争潜力的产业在培育其满足国内市场需求的基础上还要整合国内外市场与资源,完善其产业链与供应链,大力提高全要素生产率,促进其将内需规模经济的引致效应转化为国际竞争的新优势;另一方面,立足于需求侧改革,充分利用自贸试验区在国内外市场之间的联动作用,通过完善扩大内需的政策支撑体系,深挖国内市场需求和潜力,同时发挥内需对出口的引致功能,通过拓展国内消费新渠道,避免出口脱离国内市场需求的情况,稳固出口的内需基石。另外,必须注意协调内需与出口结构,避免出现传统出口导向导致的内外循环失衡的情况,以内需增长来带动经济增长率不断提升。

3.保持经济增长的可持续性

中国自贸试验区需要加快效率变革并保持经济增长的可持续性,重点在于是否能摆脱传统的投资依赖、低效能和低技术路径依赖,改造提升传统动能并且培育壮大新动能,充分发挥自贸试验区的贸易创造效应、投资效应和产业集群效应,优化营商环境,不断降低实体经济的运行成本。通过打造区域特色产业链,注重在人才、科技环境方面进行大力改革,激发内生动力、创新活力,塑造可持续增长、具有强大竞争能力的内生增长机制,实现从要素、政策开放转向制度型开放。[147]另外,还要不断扩大其辐射强度与半径,突破行政区域限制,持续保持其对周边地区产生的正向影响与溢出性,避免其对周边地区产生虹吸效应,带动所在区域经济实现可持续增长。[148]

总之,要提高中国自贸试验区开放效率,本质在于在经济开放的过程中,通过增强内外经济循环运转的契合度,在控制付出成本的情况下着力于打造各地自贸试验区的核心竞争力,以应对当前国内外不利因素的负面影响,降低内部经济结构调整所须付出的代价。

第八章 福建自贸试验区建设的现状、成效与制度创新探索

福建地处中国东南沿海,连接台湾海峡东西两岸,不仅是太平洋西岸航线南北通衢要道,更是 21 世纪海上丝绸之路核心区。2014 年 12 月 31 日,福建自贸试验区成立,其包括福州片区、平潭片区和厦门片区,功能定位在"深化海峡两岸经济交流合作"、"加强闽台产业对接并创新服务业合作模式"和共建"一带一路"支点方面。福建自贸试验区自设立以来不断深化闽台经济合作,放宽台资在投资领域、经营范围及股比的限制,进一步降低台企准入门槛,在人员往来、金融、旅游、增值电信和建筑等五十多个领域率先对台开放,示范带动两岸产业融合发展;同时大力推动物联网、跨境电商、飞机维修及融资租赁等重点项目与平台的建设,为高水平开放提供重要支撑。

一、福建自贸试验区的建设成效

自设区以来,福建自贸试验区发挥深化改革、扩大开放的试验田作用,实行良性高效的"发现需求到探索试验"的制度创新的改革路径,目前已形成具有福建特色与对台先行先试的创新成果,如图 8-1 所示。

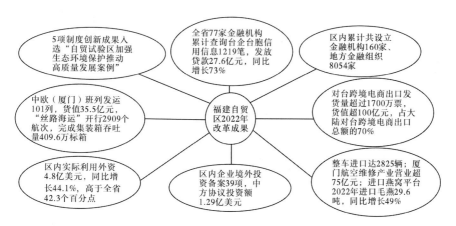

图 8-1 福建自贸试验区 2022 年建设成效详情图[149]

二、2022 年初以来的建设情况

2022 年初以来,受新冠疫情影响,福建自贸试验区充分发挥改革"试验田"作用,积极融入全国疫情防控统筹和经济社会发展大局,抓住疫情导致全球供应链、产业链重调的新机遇,围绕重点产业,通过网上洽谈及"云签约"等招商方式,鼓励与产业链相关的外资企业设立总部、研发机构及实验室等,有效扩大外资增量。[150] 从表 8-1 数据可看出,福建自贸试验区自 2018 年以来因为疫情和国际环境的影响,在合同外资、实际利用外资、进出口总额、税收收入和税收收入增长率指标上均存在一定程度的波动。

表 8-1　2018 年以来福建自贸试验区发展详情表

福建省自贸试验区	新增外资企业/家	合同外资/亿美元	实际利用外资/亿美元	进出口总额/亿元人民币	税收收入/亿元人民币	税收收入增长率/%
2018 年 1—12 月	694	60.79	2.64	1773.4	179.9	2.56%
2019 年 1—12 月	405	43.8	5.97	2176.9	190.8	6.10%
2020 年 1—12 月	354	20.62	5.3	/	210.6	10.4%
2021 年 1—12 月	289	29.74	3.73	/	245.4	16.5%
2022 年 1—12 月	227	15.9	4.76	/	215.8	/
2023 年 1—6 月	165	8.12	2.15	/	142.3	/

数据来源:根据中国(福建)自贸试验区网站,http://www.china-fjftz.gov.cn/公布数据整理所得。

三、福建自贸试验区存在的问题

（一）福建自贸试验区建设中存在的问题

福建省的物流基础比较薄弱，特别是在港口与铁路基建上存在滞后性，跟不上福建省经济与物流业发展的步伐。福建自贸试验区当前存在的问题主要有：三个片区相对分散，各片区基础设施及经济发展水平有所不同，发展不平衡；各片区分属于不同的平行行政辖区，容易出现多头监管、政策冲突和内部竞争的问题，存在同质化和创新举措碎片化的现象，在管理的理念与协同合作方向需待加强；法律条例不够健全，法制保障体系有待完善，对自由区管理创新的法治理念还有所欠缺；专业化高端人才匮乏，商业模式和金融机构配套服务还不够健全，企业对改革创新等举措获得感不强，对台自由化程度还有待提高。

（二）当前福建自贸试验区与国际经贸规则对接中存在的问题

虽然福建自贸试验区建设已取得一定成效，但在与国际经贸新规则的有效对接上还需进一步深化改革，具体来说，其在管理体制创新、市场准入、贸易投资便利化、人员流动便利、环保与劳工标准等各方面还有较大的提升空间：

1.管理体制：虽然优惠政策叠加优势对外企有较强的吸引力，但因为一些配套的实施细则出台较慢，不够完善，相关的许可证、审批程序等还未完全理顺落实,导致监管部门之间存在缺乏协调和执行标准不一致的问题,导致一些优惠政策难以实际落地。此外,不同片区的行政审批程序存在不同,一些行政部门及营运公司存在职责不明确、职能重合、权限冲突的情况,另外还存在政策解读及执行上不够到位、办事人员业务水平不够的问题,企业咨询的问题未能得到有效解答,导致服务效率较低。

2.市场准入:台商反映一些商品如生物科技食品、化妆品在食品药品监督管理局的审批手续繁杂、时间长,有些商品如生物保健品等,与台湾的准入门槛标准不一致。

3.负面清单:当前福建自贸试验区所实施的负面清单管理模式与国际高标准的投资规则差距还较大,需要及时针对区内的产业发展情况进行充分调研,进一步对负面清单进行调整与完善。

4.贸易与资金往来便利化:台商反映资金往来便利上的建设明显滞后,贸易便利化还需进一步深化。

5.知识产权保护:台商认为目前大陆知识产权保护还不够完善,不利于吸引台湾文创产业等高端服务业来闽发展。另外,目前福建省还有较多的加工型企业还位于全球价值链的低端,违反知识产权保护法的行为时有发生,需要促进相关企业和产业加快转型升级,争取从知识产权使用人向所有人转型。

6.吸引人才及人员往来便利化方面:台商希望在人员赴台培训方面,签证手续能够更加简化便利,对台湾青年提供的创业咨询、支持与辅导服务能够加强。各片区内生产配套及基础设施配套不足,特别是生活环境还不够完善。

7.税费成本:企业希望福建自贸试验区能向上海与海南自贸试验区学习,深化税收制度创新与改革,进一步减轻企业税费负担。

8.生态环保:随着福建自贸试验区建设的不断推进与扩容,在建设中难免面临土地资源利用和对生态环境造成的影响和损害问题。另外,由于贸易与成本因素,福建省许多企业纷纷转向海外投资,在海外建设的过程中,也会面临当地的环境保护问题。

9.劳工标准:在自贸试验区的建设中,与国际经贸规则中要求的核心劳工标准及关于劳工问题适用的争端解决机制还有实质性的差距。此外,由于福建以民营经济为主,在海外投资时将面临遵循当地劳工法,处理好当地劳资关系的现实问题。

四、福建自贸试验区的制度创新探索及建议

借鉴上海、广东等国内先进自贸试验区的经验、做法,福建自贸试验区在制度方面的创新建议可围绕闽台的公共服务共享、行业标准互认、资源能源互通等方面进行渐近式的分层、分类、分步骤深入探索制度创新和政策突破,由福州、平潭及厦门三个自贸片区根据各自发展定位与特色需求,有针对性地先行先试,探索协同系统化改革和差异化创新。

(一)福州自贸试验区积极探索普惠协同型制度创新

建议福州自贸试验区着力于探索营商环境建设方面的制度创新,探索注重改革的系统集成和协同创新的普惠协同型制度创新。

1.打造服务型政府

建议开通"企业诉求直通车"积极收集企业诉求,直接将其汇总到相关部门进行协调解决;在与市场经营密切相关的法规制定中,充分听取企业及

商协会的相关意见与建议;对于新业态与新模式,应坚持包容与审慎原则,积极探索实施"沙箱监管"措施。借鉴国际自由港的先进经验,探索"政府职能市场化+企业化运作"机制,并以立法的形式明确管理运营模式,提高服务效能。

2.探索"点单式"放权

根据自贸试验区自身发展的特色和需求提出"省级管理权限下放清单",由福建省商务厅进行协调和对接,争取针对片区特色改革的中央和省级权限下放。争取适当下放商品经营的审批权限,优化、标准化许可审批流程,提高审查透明度并统一产品规格评估标准,大力破除生产要素流动的障碍,实现"准入"与"准营"同步提速,降低制度性交易成本。

3.提升智能化、数字化水平

加快福建自贸试验区数字化转型升级步伐,建设智慧自贸试验园区。一是要加快对交通、能源、生态环境、物流等基础设施进行数字化和智能化改造。二是全面推进福建自贸试验区实现数字化高质量发展,在对国际贸易单一窗口不断升级的基础上,将自贸试验区的业务受理平台和省、市相关审批系统、业务专网的端口及权限进行双向对接,优化政务服务"一窗受理,全省通办",建设"智慧商务"综合服务平台。三是积极培育福建自贸试验区数字化转型服务生态,依托产业集群,强化人工智能赋能公共服务转型,探索建设数字化转型促进中心,培育数字化解决方案指导企业进行数字化转型。

4.打造协同改革、开放的载体平台

借助福建省省会所在地优势,加强与平潭和厦门自贸片区之间的互联

互通,强化与其他省份自贸试验区的协同改革开放;建议打破行政地域限制,创新自贸试验区管理机制,探索"三个片区、一套人马"的一体化的精简高效管理体制,充分发挥"三片区叠加"的综合效应,促进政策衔接,形成发展合力,避免出现分散化、内部竞争及多头监管等问题;积极推进"三自贸试验片区＋N区(如:福州新区、福厦泉国家自主创新示范区等)"进行协同改革,加强其联动发展、协同改革;打破地域限制,强化与闽东北协作区的发展联动,对腹地起到外溢效应和辐射带动作用,提升福建自贸试验区改革的整体性、系统性和协同性。

(二)平潭自贸试验区积极探索互惠合作型制度创新

建议平潭自贸试验区借鉴海南自由港政策措施,大力探索闽台在人员往来、商品、资金与信息等互联互通的互惠合作型制度创新,深化两岸经贸合作:

1.以"早期安排"加快服务业开放

加快服务业开放,以"早期安排"促进产业发展,争取获得平潭自由港建设的"早期收获"[151],如:引进台湾先进的服务业,打造具有闽台特色的旅游度假区和免税购物中心;探索与台湾知名养老、医疗机构等合作,打造闽台旅居疗养、养老新模式;设立闽台文化教育交流先行示范区,借鉴欧盟"文化例外原则",探索台湾图书进口、涉台题材影视剧作审批等适合闽台文化交流的征管规则、程序和优惠待遇,促进闽台在文教、健康、养老、影视等产业的深度融合。推进闽台在法律服务方面的互助、合作与协同,构建多元化纠纷解决机制,促进闽台法律规则的融合。

2.加强税费改革

争取向中央申请"零关税、低税率及简税制"的税收优惠,大幅度减轻中小微企业的税负压力,增强企业活力。加大向富有国际竞争力的新兴企业、产业提供税收优惠的支持力度。借鉴粤港澳大湾区财税改革经验,设计吸引国际高端人才的财税政策。推进闽台涉税信息交流、合作与资源共享。进一步降低集装箱查验、口岸申报、货物港务和港口设施保安等政府性收费;建立收费公开及监督检查等机制,引导国有企业与行业协会加强自查与改革,降本减费,降低非政府性收费。

3.探索人才流动便利化措施

作为 21 世纪海上丝绸之路核心区如何能更进一步深化"一带一路"的互联互通,在推进与 RCEP 成员国的合作中如何有针对性地探索开展与其成员国之间的标准与职业资格认证等方面的合作,值得福建自贸试验区深入探索。建议平潭片区在深化对台经贸交流合作的基础上,以"跨域、互认及共享"为原则积极拓展与港澳、一带一路沿线国家及 RCEP 成员国之间的行业标准规范及职业资格互认等方面的合作,打破标准瓶颈和跨区、跨境流动壁垒,促进商品、资金、人才等要素实现更大范围内的自由流动。积极向公安部及国家移民管理局争取优化商务人员临时入境政策、外籍来华工作与居留许可的审批流程,特别是在简化闽台人才流动方面的手续与签证要求;下放出入境证件受理审批制证权限,创新引才引智和高端旅游出入境服务措施。优化免签预申报平台,推动出入境证件便利化等便民惠企举措;设立"台港澳及外籍服务单一窗口",集中办理健康证明、工作及居留许可等业务,加强业务窗口的规范化、智能化建设,提升业务窗口服务的效能。

4.加强劳动者权利保护,切实保障台胞权益

根据我国国情逐步完善我国劳动法规,构建劳工标准体系,探索顺应新技术、产业、业态及业务模式发展的趋势与需要,并能支持灵活就业的特殊工时管理制度。规范企业在海外投资经营过程中的就业和劳资关系标准,加强培训帮助企业提高跨国人力资本运营的应对及管理能力。

鼓励台胞、台企积极参与"一带一路"与福建发展建设,充分发挥台胞、台企在信息技术、智能制造及科技成果转化等方面的重要作用,强化两岸产业链和供应链纽带;建设"涉台服务窗口"负责对惠台政策咨询解读、协调等工作;构建"两岸产业搭桥中心",促进两岸产业、企业合作。设立台湾青年就业、创业辅导中心,建设支持台湾青年创新、创业的"复合式智慧创业社区",鼓励他们积极参与城市与社区治理。设立推动涉台信访纠纷化解工作,强化台胞权益保障工作联席会议机制,提高涉台司法服务水平。从生活、工作、社会保障等方面推动惠台政策的实行与实施,增强台企、台胞在福建工作与生活的获得感与幸福感。[152]

5.打造绿色、可持续发展的共同家园

在平潭自贸试验区的项目、园区招商中注意发挥海洋要素、旅游资源禀赋,大力发展海洋科技、生物科技等新兴产业,严控疫情反弹,积极吸引外资,打造"经济绿岛";借势福建省"十四五"规划中的"强省会"战略,依托大福州建设,学习国际先进自由港的建设经验,有效规划和利用空间,提高土地利用效率,对龙头型、示范型台资项目优先保障用地指标。引导区内企业、行业采用先进节能装备与污染减排技术,实现绿色制造,增加产品附加值,突破发达国家设置的环保非关税壁垒,积极支持实现福建省碳达峰及碳中和战略目标。

(三)厦门自贸试验区积极探索特惠差异型制度创新

建议厦门自贸试验区着力于探索深化"一带一路"建设,积极对接 RCEP,在培育战略新兴与重点发展产业、做大做强产业链、加强两岸在资源能源互通、提升供应链效率上进行特惠差异型制度创新:

1.深化对台标准、认证合作

近年来,福建自贸试验区在闽台行业标准与职业资格认证上已经有较成熟的合作模式、经验与案例。建议厦门片区深入探索闽台合作研发与创新、品牌打造及标准制定。扩大对台标准对接与涵盖的内容,除了行业标准、人才职业资格认证、征信等方面外,在集成电路、电子产品、冷链等重点领域鼓励台企共同参与标准制定,促进共通标准制定的系统性和体系化,提升其在两岸业界内的认可度和影响力;对食品、生物保健品、化妆品等商品简化审批手续、统一准入门槛;在服务贸易领域如健康、养老、医保社保方面探索采认台湾的资质标准,促进两岸产业链深度融合。

2.对标高标准国际经贸规则,深化"一带一路"合作,加快服务业开放

由于在中欧投资协定中,中国承诺对服务业以负面清单的形式予以开放;而在 RCEP 协定中,中国承诺于 RCEP 协定生效后的六年内逐步将正面清单管理模式转化为负面清单管理模式,这反映了中国加大加快服务业开放的紧迫性。为了先行探索和提前应对中欧投资协定及 RCEP 过渡期后中国在服务贸易方面面临的压力和风险,探索加入 CPTPP 的可能性,建议厦门自贸试验区一方面借助于闽台服务业合作优势,探索编制适合闽台服务

业深入发展兼具福建特色的跨境服务贸易负面清单;另一方面从多角度对比中国在 RCEP 协议中承诺的服务贸易正面清单与过渡期后的负面清单,结合国际、国内的实际情况,探索真正符合中国国情的服务贸易负面清单。[153]为了主动应对中欧投资协定及 RCEP 过渡期后中国在服务贸易方面面临的压力和风险,厦门自贸试验区还需探索相关配套预警机制与政策,以管控系统性风险;同时积极将服务业的开放经验向福州自贸试验区、平潭自贸试验区及改革协同区推广,测试福建省在服务业方面的承受能力与接受程度,争取能向全国进行推广实践。

具体做法如下:对区内产业发展情况及时调研并深入了解,细化其配套管理措施,进一步提升跨境服务贸易清单的透明度和可操作性。针对金融服务业清单的设立模式,可借鉴 USMCA 的清单模式,对监管难的跨境金融服务业务采用正面清单,对跨境投资采用负面清单,并以豁免清单、排除适用及审慎例外等做法预留监管空间,控制金融风险。[154]

3.建设知识产权保护试点示范区,加强知识产权保护

根据《福建省强化知识产权保护实施方案》,至 2022 年要实现全面遏制知识产权的假冒与侵权;至 2025 年要充分发挥知识产权制度的激励创新作用,逐步优化福建营商环境,力促社会满意度能达到国内先进水平。建议在厦门自贸试验区率先设立知识产权保护试点示范区,先行先试。在知识产权保护上,建立知识产权的申请、保护及争端解决机制,细化知识产权的维护执行标准,明确转让流程和条款,健全侵权惩罚性赔偿制度及维权援助机制,提供全链条知识产权服务。

4.深化两岸金融合作,打造闽台金融中心

厦门自贸试验区可根据市场需求,积极应用大数据、区块链及云计算等

先进技术,从加强普惠信用体系建设、推动产品和服务创新、提高服务效率、优化支付基础和支付环境等方面入手,迅速提升对台银行、保险及证券等金融产品的性能与服务创新,如在应用大数据研发私人定制的保险产品,对银行客户的资信和风险情况进行精细化调研等。深入拓展对台金融业务的合作领域,从促进人民币与新台币直接清算结算、拓宽融资渠道和简化外资准入方面的资质要求、股比与经营范围准入限制等方面入手,渐进式探索加大对台投融资的开放度,加快由传统集中型商业模式向分散型商业模式转型。借鉴迪拜金融自由区采用英国法扩大金融开放的经验做法,设立"闽台金融合作创新区",探索适合闽台金融深化合作的法制协同与创新。同时还需根据台湾政经局势及台商的征信、经营情况,设立对台金融风险预警指标,建立完善的金融风险评估机制,防范金融风险。[155]

充分发挥对台金融合作的先行先试,与国家级台商投资区进行共同探索与协同改革。厦门自贸试验区可加强与国家级台商投资区的协同改革。建议从推进金融机构入驻,加快构建多元化现代金融服务体系;提升对台金融服务水平和加强两岸信用合作;深化跨境投融资改革三方面入手加快改革步伐,实现信用便利化,信贷同等化和金融普惠化。打造服务海峡两岸,积极对接"一带一路"和RCEP,辐射东南亚、面向全球的区域金融中心。

5.以创新驱动促进数字经济快速发展

当前各地自贸试验区着重于加快探索产权保护及利用新机制,完善数据产权和隐私保护制度,解决数据确权及安全等关键性问题。建议厦门片区在加快建设国家数字经济创新发展试验区的背景下,加快设立"数字贸易跨境服务区",加快探索放宽对台网络审查,试点开放电信增值服务的市场准入限制,探索允许外企独资设立科技数字服务平台;设立"数字服务外包区",承接国外数据处理外包业务,加快数字经济基础标准、数据分析及安全控制等方面的研发应用;在科研密集区探索跨境数据的开放和监管措施;在保护知识产权及个人隐私等方面也要探索形成符合国际标准的监管举措。设立全媒体中心、打造跨地区、跨国界的新型研究智库,积极探索顺应国际经贸规则和产业的发展趋势,体现福建乃至中国产业界诉求的国内规则与标准,为中国参与国际数字规则制定上积累经验。

6.促进两岸互联互通,提升供应链效率

闽台两地在能源、资源及自然禀赋等方面具有较大相似性、互补性,因此闽台在加快绿色能源发展方面具备广阔的合作前景。通过在厦门与金门设立自由经济区,推进厦门同金门地区的通电、通水、通气和通桥,为福州与马祖的互联互通先行提供合作经验。率先探索以市场化合作方式为台提供紧缺能源;在自由经济区中设立功能性产业园,加强两岸产业的融合,如:引进台湾先进的服务业,打造具有闽台特色的旅游度假区;建设有闽台特色的免税购物中心;设立闽台文化教育交流先行示范区,促进海峡两岸文教、民俗、影视等领域与产业深入交流,借鉴欧盟"文化例外原则",探索适合闽台文化交流的征管规则、程序和优惠待遇;设立健康生技试验园,与台湾知名养老、医疗机构等合作,打造高端医疗、闽台旅居疗养、养老新模式。以科技、制度和"新基建"协同创新合作促进两岸基础设施联通、资源能源互通、信息共享及产能合作,促进两岸产业降低生产、交易和运输成本,提升供应链效率,构建闽台价值链,共同提升两岸在全球价值链中的地位。

第九章　福建自贸试验区转型升级方向与高质量发展研究[156]

福建自贸试验区自设立以来,在政府职能转变、商事制度改革、深化闽台经济合作、构建开放型经济新体制、服务两岸融合发展和 21 世纪海上丝绸之路核心区建设方面取得了巨大成就,但对标改革开放的大局以及国际国内先进经验,福建自贸试验区建设仍存在诸多不足。在目前中美博弈加剧,新科技竞争日益激烈,构建以国内大循环为主、国际国内双循环发展新格局的背景下,如何推进自贸试验区高质量开放发展值得深思。

一、福建自贸试验区的探索实践

福建自贸试验区设立于 2014 年底,包括福州、平潭和厦门三个片区(见表 9-1)。建设目标是打造开放和创新融为一体的综合改革试验田、深化两岸经济合作示范区和面向 21 世纪海上丝绸之路沿线国家和地区开放合作新高地。根据三个片区发展定位,发挥深化改革、扩大开放的试验田作用,实行良性高效的"发现需求到探索试验"的制度创新路径,目前已形成一批独具福建特色、对台先行先试的制度创新成果。

表 9-1　福建自贸试验区发展定位

试验片区	构成	面积	发展定位
福州片区	福州经济技术开发区、福州保税港区	31.26 平方公里	发展先进制造业、深化海丝交流合作、促进两岸服务贸易及金融创新合作
平潭片区	港口经贸、高新技术产业区、旅游休闲区	43 平方公里	建设国际旅游岛、对外开放窗口及闽台合作窗口
厦门片区	两岸贸易中心核心区、东南国际航运中心海沧港区	43.78 平方公里	建设两岸新兴产业和现代服务业合作示范区、东南国际航运中心、两岸区域性金融服务中心与贸易中心

资料来源:根据《总体方案》[157]编制。

　　第一，坚持改革首创性，形成具有全国示范作用的制度创新经验。一是推进投资管理制度改革，在企业登记注册和投资项目审批方面形成国内首创性成果。总体方案186项重点实验任务，绝大部分已经实施。深化方案136项重点任务已经实施85%。全省自贸试验区累计推出18批515项创新举措中属于全国首创221项、对台107项。二是推动国际贸易单一窗口建设方面，厦门自贸试验片区对标新加坡经验，再造通关业务流程，打造国内领先、贸易功能齐全的贸易综合服务平台，实现国际贸易主要环节、主要进出境商品和主要运输工具三个全覆盖，为外贸企业提供"一站式"全链条服务。通关效率大幅提升，进出口货物整体通关时间从33小时压缩至3.12小时。三是推进基于全产业链平台经济发展的金融服务创新，并加快推动金融科技等前沿领域的探索。四是厦门自贸试验区在全国率先制定自贸试验区风险防控清单成为全国自贸试验区最佳案例，明确55个风险点和88条防控措施，构建完善事中事后监管和法治保障体系。

　　第二，坚持差异化探索，打造具有全国影响力的两岸融合发展示范区。一是推动落实对台投资贸易便利化的创新举措，推动两岸应通尽通，为提升闽台经贸合作畅通提供强有力支撑。二是率先扩大对台开放，放宽台资企业的准入条件和门槛，为两岸产业协同发展创造条件。降低台商投资门槛，放宽台资企业的股比权限、经营范围、投资领域的限制，以及融资租赁、电子商务、旅行社等服务领域的资质门槛。三是完善台胞的创业项目和创业就业人次居全国之首。建设两岸青年创业创新创客基地。厦门两岸青年创业创新创客基地，被国台办授予"海峡两岸青年创业基地"是大陆唯一实现海关特殊监管区域的台湾青年创新者以个体户且无需外资备案入驻的台湾青年创业基地。四是在构建"一门式"台胞服务学习生活和协调法律纠纷等方面创造了多项全国第一。引进首家台资独资演艺经纪公司、首家两岸联营律师事务所、首家台资知识产权服务机构等20多个首创性台资项目，有效示范带动两岸融合发展。[158]

第三，坚持对标国际先进标准，构筑引领新时代对外开放合作新高地。福建自贸试验区自 2015 年就在全国率先引进世界银行环境评价指标体系，组织开展营商环境评估。对标世界银行营商环境和世界一流经济体先进经验做法，即对标事项、对标监管、对标时限、对标服务、对标步骤、对标成本等，查找短板弱项，着力减少环节、时间、成本，在工程建设、电力获取、货物通关等领域形成大量新举措。全面实施外商投资负面清单管理制度，为全省扩大开放提供新经验。深化金融开放，积极发挥金融服务实体经济的功能，围绕"设施联通""贸易畅通""资金融通"，全方位深化扩大福建与"一带一路"沿线国家的经贸合作。新开通海上丝路航线 60 条，覆盖 27 个国家 57 个港口。厦门自贸试验区探索建设金砖国家新工业革命创新示范基地，为中国开展同新兴经济体交流合作搭建平台。

第四，坚持改革系统集成，建成具有辐射带动作用的产业功能区。一是基于福建优势产业进一步做大做强的功能型平台，通过政策突破发挥了全国范围内的引领示范作用，如厦门片区的全国航空维修服务平台等；二是发挥自贸试验区政策叠加优势，实现"从无到有"打造了产业功能型新平台，如马尾金融小镇等；三是建成基于制度创新系统集成的公共服务平台，如国际贸易单一窗口建设等；四是立足福建区域特色构建的公共服务平台，如两岸创新创业创客"三创"基地等。福建自贸试验区通过这些产业功能区建设，形成的制度创新系统集成措施在全国领先，不仅产业规模在全国处于领先地位，而且体现了自贸试验区的区域特色定位。

自贸试验区的改革开放探索实践，成为福建省营商环境最优的创业乐园，截至 2022 年底，福建自贸试验区累计新增企业 123905 户，注册资金 27169.9 亿元。其中，福州片区累计新增企业 47151 户，投资金额 9478.2 亿元；平潭片区累计新增企业 12584 户，投资金额 6374.1 亿元；厦门片区累计新增企业 64170 户,投资金额 11317.6 亿元。

表 9-2　2015—2022 年福建自贸试验区及各片区新增企业情况表

年份	户数/户				注册资本/亿元				平均注册资本/亿元			
	福建省自贸区	福州片区	平潭片区	厦门片区	福建省自贸区	福州片区	平潭片区	厦门片区	福建省自贸区	福州片区	平潭片区	厦门片区
2015—2016	48550	20583	5203	22764	9447.7	3100.01	2296.88	4050.84	0.1946	0.1506	0.4415	0.1779
2017	18202	8113	1120	8969	4535.1	1750.83	941.41	1842.86	0.2492	0.2158	0.8405	0.2055
2018	8618	734	582	7302	3016.1	1348.1	501.3	1166.7	0.3500	1.8366	0.8613	0.1598
2019	15808	5991	1918	7899	3283.9	1384.1	712.3	1186.8	0.2077	0.2311	0.3714	0.1502
2020	13810	5267	2003	6540	2724.7	1002.3	419.2	1303.1	0.1973	0.1903	0.2093	0.1993
2021	11899	4587	1223	6089	1921.1	613.8	427.3	879.9	0.1615	0.1338	0.3494	0.1445
2022	7458	2206	583	4669	1177.2	307.9	191.8	677.5	0.1578	0.1396	0.3290	0.1451
合计	124345	47481	12632	64232	26106	9507.74	5490.19	11107.7	0.2099	0.2002	0.4346	0.1729

数据来源:根据福建省商务厅网站 http://swt.fujian.gov.cn/ 公布数据整理及计算所得。

二、福建自贸试验区建设存在的主要问题

虽然福建自贸试验区的建设已取得巨大成效,但对标改革开放的大局以及国际国内先进经验、福建自贸试验区建设仍存在诸多不足和问题。这些问题有的具有普遍性,有些则是福建所独有的。

自主改革权限和载体空间有限,福建自贸试验区运作协调成本高。制度创新要突破各种法律法规及部门规章的刚性约束。目前,福建自贸试验区多项改革创新举措的事权在中央相关部委,相关管理部委在决定开放范围和力度时需要进行更加全面深入的权衡。地方自主改革权限有限,导致自贸试验区在推进制度创新时协调成本过高。目前,福建自贸试验区多项改革创新举措的事权在中央相关部委,相关管理部委在决定开放范围和力

度时,需要进行更加全面深入的权衡。由于需要相关部委授权,福建自贸试验区部分任务措施难以推进,需要付出巨大的协调成本。调查发现,目前所有的自贸试验区大部分工作和精力都围绕于各种协调工作。这些协调的层次既包括地方与中央部委的协调,也包括自贸试验区与省直机关的协调,还包括自贸片区与当地政府部门之间的协调。同时,土地空间区域饱和,继续推进高质量的制度创新需要更大的空间和载体。由于自贸试验区土地面积有限,许多建设项目中面临土地资源限制和生态环境政策制约,造成土地供给不足。《平潭国际旅游岛建设方案》要求平潭落实好"一线放宽、二线管住、人货分流、分类管理"的分线管理原则,除法律、行政法规、规章禁止进口的货物不得从"一线"进入平潭外,进出口贸易价格、主体等一般不受限制;在平潭"一线",除特殊商品外一般不实施检验。但在实际操作中,对"宽"的界限不明、尺度不清,"一线"没有真正放开,海关信息化管理平台、环岛巡查监控系统以及二线卡口三大封关工程也就没有真正发挥承担的货物报关等查验监管功能,甚至连平潭这个所谓全国最大的特殊监管区适用海关哪一类的监管方式都不明确(按照国务院批复的《平潭综合实验区总体发展规划》制度设计,平潭应适用海关目前保税区、出口加工区、保税物流园区、跨境工业园区、保税港区、综合保税区、进口保税仓库、出口监管仓库、保税物流中心等所有六大监管方式)。平潭全岛封关运行的"自由贸易港"政策未能落地执行,平潭滨海旅游建设项目就受到岸线保护政策的限制而难以落实。

第二,难以承接省级管理权限,简政放权流于形式。为减少审批层级,提高自贸试验区的自主权及办事效率,福建省政府列出清单,赋予自贸试验区省级管理权限。但因自贸试验区行政编制人员配备未能解决,缺乏人手专门研究省级管理权限的落实问题,以及核心权限并未下放,造成自贸试验区难以承接管理权限,简政放权流于形式。此外,因政策的协调性差,政策不配套,许多改革探索没有收到预期效果。比如港口国际船舶登记中心需要相应的税收优惠配套;国际旅游岛需要免税购物政策配套;对台政策受法律法规和立法权限的限制,自贸试验区诸多对台交流合作的事项,体制机制的创新,涉及法律、行政法规的规定而无法突破,也遇到一些与现行法律法规相冲突的情形,比如教育、医疗卫生制度尚未接轨,对台定向招标与现行公开招标法规冲突,束缚了福建对台先行先试的步伐。

第三,制度创新多属程序性与技术性,深层次的体制机制创新有待突破。尽管福建自贸试验区在政府职能转变,投资领域、贸易领域、金融领域和服务海上丝绸之路合作等制度创新领域取得明显成效,但离国际高标准的投资贸易规则以及自贸试验区深化产业发展所需要的制度需求还存在一定差距。由于自贸试验区协调成本过高,以及试错风险大,造成自贸试验区制度创新意愿不强、动力不足,导致政策性、体制性的重要创新数量较低,制度创新拘泥于在碎片化的、非关键的制度微调,如备案事项的多证合一等,没有涉及证照分离改革等难度大、意义大的关键性制度创新。比如商事制度改革将事前审批制度改为登记备案制度,但事后企业的投资经营具体项目上仍需要逐项审批,而且不同片区监管部门之间缺乏协调和执行标准不一致,导致一些优惠政策难以实际落地。

第四,对标 CPTPP 等高标准经贸协定规则,扩大开放进程相对缓慢。在市场准入方面,中国负面清单管理模式与高标准国际投资贸易规则差距甚远,存在难以衔接的问题。目前,中国负面清单主要体现在制造业部门,而对服务贸易部门没有纳入,而且中国负面清单的立法依据主要是一些行政法规,如以"某些行业的开放由某些法律法规另行规定"为内容条款,此类条款具有相当大的不确定性[159],导致外商投资风险的增加,而扩大开放进程事权受限于中央,自贸试验区在外资市场准入方面没有充分体现更高的开放度。由于中央政策规定过于原则,相关政府执行部门主管作为不够,没有制定相应的实施细则,致使许多政策迟迟难以落地。比如国务院 2011 年赋予平潭"一线放宽、二线管住、人货分流、分类管理"的境内关外特殊监管政策就因为没有实施细则迄今没有落地。然而,这种境内关外监管政策目前已经在海南自由贸易港和横琴岛粤澳合作区中全部落地。在金融、对台先行先试等领域开放优势没有充分发挥,尚未形成规模效应,与海上丝绸之路国家交流合作的深度和广度有待进一步提升。在吸引人才及人员往来便利化方面:台商希望在人员赴台培训方面,签证手续能够更加简化便利,对台湾青年提供的创业咨询、支持与辅导服务还需加强,各片区内生产配套及基础设施配套不足,特别是自贸试验区远离城区、生活环境还不够完善,对人才缺乏吸引力。

第五,两岸关系紧张与对台开放不够限制了两岸经贸合作的深化。台湾当局的大陆政策直接决定平潭实验区各项对台政策的实施成效。2016年台湾民进党执政后,两岸沟通与磋商渠道中断。台湾金管会严格管控台方资金流动,对有意向与大陆合作的金融机构采取制裁措施,导致台湾金融机构来闽设置分支机构或开展合作受限。台湾民进党当局的反渗透法对岚台人文交流和吸引台胞来闽就业更是造成障碍。另外,深入推进两岸融合发展的顶层设计和政策支撑有待进一步加强,部分对台先行先试政策措施的效应和影响还不够,福建构建近台优势有待进一步提升。台湾小额贸易交易市场准入目前只有粮油食品、纺织服装、土产畜产、工艺品、医药品等六类商品。而对于大陆比较受欢迎的电子产品、奢侈品、台湾生技药品、保健化妆品等紧俏货品仍然无法入驻销售,如何扩大对台开放尚未真正破题。部分实验措施实施过程中仍然存在"大门开了,小门没有开"的玻璃门现象。比如,自贸试验区允许台湾独资建筑企业承建建筑福建省内建筑工程项目,但由于建筑项目招标过程中对建筑企业有较高前期业绩要求,使得台资企业和大陆企业无法公平竞争。如何扩大对台开放,需要明确对台合作新思路,即是采取 ECFA 补充协定的形式,还是在"一国两制"框架下自主创新对台开放的方式？

三、福建自贸试验区发展面临的新形势与转型方向

近年来中国经济发展面临的国内外形势复杂多变，新冠疫情蔓延、世界经济增长放缓、中美战略博弈与国际贸易竞争加剧，贸易保护主义抬头、中国发展的外部环境不确定性增加。

一是世界经贸格局出现鼎势之争。受新冠疫情影响，国际贸易与投资出现严重下滑、国际贸易壁垒激增，许多主权国家与跨国企业意识到控制关键产业链、供应链的重要性，以及目前产业链、供应链存在的安全风险，加速对全球产业链、供应链及价值链进行重塑，向区域化与本土化方向发展，强调可控、安全与高效，国际经贸格局面临重构。世界产业链、供应链和价值链出现北美、欧洲和东亚三足鼎立，竞争激化的态势。

二是全球治理呈区域化、碎片化趋势。当前国际经济力量对比出现"东升西降"的趋势。西方发达国家为了维持竞争优势，开始利用区域平台构建对自己有利的国际经贸新规则。以中国为代表的新兴经济体与发展中国家在国际上力量增强，希望能够在国际上获得更多的发展空间与话语权。在这样的背景下，中美战略竞争加剧，以区域贸易协定为平台发达国家与新型经济体展开激烈的规则主导权争夺，导致全球治理出现区域化和碎片化。中国必须积极应对、重塑国际经贸规则与国际合作的竞争新优势。中国自主的制度型开放为参与国际经贸规则重构解开束缚。

三是新科技革命加快发展、竞争日益激烈。以数字化、网络化及智能化为特征的新一轮科技和产业变革加快，大国间在科技领域的竞争趋于白热化，中美在科技领域的竞争成为中美战略博弈的主战场。在第四次工业革

命竞争中,谁能抓住机遇脱颖而出,谁就能赢得明天。世界经济呈现出数字化和绿色化的转型新趋势,对全球产业链的发展带来了挑战与机遇,2020 年习总书记提出中国要于 2030 年前实现碳达峰,并于 2060 年前达到碳中和。这必然要求加快实施数字经济与绿色经济的技术创新战略,寻求解决问题的技术路径。

国内对外开放也面临新形势。近年来,面对国际形势剧变,中国提出构建以国内大循环为主体,国内国际双循环相互促进的新发展格局。双循环新格局成为国家新战略的主基调,中国经济发展进入新阶段。对外提出“一带一路”倡议,加快构建区域贸易协定,避免在新一轮国际经贸规则重构过程中被边缘化。2020 年,中国签署了 RCEP,完成了中欧投资协定谈判,并宣布积极考虑加入 CPTPP。这些新规则都需要在自贸试验区先行先试,加快推进规则、规制、管理、标准等制度型开放,加快形成与国际经贸投资和贸易高标准规则相衔接的制度体系,构建新发展格局和高水平开放型经济体制。[160]

2021 年 7 月 9 日习近平总书记主持召开中央全面深化改革委员会第 20 次会议,审议通过了《关于推进自由贸易试验区贸易投资便利化改革创新的若干措施》,赋予自贸试验区更大改革自主权,加强改革创新系统集成,统筹开放与安全,及时总结经验并复制推广,努力建成具有国际影响力和竞争力的自由贸易园区,发挥好改革开放排头兵的示范引领作用。[161]这为福建自贸试验区转型升级指明了方向。

第一,对接国家新战略与福建全面高质量发展超越战略,实施创新发展战略。建设创新型国家以及推动高质量发展超越的过程中福建要展现担当作为,必须坚持创新在现代化建设全局中的核心地位。在构建创新机制方面,福建自贸试验区要先行先试,优化政策供给和制度设计,加快建设金砖国家新工业革命伙伴关系创新基地。高标准建设金砖国家创新联合实验室。构建以企业为主体的技术创新体系,自贸试验区要率先探索产学研力量组建创新联合体。跨国公司作为我国创新体系的组成部分,要在知识产权和标准制定方面深化改革,吸引跨国公司把更高水平的研发活动转移到我国境内。在引进和使用人才制度方面,深入实施"八闽英才"培育工程,探索外籍人才的引进和使用制度,比如降低"绿卡"申请门槛,对外籍高端人才实行"一卡通"制度,取消已获工作签证的外籍人员就业限制及实行国际执业资格互认,及其配偶与子女临时入境驻留权利。对境内外高端人才实行简税制,所得税按照5%、10%及最高15%三档征收,对其取得的各类补贴、奖励免征个人所得税。建立健全公开公正的科技成果与人才评价机制,充分体现对知识、技术与人才内在价值的创新激励和保障机制。

第二,对标新一代国际高标准经贸规则,进一步扩大开放进行开放压力测试。面对国际规则重构,应积极对标高标准国际经贸规则,加大制度创新力度,在国企改革、政府采购、竞争中性、知识产权保护、数字贸易、投资争端、劳工标准等国际经贸领域重点关注的议题方面加快探索试验与压力测试。如结合国家数字经济创新发展发展试验区及"数字福建"建设,加快探索数据跨境有序自由流动的新规则:中国在网络开放、网络访问和使用、源代码、个人信息保护、非应邀商业电子信息、计算机设施本地化等方面数据贸易领域限制严格。如何利用数据资源,打破数据孤岛,自贸试验区要借鉴CPTPP在数据贸易方面的规则进行改革创新。[162]在数据自由流动方面对标CPTPP,采用"原则+例外"的模式,探索对个人信息、重大数据进行分类管理制度。再如对标CPTPP的知识产权保护条款,加大商标权保护执法力度,打击假冒伪劣和跨境侵权行为,加强对商业秘密、互联网服务供应商、域名及地理标志等方面的保护;引入国际监管实践,设立竞争中性委员会,对政府采购、国有企业经营进行监管,对国内外权利人平等对待,确保各种所有制企业得到公平公正待遇,保证公正有序的竞争与营商环境。[163]

第三,加强制度的集成创新,增强改革的整体性与协调性。福建自贸试验区在贸易通关制度改革方面:要推进以贸易自由便利化为目标的海关监管制度创新。应在单一窗口改革的基础上,在一线放开与二线管住、区内自由方面加快改革,要对保税区和保税港区围栏以内真正实现一线真正放开,免除查验,增加对企业的吸引力。借鉴 CPTPP 加强成员国海关间的执法与联络、估价、风险管理等交流与合作,逐渐取消官方签发原产地证书的做法,探索建立由企业自主申明原产地,并由政府加强事后核查的制度,简化预裁定程序等先进措施。从供应链全流程便利化角度梳理通关流程,以"程序联动＋电子化系统"提高通关效率。在投资管理创新方面:继续探索以负面清单为重点的投资管理制度,改善营商环境。简化外商投资项目、企业设立及变更管理程序,实施"非禁即入"的市场准入承诺即入制,将前置审批转变为事中事后监管,紧密关注国际投资安全审查相关的法律及案例,建立健全中国外商投资安全审查制度,同时要求国企在海外投资活动中严格遵守竞争原则及争端解决机制的相关要求。

第四,对接建设"21 世纪海上丝绸之路核心区",探索两岸融合发展新路。根据 2021 年 7 月 12 日商务部发布的《"十四五"商务发展规划》中提到支持福建省两大发展方向:"支持建设 21 世纪海上丝绸之路核心区"与"支持探索海峡两岸融合发展新路"。统筹与协调福建自贸试验区三个片区的发展规划与 21 世纪海上丝绸之路核心区的规划与远景的深度融合,在投资贸易、通关制度、人才流动等监管制度创新与政策安排上服从与支持国家发展"21 世纪海上丝绸之路"的重要战略。特别是在推进 RCEP、落实相关政策的背景下,三个片区应根据各自的定位、特色与资源禀赋,加快与"21 世纪海上丝绸之路"建设的对接,如福州片区注重拓展丝路电商新通道,在海洋旅游、捕捞、智慧海洋等方面加强与海丝沿线国家与地区展开合作;厦门片区注重发展丝路海运航线,立足两岸建设面向海丝沿线国家与地区的国际贸易中心;平潭片区注重发展海丝旅游、探索便利化的出入境管理政策、深入开展两岸标准合作等。在"一国两制"框架下自主探索对台开放政策。探索两岸融合发展新路,实行两岸要素流动自由化、两岸货币自由兑换、台企台胞入岛自由创业和就业;支持台企参与国有企业混合所有制改革,允许台企参与国企二三级机构的控股,探索创新国有资本和监管模式。根据两岸企业与居民同等待遇原则,推动台胞职业资格与企业资质采认,探索建立两岸职业资格与台湾企业资质等效认证和监管体系。消除两岸在资质资格获取、人才招聘、企业招投标、政府采购等方面的差别,简化台胞执业和办理企业的注册手续。继续探索两岸标准共通共融,推动行业标准对接与"三互合作"。

四、探索福州、平潭、厦门片区差异化发展路径

福建自贸试验区还需要根据三个片区差异化的功能定位有针对性、有重点地深入探索具体的国际经贸新规则进行帕累托改进,提高资源的产出与配置效率,促进三个片区差异化发展,打造各具特色的自由贸易园区。

(一)福州片区应探索建设工贸结合型自由贸易港

福州片区的定位是发展先进制造业,深化海丝交流合作,促进两岸服务贸易及金融的创新合作,但福州片区较为分散,有海港、河口港、航空港、会展中心等,难以承载集成性改革项目和大型新兴产业项目,也难以发挥经济活动的聚集效益。因此,未来福州片区应围绕做强省会中心城市,在整合扩充自贸片区的基础上,探索建设工贸结合型自由贸易港。

一是福州原有出口加工区、保税港区利用进口原材料零关税等优惠政

策吸引国际产业链龙头企业落地聚集,实现本土产业与扩大对外贸易为目标的工贸结合发展模式。应整合出口加工区、保税港区、经济技术开发区等政策功能,将福州自贸片区转型为工贸结合型自由贸易港,在园区探索政府监管与企业管理运营的新模式,提升自贸试验区的生产效率。

二是结合福州新区建设,将自贸试验区政策与新区建设密切结合,在重点发展物联网、数字贸易、跨境电商、现代物流等平台经济和新兴业态,带动福州新区支柱产业发展的同时,发展海洋装备制造业。船政文化与海丝文化是福州重要的历史文化资源,现在缺少海洋产业载体,应将船舶制造与修理作为福州重点产业发展壮大,并带动现代海洋产业(远洋运输、远洋渔业、智慧海洋)的发展。

三是以福州"6.18"福建科技成果交易会为基础转型建设常态化的福州知识产权交易所,为探索知识产权证券化途径,促进福州科技创新与科技成果产业化以及福州经济转型升级打造更好的平台。

(二)平潭片区应积极探索建设消费型的国际自由港

平潭片区应以平潭综合试验区"一线放宽、二线管住、区内自由"特殊监管区政策的再落实为基础,并结合国际旅游岛建设,探索零关税、低税率和简税制的制度创新,打造消费型国际自由港。

一是争取海关总署全面落实《平潭综合实验区总体发展规划》和《平潭国际旅游岛建设方案》平潭自由贸易港政策。平潭最早于2011年获得"一线放宽、二线管住"的自由贸易港政策,现在海南省和珠海横琴都已经全面落实这一政策。应加快制定平潭进口商品负面清单,除国家法律法规命令禁止外,对清单外的商品进入岛内实现零关税。对从平潭输往内地的商品照章征税,探索两岸与国际货物中转功能。

二是争取财政部扩大平潭企业所得税15％企业目录,对岛内所有实质性经营的企业所得税实行15％税收的低税率政策。实施离境退税和离岛购物免税政策,提高免税额度并放宽免税品种,促进平潭国际旅游消费中心建设。

三是结合国际旅游岛建设优先发展康养休闲产业。争取在开放医疗服务(机构、器械、医护人员)与药品、保健品、化妆品零关税与零壁垒进口,特别是支持台资医疗机构进口和使用在台湾获准上市但尚未在国内获批的药品、医疗器械和新技术上进行集成创新。扩大国际旅游免签涉及的国家及地区范围,逐渐放宽旅游免签政策。

(三)厦门片区应探索建设港城融合型自由贸易港

对标"十四五"规划及厦门2035年远景目标纲要加强功能规划,以东南区域国际航运中心和两岸区域性金融服务中心为目标,结合建设金砖国家新工业革命伙伴关系创新基地,将厦门岛转型为港城融合型自由贸易港。

一是围绕建设东南国际航运、两岸区域性金融服务及贸易中心,加快经贸综合改革。推动以自由开放的运输政策为重点的运输往来自由便利的航运制度创新,推动厦门自贸试验区与海关特殊监管区统筹发展,重点发展转口贸易与进口贸易。借鉴CPTPP对跨境金融服务采用正负面清单的综合开放模式,深化两岸金融合作,打造闽台金融中心;继续提升金融资本市场化定价、企业跨境融资便利化及提升金融管理技术与数据处理能力,促进跨国公司在厦门设立全球或区域性资金管理中心;对照CPTPP跨境金融服务负面清单模式,进行审慎探索和评估,并探索以豁免清单、排除适用及审慎例外等不符措施清单进一步发展跨境金融服务,探索金融开放负面清单与跨境金融服务正面清单相结合的开放方式,预留监管空间、控制金融风险。优先进行台资或外资金融机构准入后国民待遇落实、自由贸易账户下对台金融领域对等开放、建立金融安全审查体系及内外资金融机构市场准入的一体化管理机制等方面探索资本自由流动改革与金融风险控制能力建设。落实国际船舶登记自由政策,并相应配套税收优惠政策。

二是借助厦门加快建设国家数字经济创新发展试验区和金砖国家新工业革命伙伴关系创新基地之机,打造一批标志性合作创新平台和合作项目。通过"重点项目＋支持政策＋产业投资基金＋产业园区"的组合模式,加快制度、产业与科技创新,提升基地承载力,打造面向金砖国家的产能融合、科技创新、人才交流、国际贸易与结算中心。探索允许外企独资设立科技数字服务平台、承接国外数据处理外包业务。探索跨境数据的开放和监管措施,加快探索与数字贸易相关的数字关境、数据高效安全流动、数字货币及数字产品跨境交付规则等。加快建设数字经济的基础标准、应用及安全等领域标准的研制和应用、数据分析与管理进程及执法保障等。争取福建在"数字经济""电子支付"和"跨境电商"方面标准的制定权和影响力处于国内领先地位,探索中国特色的跨境数据流动规则体系。

三是提高知识产权保护水平。对标 CPTPP 的知识产权保护条款,自贸试验区应加大商标权保护上的执法力度,高效、严厉打击假冒伪劣和跨境侵权行为,加强对商业秘密、互联网服务供应商、域名及地理标志等方面的保护;对国内外权利人平等对待,保证公正有序的竞争与营商环境。此外,还需进一步对中国知识产权边境保护规则进行完善与补充:一是进一步明确补充边境保护的通关程序涉及进出口、过境、转运、保税等"进出境"货物;明确地域范围应包括海关特殊监管区和自贸区。但建议对单纯运输过境的货物不列入知识产权执法范围,提供过境便利。二是修改担保制度,允许通过多种担保形式减轻权利人担保成本,对一定期限及全国范围内的海关保护案件都予以担保。根据利益平衡原则,区分权利人担保制度与收发货人的反担保制度,保留专利权的反担保制度。

第十章　以自贸试验区创新战略构建福建开放型经济新体制

一、引言

当前全球经济疲软,逆全球化抬头,新冠疫情对全球发展格局影响深远,国际产业链、供应链、价值链重塑加快,科技和产业变革加速、竞争趋于白热化,国内传统的土地、劳动力等低成本要素红利优势下降。在中国"十四五"规划中,创新被摆上全新高度,已成为规划中的三大战略之一。2016年国务院发布的《国家创新驱动发展战略纲要》也指出,必须优化区域创新布局,如东部地区可加快以创新为驱动、增强其辐射带动功能,不断培育具有国际竞争力的产业集群及区域经济,打造区域经济增长极。习近平总书记在2021年5月28日的中国科学院院士大会上特别指出,要大力推动创新驱动发展战略,不断完善国家创新体系。2021年7月9日的中央全面深化改革委员会第20次会议审议通过了《关于加快构建新发展格局的指导意见》《关于推进自由贸易试验区贸易投资便利化改革创新的若干措施》等文件,会议强调,"要加快构建新发展格局,利用好国内国际两种资源,对标高标准国际经贸规则,推动制度创新与自贸试验区高质量发展。以国内外经济的双循环为基础,利用好国际国内两个市场、资源,以创新为驱动加快推动自贸试验区高质量发展,探索资源最优化配置及效率最优化的发展与开放新模式,推动传统开放模式向高质量开放模式转型,构建区域经济增长极和高水平对外开放新高地"。

(一)创新驱动发展战略的内涵

创新驱动发展战略是指依靠科技创新的全方位系统工程。实施创新驱动发展战略首要实现从要素驱动到创新驱动、从跟随到引领理念上转变;强调发挥科技支撑与引领作用,以产业创新调整结构,以科技创新培育重大产业;其实施关键在于体制、机制创新,强调以管理创新提升效益。[164]

(二)中国自贸试验区实现创新驱动的意义

从国际经验来看,经济发展通常会经过投资、要素、财富和创新驱动四个阶段,中国经济的高质量发展必须依靠创新驱动。当前中国自贸试验区与自由港已成为汇聚全球人才、资金及技术等要素和高端产业最有活力的区域,通过创新驱动能使各地自贸试验区立足于自身的资源禀赋优势、战略定位及发展目标,通过合理的设计规划、资源配置,依靠制度创新,并统筹制度创新和管理、科技、文化、商业模式与业态等创新协同推进,推动产业链、供应链、价值链紧密对接全球高端技术,不断激发市场活力,驱动引领高质量发展,并通过打造区域经济增长极,起到辐射带动、放大开放型经济优势和扩展对外合作新空间的重要作用。

二、相关理论及文献综述

前述第一章中已对增长极理论进行了笼统的阐述,本章节将着重针对自贸试验区创新战略对区域发展产生的积极影响和发挥的"增长极"作用进行深入研究,因此本章将再次着重对此理论和相关文献进行更深一步、有针对性的详细阐述。

(一)增长极理论

1950 年,法国经济学家佩鲁首次提出增长极理论[165],其后又有多位经济学家对其进行了丰富与发展。该理论认为:在现实的经济发展中,一个国家(地区)是无法实现平衡发展的,经济增长通常是从几个增长中心逐渐向其他部门或地区传导的,因此可选择特定区域或领域,如:产业、城市和一些潜在的制度创新点、对外开放度及消费热点等作为经济增长极,并对其进行有效的规划与配置,通过合理的推进机制来促进其发展,且在其发展中,要着重发挥其扩散效应,避免出现回流现象。增长极体系涉及三个不同层面的增长:第一个层面从先导产业开始增长;第二个层面涉及产业综合体的增长;第三个层面则是增长极及国民经济的不断增长。

(二)自贸试验区创新与经济增长关系的文献综述

关于自贸试验区创新对于经济发展的促进作用,Rowbotham、Mark (2020)指出建立自由港将创造就业机会。[166]李轩(2020)认为在中国从商品及要素流动型开放向制度型开放的改革中,自贸试验区的制度优化是提高经济开放度的核心内容,投资便利化制度建设及创新是落实中国"制度型"开放战略的主要抓手,自贸试验区的规制改革提高了中国的规制水平,并创造了良好的营商环境。[167]戴翔、曾令涵、徐海峰(2023)认为,自贸试验区制度创新有利于降低市场交易成本和集聚高端要素,从而有利于出口的稳增长,并显著推动了出口产品结构的优化升级。[168]

自贸试验区对区域经济的影响既有机遇也有挑战。Armand Omar Moeis 等(2020)指出,港口群的增长对区域经济、就业水平产生积极影响,但同时也会破坏环境,通过自由贸易政策和岸上电力系统(SPS)计划政策可实现经济最大化和减少环境破坏以外,还会带来额外的好处。[169]龙云安、赵舒睿、陈卉(2019)认为,自贸试验区的平台优势集聚优质人才、先进技术等高端要素、资源,它们在区内自由流动、汇集,并与区域产业实现协同,进一步促进了自贸试验区制度的完善,是经济实现高质量发展的一种新模式与新动能。[170]冯帆、许亚云、韩剑(2019)认为,自贸试验区建成后在短期内会吸引大量先进企业集聚,这将对周边地区产生"虹吸效应",对其经济增长将会产生负面影响;但从长期来看自贸试验区的正面影响将逐渐外溢,周边地区也将受到自贸试验区带来的技术与资金的支持。[171]但创新并非一蹴而就,王春蕊(2020)指出,创新是一个系统工程,河北省经济高质量发展应重视创新要素聚集能力较弱、层次低及协同不紧密等问题。[172]

现有文献较多阐述自贸试验区对经济增长的影响,但从自贸试验区创新角度探讨如何发挥自贸试验区的正面溢出效应,避免其回流,通过扩大对外、对内开放、夯实开放基础和提升效率,打造区域经济增长级,以及构建更高水平开放型经济新体制的相关研究值得更进一步的探索。

三、福建省构建开放型经济新体制的 SWOT 分析

福建地处中国东南沿海和太平洋西岸经济带的重要位置,是国际主航线的必经点,毗邻港澳,与台湾隔海相望,南向对接珠三角,北部通向长三角,西部贯通江西广大内陆腹地。多年来在经济建设、贸易发展、平台建设、人文交流、体制与机制创新等方面不断探索改革。

(一)优势

近年来,福建省利用"多区叠加"的政策、区位、侨源及山海资源等优势,以开放引领发展,积极参与国内国际经济双循环;重视发展海洋经济;积极融入"一带一路"建设,在中欧班列、海丝航运、飞行等"陆海空"的互联通道建设、经贸、人文交流等方面取得了较好的成效;同时积极开展对台投资贸易、人员往来、创新创业、标准认证方面的先行先试,积极促进两岸融合。

(二)劣势

福建省土地资源缺乏,当前面临原料价格上涨、环保成本上升、农村人口外流、基层技术人才缺乏等传统特殊政策及低成本发展优势逐渐衰退的困境。在产业上,福建省以加工组装的劳动密集型为主,企业研发动力不足;服务业特别是在金融、电信、数字贸易、文化等现代服务业开放方面的探索还不足,创新发展机制尚未健全;产业集群带动效应、外资集聚效应还不够明显。在交通上,现代化交通网络体系还需进一步完善。在区域发展上,福建省呈现出南强北弱的不平衡状况,福州都市圈和厦漳泉都市圈的辐射带动力还不足,山海差距、城乡差距日渐扩大,多维联动格局尚未形成,对内开放与对外开放水平还需进一步提升。

(三)机会

近年来,受惠于多区叠加的政策优势及持续的改革效果,福建省绿色、数字与海洋经济等新兴产业、经济与平台正在不断发展壮大,营商环境有所优化。在中国加快构建国内、国际双循环新格局及 RCEP 即将落地的新背景下,福建省应充分发挥港澳台侨等资源优势,吸引优质资源与要素集聚,在政府政策支持、要素资源保障、产业服务配套、人才引进培训等方面加大服务力度与改革速度。

(四)威胁

国际方面,受新冠疫情、贸易保护主义等因素影响,福建省面临国际需求不足,反倾销、反补贴调查增多的困境。目前我国的"十四五"规划明确了实现碳达峰、碳中和的时间表、路线图,还明确了各个省(区、市)详细的碳排放控制强度目标,对福建的生态与环保要求不断提高。另外,福建地处长三角与珠三角之间,受到南北两大经济圈的挤压,福建自贸试验区的定位与邻近的广东、浙江自贸试验区及海南自由港在功能定位上也有一定的重合,"十四五"规划中将"海峡西岸城市群"改为"粤闽浙城市群",福建与长三角及珠三角的经济联系既需进一步融入实现协同改革,又要深入探索实现差异化发展的有效途径。

福建省应当根据国际最新形势、对接国家战略,深化对台交流合作与打造 21 世纪海上丝绸之路核心区,立足于自身区位、侨源、山海等资源禀赋优势,转变传统依靠低级要素、低效率、高能耗的粗放增长模式,提高资源配置效率,改善营商环境,充分发挥增长极的辐射带动作用,实现经济的均衡、高质量与可持续发展。

四、福建开放型经济发展水平评价指标体系构建

开放型经济注重在改革创新中培育国际竞争合作新优势,实现内外开放并举、需求联动、引资和投资并重,要求在发展中注重协调与均衡,兼顾效益与速度,夯实发展基础,并实现绿色可持续发展。福建要构建更高水平开放型经济新体制,除了服从国家总体战略布局、实现区域协同发展外,还需要兼顾地方定位、资源禀赋及产业特色。参照朱卫东、周菲、魏泊宁(2019)[173]的做法,本书通过构建经济发展水平评价模型,实证测度 2010—2022 年福建省开放型经济发展水平。

(一)测度方法

1.标准处理各指标序列:

(1)正向指标

$$A_{pk} = \frac{\alpha_{pk} - \min(\alpha_{1k}, \alpha_{2k}, \cdots, \alpha_{Pk})}{\max(\alpha_{1k}, \alpha_{2k}, \cdots, \alpha_{Pk}) - \min(\alpha_{1k}, \alpha_{2k}, \cdots, \alpha_{Pk})} \qquad \text{公式(1)}$$

(2)负向指标

$$A_{pk} = \frac{\max(\alpha_{1k}, \alpha_{2k}, \cdots, \alpha_{Pk}) - \alpha_{pk}}{\max(\alpha_{1k}, \alpha_{2k}, \cdots, \alpha_{Pk}) - \min(\alpha_{1k}, \alpha_{2k}, \cdots, \alpha_{Pk})} \qquad \text{公式(2)}$$

在以上的公式(1)、(2)中,α_{pk} 为标准化处理之前第 k 个指标在第 p 年的相关数据,A_{pk} 为其标准化后的数据。P 为总时期数,K 为总指标个数。

2.对各标准化以后的数据,计算其信息熵 E_k:

$$E_k = \ln\frac{1}{P} \cdot \sum_{p=1}^{P} \left(\frac{A_{pk}}{\sum_{p=1}^{P} A_{pk}} \cdot \ln\frac{A_{pk}}{\sum_{p=1}^{P} A_{pk}} \right)$$

3.根据信息熵 E_k 计算出各指标权重 W_k：

$$W_k = \frac{1 - E_k}{\sum_{k=1}^{K}(1 - E_k)}$$

4.根据指标权重，计算开放型经济发展水平四个子维度的指数：

$$I_n = \frac{\sum_{k \in S_n} W_k A_k}{\sum_{k \in S_n} W_k}$$

其中，I_n 为第 n 个维度的指数，$A_k = \{A_{1k}, A_{2k}, \cdots, A_{Pk}\}$，$S_n$ 为指标向量空间中属于第 n 个维度的部分。

5.根据四个子维度的指数，以等权重加权得出开放型经济发展水平指数。计算出的指数应在 0~1 之间，指数越大，代表发展的水平越高：

$$I = \frac{1}{4} \sum_{n=1}^{4} I_n$$

(二)评价指标体系与数据来源

表 10-1　福建开放型经济发展水平评价指标体系

一级指标	二级指标	衡量目的	属性
对外开放	外贸依存度/%（进、出口贸易总额/地区 GDP）	贸易自由化	+
	外资依存度/%（外商实际投资/地区 GDP 或 FDI/地区 GDP）	投资自由化	+
	对外直接投资额/亿美元	投资自由化	+
	国际旅游外汇收入/亿美元	通关便利化、贸易自由化	+
	世界 500 强企业数量/家	投资自由化	+

续表

一级指标	二级指标	衡量目的	属性
对内开放	内贸依存度/%（社会消费品零售总额/地区生产总值）	贸易自由化	＋
	第三产业增加值占 GDP 比重/%	贸易自由化	＋
	年末金融机构本外币各项存贷款余额/亿元（年末金融机构本外币各项存款余额＋金融机构本外币各项贷款余额）	金融自由化	＋
	国内旅游收入/亿元	贸易自由化	＋
	全国民营 500 强企业数量/家	投资自由化	＋
开放基础	人均 GDP/元	营商环境与基础	＋
	城镇居民人均可支配收入/元	营商环境与基础	＋
	常住人口城镇化率/%	营商环境与基础	＋
	地方财政收入/亿元	营商环境与基础	＋
	固定资产投资增长率/%	营商环境与基础	＋
	技术市场成交额/亿元	营商环境与基础	＋
	普通高等学校毕业生数/万人	营商环境与基础	＋
	全年货运量/万吨	营商环境与基础	＋
	全年客运量/万人	营商环境与基础	＋
开放效率	GDP 增长率/%	营商效率	＋
	地方财政收入增速/%	营商效率	＋
	第三产业增加值增长率/%	贸易自由化效率	＋
	进出口总额增长率/%	贸易自由化效率	＋
	外商及港澳台商投资企业增长率/%	投资自由化效率	＋
	私营企业增长率/%	投资自由化效率	＋
	电力消费量/亿千瓦·时	营商效率	－

注:"属性"中,"＋"代表该指标为正(越大越好),"－"为负向指标(越小越优)。

表 10-2 2010—2022 年福建开放型经济发展水平评价指标及数据

一级指标	二级指标	属性	2010年	2011年	2012年	2013年	2014年	2015年	2016年	2017年	2018年	2019年	2020年	2021年	2022年
对外开放	外贸依存度/%（进、出口贸易总额/地区 GDP）	+	49.08	51.74	48.75	46.60	43.69	39.07	34.94	34.25	31.94	31.39	31.97	37.80	37.33
	外资依存度/%（外商实际投资/地区 GDP 或 FDI/地区 GDP）	+	2.62	2.24	1.98	1.84	1.75	1.78	1.84	1.71	0.76	0.75	0.79	0.76	0.63
	对外直接投资额/亿美元	+	4.7681	3.4342	5.31	6.36	13.77	22.53	54.66	16.66	28.4	43.2	32.3	54.66	18.6
	国际旅游外汇收入/亿美元	+	29.7824	36.3444	42.2567	45.7338	49.1179	55.614	66.2569	75.8803	90.9162	102.4348	20.69	4.92	3.14
	世界 500 强企业数量/家	+	0	0	0	1	1	1	1	4	5	5	5	6	5

续表

一级指标	二级指标	属性	2010年	2011年	2012年	2013年	2014年	2015年	2016年	2017年	2018年	2019年	2020年	2021年	2022年
对内开放	内贸依存度/%（社会消费品零售总额/地区生产总值）	+	0.4	0.4	0.41	0.42	0.43	0.46	0.46	0.45	0.44	44.57	42.43	41.74	39.64
	第三产业增加值占GDP比重/%	+	40.18	39.68	39.79	39.79	39.78	41.58	43.16	45.32	45.13	45.33	47.50	47.22	46.99
	年末金融机构本外币各项存余额/亿元（年末金融机构本外币各项存款余额+金融机构本外币各项贷款余额）	+	33540.81	39220.68	45493.5	52531.35	59165.31	67709.02	75631.88	83279.72	89851.57	100151.56	116246.58	129986.1	148301.52
	国内旅游收入/亿元	+	1202.25	1399.77	1702.44	2003.41	2405.84	2798.16	3495.21	4570.77	6032.95	7393.43	4927.72	4862.34	4306.54
	全国民营500强企业数量/家	+	6	4	11	13	10	7	9	10	10	22	21	17	15

续表

一级指标	二级指标	属性	2010年	2011年	2012年	2013年	2014年	2015年	2016年	2017年	2018年	2019年	2020年	2021年	2022年
开放基础	人均GDP/元	+	40773	48341	54073	59835	65810	70162	76778	86943	98542	107139	110506	116939	128829
	城镇居民人均可支配收入/元	+	21781	24907	28055	28174	30722	33275	36014	39001	42121	45620	47160	40659	43118
	常住人口城镇化率/%	+	51.40	58.10	59.60	60.77	61.80	62.60	63.60	64.80	65.80	66.50	62.60	69.70	70.11
	地方财政收入/亿元	+	1151.49	1501.5128	1776.1728	2119.4455	2362.2138	2544.2357	2654.8324	2809.0332	3007.4087	3052.93	5158.35	5743.84	5382.3
	固定资产投资增长率/%	+	30.00	27.10	25.90	22.40	19.00	17.40	8.50	13.50	12.10	5.90	-0.40	6	7.50
	技术市场成交额/亿元	+	38.12	53.41	73.58	53.99	50.83	53.86	105.71	103.28	110.95	145.94	183.86	181.57	251.66
	普通高等学校毕业生数/万人	+	15.34	17.37	17.85	18.72	19.01	19.47	19.95	20.44	20.43	20.02	22.32	24.12	29.96
	全年货运量/万吨	+	66159	75272	84417	96718	111779	111063	120379	132252	136974	133693	139926.97	166113	169091
	全年客运量/万人	+	77153	81082	83725	56965	60765	54031	54237	54118	51435	49379	25489.75	19614	16567

续表

一级指标	二级指标	属性	2010年	2011年	2012年	2013年	2014年	2015年	2016年	2017年	2018年	2019年	2020年	2021年	2022年
开放效率	GDP增长率/%	+	20.81	19.43	12.69	11.46	10.83	7.53	10.40	14.30	14.32	9.58	3.56	8	4.70
	地方财政收入增速/%	+	21.30	26.30	15.90	14.00	11.60	8.20	3.70	6.90	7.40	2.00	0.22	11.30	1.90
	第三产业增加值增长率/%	+	10.60	9.10	9.10	9.60	8.10	12.30	11.30	10.20	8.80	7.30	4.10	8.80	4
	进出口总额增长率/%	+	36.57	31.94	8.65	8.58	4.78	−4.83	−7.12	9.07	9.67	2.94	5.50	30.90	7.60
	外商及港澳台商投资企业增长率/%	+	19.40	15.30	−3.60	8.60	8.70	4.60	5.10	7.10	6.90	6.70	−0.40	22.70	−0.30
	私营企业增长率/%	+	22.80	21.90	31.00	18.00	12.00	11.10	10.70	8.50	9.70	10.20	2.00	9.60	6.45
	电力消费量/亿千瓦·时	−	1315	1515.86	1579.5	1700.7	1855.79	1851.86	1968.58	2112.72	2313.82	2402	2483	2837	2900

数据来源：根据福建2010—2022年国民经济和社会发展统计公报、相关年度统计年鉴、相关世界500强企业数量数量及全国民营500强企业等数据计算所得。

表 10-3　标准化数据

	2010 年	2011 年	2012 年	2013 年	2014 年	2015 年	2016 年	2017 年	2018 年	2019 年	2020 年	2021 年	2022 年
X_1	0.8693	1.0000	0.8531	0.7474	0.6044	0.3774	0.1744	0.1405	0.0270	0.0000	0.0285	0.3149	0.2921
X_2	1.0000	0.8089	0.6781	0.6077	0.5624	0.5775	0.6077	0.5423	0.0644	0.0594	0.0795	0.0625	0.0000
X_3	0.0260	0.0000	0.0366	0.0571	0.2018	0.3728	1.0000	0.2582	0.4874	0.7763	0.5635	1.0000	0.2961
X_4	0.2683	0.3344	0.3939	0.4290	0.4630	0.5285	0.6357	0.7326	0.8840	1.0000	0.1767	0.0179	0.0000
X_5	0.0000	0.0000	0.0000	0.1667	0.1667	0.1667	0.1667	0.6667	0.8333	0.8333	0.8333	1.0000	0.8333
X_6	0.0573	0.0573	0.2144	0.3716	0.5287	1.0000	1.0000	0.8429	0.6858	0.7753	0.4391	0.3306	0.0000
X_7	0.0639	0.0000	0.0141	0.0141	0.0128	0.2430	0.4450	0.7212	0.6969	0.7225	1.0000	0.9637	0.9346
X_8	0.0000	0.0495	0.1042	0.1655	0.2233	0.2977	0.3668	0.4334	0.4907	0.5804	0.7207	0.8404	1.0000
X_9	0.0000	0.0319	0.0808	0.1294	0.1944	0.2578	0.3704	0.5441	0.7803	1.0000	0.6017	0.5912	0.5014
X_{10}	0.1111	0.0000	0.3889	0.5000	0.3333	0.1667	0.2778	0.3333	0.3333	1.0000	0.9444	0.7222	0.6111
X_{11}	0.0000	0.0879	0.1546	0.2215	0.2909	0.3415	0.4184	0.5365	0.6713	0.7712	0.8103	0.8851	1.0000
X_{12}	0.0000	0.1232	0.2472	0.2519	0.3523	0.4529	0.5608	0.6785	0.8015	0.9393	1.0000	0.7438	0.8407
X_{13}	0.0000	0.3581	0.4383	0.5008	0.5559	0.5986	0.6521	0.7162	0.7696	0.8071	0.5986	0.9781	1.0000
X_{14}	0.0000	0.0762	0.1360	0.2108	0.2636	0.3033	0.3274	0.3609	0.4041	0.4140	0.8725	1.0000	0.9213

（三）指数测算结果

续表

	2010 年	2011 年	2012 年	2013 年	2014 年	2015 年	2016 年	2017 年	2018 年	2019 年	2020 年	2021 年	2022 年
X_{15}	1.0000	0.9046	0.8651	0.7500	0.6382	0.5855	0.2928	0.4572	0.4112	0.2072	0.0000	0.2105	0.2599
X_{16}	0.0000	0.0716	0.1661	0.0743	0.0595	0.0737	0.3165	0.3051	0.3411	0.5049	0.6825	0.6718	1.0000
X_{17}	0.0000	0.1389	0.1717	0.2312	0.2510	0.2825	0.3153	0.3488	0.3482	0.3201	0.4774	0.6005	1.0000
X_{18}	0.0000	0.0885	0.1774	0.2969	0.4432	0.4362	0.5268	0.6421	0.6880	0.6561	0.7167	0.9711	1.0000
X_{19}	0.9021	0.9606	1.0000	0.6015	0.6581	0.5578	0.5609	0.5591	0.5192	0.4886	0.1329	0.0454	0.0000
X_{20}	1.0000	0.9200	0.5293	0.4580	0.4214	0.2301	0.3965	0.6226	0.6238	0.3490	0.0000	0.2574	0.0661
X_{21}	0.8083	1.0000	0.6012	0.5284	0.4363	0.3060	0.1334	0.2561	0.2753	0.0683	0.0000	0.4248	0.0644
X_{22}	0.7952	0.6145	0.6145	0.6747	0.4940	1.0000	0.8795	0.7470	0.5783	0.3976	0.0120	0.5783	0.0000
X_{23}	1.0000	0.8940	0.3610	0.3593	0.2724	0.0524	0.0000	0.3706	0.3843	0.2303	0.2889	0.8702	0.3369
X_{24}	0.8745	0.7186	0.0000	0.4639	0.4677	0.3118	0.3308	0.4068	0.3992	0.3916	0.1217	1.0000	0.1255
X_{25}	0.7172	0.6862	1.0000	0.5517	0.3448	0.3138	0.3000	0.2241	0.2655	0.2828	0.0000	0.2621	0.1534
X_{26}	1.0000	0.8733	0.8331	0.7567	0.6588	0.6613	0.5876	0.4967	0.3698	0.3142	0.2631	0.0397	0.0000

表 10-4   权重计算结果

一级指标	二级指标	熵值	差异化系数	权重
对外开放	外贸依存度/%(进、出口贸易总额/地区 GDP)	0.8500	0.1500	0.0521
	外资依存度/%(外商实际投资/地区 GDP 或 FDI/地区 GDP	0.8638	0.1362	0.0474
	对外直接投资额/亿美元	0.8371	0.1629	0.0566
	国际旅游外汇收入/亿美元	0.8989	0.1011	0.0351
	世界 500 强企业数量/家	0.8191	0.1809	0.0629
对内开放	内贸依存度/%(社会消费品零售总额/地区生产总值)	0.8843	0.1157	0.0402
	第三产业增加值占 GDP 比重/%	0.8131	0.1869	0.0650
	年末金融机构本外币各项存贷款余额/亿元	0.8816	0.1184	0.0412
	国内旅游收入/亿元	0.8719	0.1281	0.0445
	全国民营 500 强企业数量/家	0.9051	0.0949	0.0330
开放基础	人均 GDP/元	0.9002	0.0998	0.0347
	城镇居民人均可支配收入/元	0.9181	0.0819	0.0285
	常住人口城镇化率/%	0.9528	0.0472	0.0164
	地方财政收入/亿元	0.8831	0.1169	0.0406
	固定资产投资增长率/%	0.9195	0.0805	0.0280
	技术市场成交额/亿元	0.8405	0.1595	0.0554
	普通高等学校毕业生数/万人	0.9105	0.0895	0.0311
	全年货运量/万吨	0.9160	0.0840	0.0292
	全年客运量/万人	0.9135	0.0865	0.0301
开放效率	GDP 增长率(%)	0.9111	0.0889	0.0309
	地方财政收入增速/%	0.8772	0.1228	0.0427
	第三产业增加值增长率/%	0.9263	0.0737	0.0256
	进出口总额增长率/%	0.8938	0.1062	0.0369
	外商及港澳台商投资企业增长率/%	0.9096	0.0904	0.0314
	私营企业增长率/%	0.9105	0.0895	0.0311
	电力消费量/亿千瓦·时	0.9155	0.0845	0.0294

表 10-5　得分计算结果

年份	对外开放	对内开放	开放基础	开放效率	综合水平
2010	0.1036	0.0101	0.0551	0.2018	0.3706
2011	0.1022	0.0058	0.0806	0.1894	0.3780
2012	0.0925	0.0303	0.0991	0.1266	0.3485
2013	0.0965	0.0449	0.0907	0.1212	0.3534
2014	0.0963	0.0509	0.1017	0.0991	0.3480
2015	0.0972	0.0852	0.1057	0.0867	0.3748
2016	0.1273	0.1099	0.1223	0.0774	0.4369
2017	0.1153	0.1338	0.1405	0.0973	0.4869
2018	0.1155	0.1388	0.1521	0.0917	0.4981
2019	0.1343	0.1796	0.1612	0.0627	0.5377
2020	0.0958	0.1703	0.1795	0.0225	0.4680
2021	0.1395	0.1607	0.2001	0.1137	0.6140
2022	0.0844	0.1444	0.2355	0.0259	0.4902
均值	0.1077	0.0973	0.1326	0.1012	0.4389

五、福建开放型经济发展水平评价相关经济分析

由图 10-1 经济发展水平总指数分析可知,福建省开放型经济发展水平发展分为三个阶段,第一阶段 2010—2015 年,总指数处于 0.30～0.40 区间;第二阶段 2016—2018 年,总指数处于 0.40～0.50 区间,第三阶段 2019—2022 年,总指数达到最高点 0.6 以上。虽然在第一阶段中,2012 与 2014 年、第二阶段中的 2016 年及第三阶段中的 2020 年在其各自区间中有略微下降的趋势,但整体而言,福建省开放型经济发展水平正稳步提升。从图 10-2 可见福建开放型经济发展各维度的具体情况,在经济发展水平总体趋升的情

况下,从对外开放、对内开放、开放基础、开放效率四个子维度及总指数的均值来看都处于 0.10—0.50 的区间内,但都不足 0.50,这说明各个维度的发展并未达到均衡,尚有较大的提升空间。

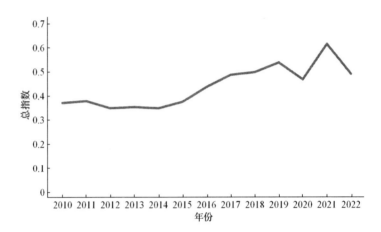

图 10-1　福建开放型经济发展水平评价总指数

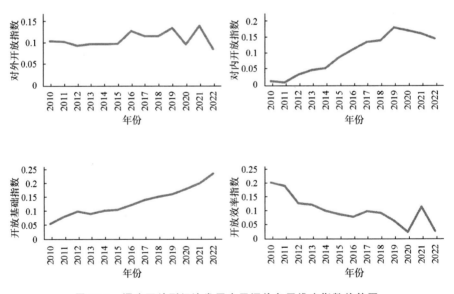

图 10-2　福建开放型经济发展水平评价各子维度指数趋势图

（一）对外开放维度

福建省对外开放指数总体呈现稳步上升态势，但在 2012—2015 年有所下滑，其主要是由于受欧债危机、国际市场需求不足及企业经营成本上升等因素影响；2020 年的对外开放指数下滑主要是受新冠疫情影响巨大，而2022 年对外开放指数处于低位是源于全球经济下滑因素的影响。该对外开放指数说明福建省在 2010—2022 年期间对外开放水平总体不断提升，但比较容易受国际形势变化的影响。所以，一方面要以做好、做强内循环为基础练好内功，另一方面要密切关注国际形势变化，积极调整对外策略，有效应对国际形势变化。

（二）对内开放维度

因 2010—2022 年期间福建省不断深化供给侧结构性改革，增加有效需求，深化放管服方面的改革，对国资和国企等重点行业采取规范管理与深化改革等改革举措，其指数也是总体趋升。但 2010—2015 年的对内开放度不高，主要是因为当时福建省经济主要还是以外向型为主，受 2008 年国际金融危机的持续负面影响，外贸形势严峻，国内物价上涨压力加大；经济实力与发展后劲不足，自主创新能力提升较慢。经 2016—2018 年不断调整与提升后，福建省对内开放水平在 2019—2020 年间提升较快，其主要是因为福建省不断推进经济发展方式转型及结构调整，优化供需结构，增强经济发展活力，如要实现可持续发展，还需不断培育新动能，持续优化经济结构与提升质量，继续深化对内开放。2020—2022 年期间，由于新冠疫情影响和全球经济下滑，对内开放度有一定程度的下滑。

(三)开放基础

福建省的开放基础指数从 2010 年的 0.0551 逐年稳步提升至 2022 年的 0.2355,一方面是受益于多年不断完善的交通基础设施建设,福建省的海陆空多式联运和集疏运体系逐渐完备;另一方面由于持续引进的 5G、人工智能、物联网与大数据等先进技术与项目,创新基础设施支撑能力得以显著提升,在今后的发展中,应注重促进传统和新型基础设施建设实现深度融合,促进现代产业体系不断发展。

(四)开放效率

2010—2022 年福建省开放效率指数逐年下降,从 2010 年的 0.2018 降到 2022 年的 0.0259,2020 年受新冠疫情影响福建省的经济开放效率降到最低点0.0225,这说明福建省在 2010 年左右采取的还是比较粗放的发展方式,改革提升的空间还比较大,经过多年不断的帕累托改进,改革取得了较好成效,但能实现进一步提升的空间已越来越小,需要在一些"卡脖子"的关键管理环节与技术上下狠功夫,集中力量突破,才能使福建省经济的开放效率不断提升。

六、福建自贸试验区构建开放型经济新体制的模式与思路

福建自贸试验区的战略定位是率先推进对台投资贸易自由化、打造 21

世纪海上丝绸之路核心区与全面对接国际经贸规则,立足两岸、服务全国。实施自贸试验区创新战略是国际贸易新形势下福建省探索开放型经济新体制改革,实现经济高质量发展的新模式、新动能,它的主要机理在于可通过借鉴国际自由贸易港区的先进经验,对标高水平国际经贸规则,着力打造投资贸易自由、通关便利、金融服务完善、监管高效、风险可控的"经济增长极",发挥辐射带动效应,推进福建经济的高质量发展。

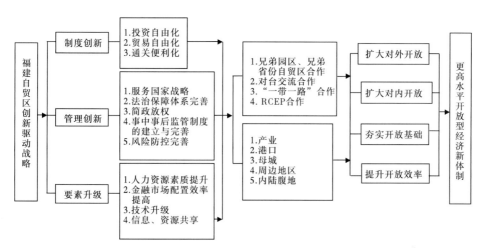

图 10-3　以福建自贸试验区创新驱动战略构建开放型经济新体制机理图

(一)以自贸试验区创新战略促对外开放

以自贸试验区创新提升福建省对外开放水平、融入全球经济。首先,明确自贸试验区试验的首要任务是制度改革创新、高水准对标国际通行经贸规则,如在积极对接 RCEP 落地、对标 CPTPP,在投资、贸易实践的自由化与便利化等方面加大创新力度,加快完善"一线放开、二线管住、区内自由"封关制度和金融隔离墙制度,推动外汇自由兑换、利率市场化、资本项目开放等金融改革,真正实现贸易与金融自由;从边境上向边境内改革延伸,向以服务业开放为主的制度型开放转型,着力推进国企改革、推行竞争中性原则、规范政府采购、加强知识产权保护、探索电子商务及商务人员出入境管理等,完善相关政策配套、加强服务功能,以"包容、审慎、开放"为原则发挥政府有为、市场有效的作用,形成与国际高标准经贸规则对接的法律法规及政务公开体系,营造政务高效透明、法制公平正义、市场配置有效的营商环境。在先行先试中须重点防范跨境数据安全可控等风险问题,在跨境服务贸易领域注意减少规制壁垒。对标国际先进经贸规则,应避免简单条款式对标或片面追求全球最高水平,注意系统设计符合福建实际经济发展水平的政策制度体系,自主配套改革创新举措,并认真落实其落地的适应性和有效性。

第二,要借鉴国际著名自由港区先进的政策制度体系与建设经验,深入分析其所处的经济发展阶段及时代背景,理解其施政基础。紧跟税收、离岸制度等国际关注领域改革,做好政策研究与储备工作。

第三,积极对接"一带一路"倡议,加快打造 21 世纪海上丝绸之路核心区,在 RCEP 即将落地的背景下争取对台港澳及东南亚地区探索进一步开放金融、电信、文教、康健等服务贸易领域,逐渐放开养老、育幼、物流、电商、建筑设计、会计审计等服务业的外资准入限制,在经贸物流、旅游、人员交流、标准制订等方面探索便利化措施。

第四,在引资与海外投资中,坚持将引资、引技与引智相结合,既要吸引外资来闽设立总部、研发中心,比如福州片区可以发挥省会优势吸引研发型总部,平潭充分发挥数字经济、"互联网＋"及共享经济优势充分发展平台型总部经济,厦门片区可以发挥特区优势与金融中心作用吸引运营型总部。在引资中不能仅看落地项目数量的多少,须根据引资的质与量、落地项目的实际效果进行权衡,有些项目如文化类、教育类,虽然引进数量多但有可能对国内意识形态及相关产业、行业产生冲击,相反,如果一些产业落地项目较少、效果差,则需排查具体的瓶颈环节,加大改革力度,促其落地;另外,还要鼓励本土企业发挥侨源优势积极走出去,在支持企业走出去中注重政策引导、资金支持与投资帮扶。积极主动应对国际贸易摩擦,安排好对企业的预警及应对指导。

虽然自贸试验区的经济体量及服务的市场需求有限,相关产业及部门善不齐全,改革中既要探索开放,又要做好压力测试,提升事中事后监管能力,兼顾开放与安全、控制好风险,这需要各部门各自探索其具体的开放方案与步骤,并实现良好的协同改革。

(二)以自贸试验区创新战略促对内开放

以福建自贸试验区创新促进福建省经济的对内开放,创新全方位的体制建设联动模式。自贸试验区主要实现功能有:一是成为外企适应中国经济环境的缓冲带、过渡带;二是能够促进外资与本土企业建立良性合作、降低本地化成本;三是服务于特定行业发展,在技术与服务上有专业性,能够实现规模效益;四是为本土企业提供贸易与通关便利化,降低企业成本,提升物流效率。[174]所以,在自贸试验区对内开放方面注意实现这些特征并达到其运行效果。

首先,福建自贸试验区在空间上确保"一线放开、二线管住"原则,实现对区内注册企业的严格监管,但又不影响其区外经营活动,达到有效监管。

第二,以开放促发展,充分利用先行先试的政策优势、创新服务方式、不断完善的交通集疏运体系和公共设施配套,吸引资金、技术、信息、服务及人才等优质的生产要素向自贸试验区集聚,以虹吸效应形成总部经济、研发中心、服务外包等新兴产业、新业态与新模式,形成区域经济开放的新高地。

第三,充分利用先行先试的政策优势促进贸易与产业政策的协调对接,福州自贸试验区可探索在跨境电商、物联网等产业开放中精准把握其发展诉求,以项目落地为载体,解决实施中遇到的制度型障碍,形成普适性制度创新;如厦门自贸试验区可针对教育、文化、金融等重点服务业的产业特点,结合新形势、新要求,构建高质量发展管理制度、差异化施策并控制好风险;平潭自贸试验区可推动特色产业和新兴产业突破转型升级中面临的研发设计、品牌营销及供应链管理等关键环节方面的制度性阻碍。各片区可针对战略新兴产业、新业态与新模式,探索设计前瞻性的产业开放与发展政策,如可以探索设计福建自贸试验区对台服务贸易负面清单。

第四,从物流、供应链金融、信息系统建设、平台服务等方面入手打通上下游产业链,塑造以人才、资金、科技、品牌及服务等高级要素、资源为核心的综合竞争优势。根据各片区差异化发展定位和诉求,积极申建开放新平台,如福州片区可以针对商贸服务类、平潭片区可针对旅游服务类,厦门片区可针对金融、数字经济类进行设计、规划与配套,通过打造要素共享平台、产业合作创新平台、创新创业孵化功能平台,追踪最新前沿科技资讯,整合利用全球创新要素,实现区内外企业在资源共享、科技合作、商业模式方面实现区内外的灵活互动与合作,构建开放型产业体系,推动经济向效益增长型发展。

(三)以自贸试验区创新战略夯实开放的基础

创新是一个系统工程,以福建自贸试验区创新战略夯实福建经济的开放基础,要注意大力推进制度创新与管理、科技、金融、人力资源创新等一系列创新的协同并进,以机制改革增力、服务增效、要素升级、科技创新促进制造业与服务业的互动与创新,培育具有国际竞争力的本土企业、特色化产业集群,提升其在全球价值链的位置。

第一,在管理体制上,国际上先进的自由港大多实行的是政府指导、企业管理的商业化管理模式,体制机制比较灵活,所以在制度创新上福建自贸试验区除了积极对标国际经贸新规则外,在管理体制上注重简政放权,加强服务功能,探索引入商业化管理。

第二,差异化发展。根据各片区不同定位及产业特色,突出各片区功能差异化。福州片区可注重发展物联网、跨境电商、高新技术等新兴产业;平潭片区可着重发展文体旅游与购物、休闲养生、海洋生物及医疗器械等重点产业;厦门片区着重发展航运物流、信息消费、技术研发、服务外包与高端服务业等重点发展或战略性新兴产业。注意充分发挥自贸协同作用,以自贸试验区优势带动区内产业的协同发展,并推动产业链上下游企业间协作提高效率、降低成本,优化配置和对接全球高端产业链、供应链和价值链。

第三,推动要素升级。跨国公司主导的价值链分工实质上是基于生产要素的国际合作,坚持开放与国际合作,积极吸引外资进入 5G、人工智能与大数据等智能生产、高端制造、现代服务、新基建国家重点发展产业进行"建链、强链、补链",促进制造与服务业的融合创新,并向数字与智能化转型升级。通过外引内培提升人力资源素质,引入竞争与评估机制提升金融市场配置效率、获得前沿资讯并采用最新科技等方式促进传统生产要素的创新与升级。加快建立科技联盟与科技成果展示交易中心,构建"科技＋产业＋服务＋金融"互动机制和创新联合体,加快形成产业创新优势,促进技术链、产业链、供应链及价值链深度融合,爬升全球价值链地位。[175]

第四,完善集疏运体系。进一步完善福建铁路、高速公路及港口等现代化集疏运陆路交通网络;整合港口资源,加快建设港区、商品集散与货物配送中心,推动互联互通,形成福建连接国际经贸关系的海上桥梁;加快机场建设,增设国际航线,构建服务"一带一路"的陆海联动大通道。

(四)以自贸试验区创新战略提升开放的效率

以自贸试验区创新提升开放效率,首先要创新发展思路,提高人们的创新观念与意识水平,综合协调经济、社会、文化和生态的共同均衡发展;立足实现长期可持续发展方面上看,要实现碳达峰、碳中和目标必须积极主动的将绿色低碳理念融入建设中,在园区建设、交通、能源利用与垃圾处理等方面积极利用先进低碳技术、方法和手段,探索低污染、低排放的近零碳排放模式。

其次,优化区域设计规划与布局,申请对福建自贸试验区调整行政区域规划及扩区,使其与行政区域重叠,避免区域碎片化导致的问题与矛盾,促进生产要素在区内顺畅流动,推动"区产＋区港＋区城＋区域"联动。加快构建福建自贸试验区的"营商环境指数"和"经济高质量发展监测体系",动态衡量福建省开放型经济发展水平,提升经济运行效率,打造可复制、可推广的开放型经济和区域经济增长极。

最后,打造区域经济多维联动布局提升开放效率,形成区域经济发展与开放的高地与增长极。[176]其一,自贸试验区设立带来的"制度红利"对周边地区及其他国家级、省级园区的发展既有示范与溢出效应,也会在区域间形成资源的流动并产生竞争压力,具有虹吸与竞争效应,机遇与挑战并存。自贸试验区周边地区及其他国家级、省级园区既要加强基础建设、提升服务水平并改善营商环境,利用其地理优势和产业优势主动与自贸试验区接轨,着力于为其进行功能与服务配套;又要紧密关注自贸试验区政策动向把握改革趋势,主动接受其辐射,根据自身实际与自贸试验区实现协同改革创新,并形成错位发展,达到共享其发展优势和全面协调发展的效应。其二,融入"十四五"都市圈与城市群发展战略。国家发展改革委于2020年4月批准支持建设福州都市圈。"十四五"期间,可以做大做强福州国家中心城市为建设突破口,紧抓中国大力发展都市圈与城市群的战略机遇,将福州自贸片区与平潭自贸片区建设与福州构建国家中心城市与都市圈建设联系起来,加快完善福州自贸片区和平潭自贸片区的生产与生活配套短板,加快两片区与福州新区及福州市之间城市基础设施建设,发展临港、临空型商贸物流、金融保险、技术服务等现代服务业高端产业,提升福州城市文化内涵、吸引力及省会发展能级,同时辐射带动闽东北协作区共同发展,并积极与长三角加强经济互动。厦门自贸片区可以金砖国家新工业革命伙伴关系创新基地建设和中国数字经济发展示范区作为契机,加快融入厦漳泉大都市区与闽南金三角建设,打造国际贸易、东南国际航运及两岸金融服务中心,带动闽西南协同发展区协同发展,并对接与珠三角的互联互通。完善区域协作发展机制,促进福建在交通建设、区域通关、产业合作、信息交流、能源环保等方面与长三角及珠三角加强合作、交流与协同改革,加快融入"粤闽浙城市群"建设;通过在内陆腹地设立"飞地产业园区"、出口产业合作园区等推动优势互补、经济深度融合,发挥扩散效应;在推进 RCEP 落地的背景下,加强福州、平潭及厦门三自贸片区、台商投资区与台湾自由经济示范区的对接合作,提升对台港澳合作水平、联通东南亚,积极开拓国际新市场、增加市场广度,在建设中兼顾陆海统筹、内外联动、东西互济,积极打造 21 世纪海上丝绸之路核心区。

综上所述,为应对后疫情时代国际经贸格局的新变化与新挑战,福建以自贸试验区创新战略实现经济高质量发展必须用长远的眼光、全面深入的辩证分析,有效统筹国内国际双循环,不断探索以创新促转型、以转型促发展,提升经济治理能力与治理体系的现代化水平,加快建立更高水平的制度开放型经济新体制。

第十一章　以自贸区高质量发展带动福建经济开放效率提升[177]

从上一章节构建福建省开放型经济的分析中可以看出，2010—2022 年福建省经济开放效率指数呈逐年下降趋势，改革提升的空间也越来越小，改革难度不断增大，需要在一些关键环节上进行突破，所以在"十四五"期间，福建构建开放型经济的工作重点在于提升经济开放的效率。位于 21 世纪海上丝绸之路经济带核心区的福建必须充分发挥资源禀赋优势，进一步强化福建自贸试验区与国内其他自贸试验区的协同改革、创新与发展，大力推进"一带一路"互联互通，更快更好地融入全球产业链、供应链和价值链，成为联动国内外市场的重要节点，加大对内与对外开放，夯实开放基础，提高开放效率。

一、引言

党的二十大报告提出要不断推进中国式现代化，并强调高质量发展是全面建设社会主义现代化国家的首要任务。当前中国经济开放已进入边际成本上升期，改革开放初期通过低生产要素投入和资源高消耗获得的一些经济利益正趋于下降或接近极限，而且一些内在结构性的矛盾不断凸显。为防止短期内生产成本急剧上升，能够较快、较平稳地渡过边际开放成本的上升阶段，有效解决经济运行中的深层次矛盾，必须实现经济的高质量发展，形成有效的开放型经济运行体系。只有提高经济开放的效率，才能高效配置国内外的资源、要素，促进商品、资金、人才、服务、信息等在国内外自由流动，利用国内外市场，促进国际、国内双循环实现良性互促发展。

(一)提高经济开放效率的本质

提升开放效率即提升开放费效比,本质上就是要在成本一定的条件下实现利益最大化,或利益达到一定水平的情况下做到付出的成本最小。由于在开放中的可获利益往往是分散的或将来才可获得的潜在利益,而付出的成本却是相对集中的或现期必须付出的,所以提升开放效率关键在于控制开放成本,而控制开放成本的增长着重在于在经济运行中创造必要条件,适宜合理地调节开放速度与进程,将成本递增的速度控制在可承受的范围之内,既要防止开放成本在短期内急剧上升,又要立足于长远,有效解决经济运行中的深层次、结构性矛盾。

(二)福建自贸试验区高质量发展对于提升经济开放效率的意义

福建自贸试验区的高质量发展着眼于提高经济发展整体的质量与效率,通过创新驱动与经济结构优化,以较少的生产要素投入、较低的资源环境成本获得较好的经济与社会效益。[178]其总体发展战略设计、营商环境与基础设施方面的打造、投资贸易与产业发展等政策方面的改革探索及环境、社会和治理方面的加强都有助于构建开放型经济体系,促进区域产业体系较快且有效地提升国际竞争力,更加深入嵌入全球供应链、产业链与价值链,特别是其实施的渐进式改革探索有利于控制开放成本。

二、相关理论及文献综述

虽然第一章与第十章中已对增长极理论有了一定的阐述,并对自由贸易港(区)建设发挥积极作用的文献综述进行了引用,本章节将着重针对自贸试验区高质量发展对区域发展产生的积极影响和发挥的"增长极"作用进行深入研究,再次着重对此理论产生的相关效应和相关研究文献进行更加深入和有针对性的阐述。

(一)增长极理论带来的效应

前面第十章提到法国经济学家佩鲁提出的增长极理论认为,经济的平衡发展在现实中难以实现,经济增长强调通过区域内一个或数个"增长中心"或"增长点"(如消费热点、制度创新点及对外开放度等)的形成与发展,并向外传导产生的乘数效应来带动其他部门的增长。法国经济学家布代维尔则主张,通过高效规划与配置增长极可促进工业机制和区域经济的发展。美国经济学家盖尔指出,在增长极的发展中须注意发挥其扩散效应,避免出现回流效应。增长极在区域经济发展中具有支配效应、乘数效应、极化与扩散效应。

1.支配效应

增长极具有技术、经济方面的先进性,能够通过要素流动及商品供求等关系对周边地区的经济活动起到支配与拉动作用。

2.乘数效应

增长极通过具有创新能力或主导作用的推进型产业从前向、后向及旁侧联系迅速带动其他相关产业的发展,在就业、生产及经济效益上发挥乘数效应,并通过与周围地区的支配经济活动空间分布与互动,形成中心发展城市与区域,带动地区经济发展。

3.极化与扩散效应

增长极的发展使周围地区的劳动力、资金、技术等要素向核心区转移，产生极化效应，导致核心区周围的经济发展差距扩大。增长极在不断发展中也会向周围地区输出要素，并通过经济活动产生扩散效应，刺激和带动周围地区的经济发展。在发展中，如果政府不予干预，极化效应将大于扩散效应。

(二)自贸试验区高质量发展与经济效率提升的文献综述

1.国外研究概况

国外学者普遍认为，经济效率提升有利于提高一国或地区的竞争力，其注重提升资源的配置效率及能源消耗的效能，应实施推行开放、自由、宽松的经济政策，同时注意经济风险的防范。Yohanes Andika Tjitrajaya、Charvin Lim(2021)认为宏观经济效率能够提升一国在全球竞争中的竞争优势，它强调有效的资源配置与经济开放相关，如国际贸易有利于维持规模经济，外国直接投资则提供了较低的资本成本。但经济开放也造成了国家间的依赖，可能通过积累下行风险和外部冲击对效率产生负面影响。[179] Matheus Koengkan(2018)认为应通过更多的自由化和放松管制政策来激励贸易和经济自由化，而且经济增长和贸易开放对能源消费具有正向影响，而金融开放则具有负向影响。[180] Su Teng、Ahmad Ishtiaq、Qayyum Abdul (2021)等认为 OECD 经济体的经济增长和贸易开放度在短期和长期内都对能源需求有积极贡献，能源消费是经济发展和环境退化的主要驱动力。[181]

2.国内研究概况

国内学者认为,构建开放型经济新体制和实现经济高质量发展必须重视经济开放效率的提升,而经济开放效率的提升可以通过提高资源配置的市场化改革来提高对内开放效率,并通过积极参与国际分工与合作,挖掘进出口利得,实现对外开放效率的提升。谷克鉴(2018)指出,现代化经济体系的建立必须重视对外开放效率的提升,可通过提高要素利用率,积极参与国际分工,并将效率提升的开放红利扩至投资、服务等领域实现。[182]袁娜(2020)指出,开放型经济必须重视市场化改革和资源要素配置的效率问题。[183]李震(2021)认为,要实现经济高质量发展必须提高经济增长效率,而对外开放可以促进经济效率增长,应动态调整其发展策略,来适应国际环境的变化。[184]

关于自贸试验区的研究,国内学者认为,自贸试验区建设是构建更高水平开放型经济体制的改革"试验田",是实现国际国内经济双循环的契机,能够促进中国经济的高质量发展。孙久文、李承璋(2019)指出,自贸试验区制度创新、改革能够促进区域经济增长,各地自贸试验区应积极优化投资管理和园区经济制度,同时还需积极对自贸试验区建设进行配套。[185]李子联、刘丹(2021)指出,自贸试验区建设通过政策、贸易、投资与创新效应影响经济发展的质量。[186]

当前国外学者的研究注重于经济效率与经济增长关系方面的研究,国内学者的研究偏重于经济效率增长路径方面的探索,对自贸试验区方面的研究注重于探讨如何实现自贸试验区的高质量发展,但是关于如何通过促进自贸试验区高质量发展来带动区域经济效率提升方面的研究目前还较少。由于自贸试验区是区域经济发展的增长极,通过自贸试验区高质量的发展可以突破与解决区域经济增长中的"卡脖子"的制度创新、公共管理与科学技术等瓶颈,充分和合理的发挥其对于区域经济发展的支配效应、乘数效应和扩散效应,合理调节与控制其极化效应,有利于促进福建提升经济效率,实现开放型经济新体制的构建,所以本章节以此为立足点展开研究。

三、福建省经济发展情况和存在的问题

(一)福建省经济发展情况

1.福建省经济发展成效明显,产业结构不断优化

近年来,福建省经济发展稳中有升,GDP 总量持续攀升,产业结构不断优化,发展动力及市场活力不断增强。从表 11-1 可以看出,2010—2022 年间,第一产业在 GDP 中的占比很小,但对经济增长的贡献率有一定增长趋势;第二产业在 GDP 中的占比虽然较大,但也存在逐年下降的趋势,其对于经济增长的贡献率在十几年间有较大幅度的下滑,但在 2022 年有所回升;而第三产业在 GDP 中的份额在 2010—2019 年及 2022 年仅次于第二产业,且在 2020 年及 2021 年超过了第二产业,第三产业对经济的贡献率不断提升,对经济支持的重要性突显,十几年间几近增长一半。以先进制造业及现代服务业为主、特色现代农业为基础的现代产业体系初步形成。[187]

表 11-1　2010—2022 年福建省 GDP 与三产贡献率情况

年份	GDP/亿元	第一产业/亿元	占GDP百分比/%	经济增长贡献率/%	第二产业/亿元	占GDP百分比/%	经济增长贡献率/%	第三产业/亿元	占GDP百分比/%	经济增长贡献率/%
2010	15002.51	1269.87	8.46	1.80	7705.25	51.36	68.00	6027.39	40.18	30.20
2011	17917.7	1492.21	8.33	2.10	9316.55	52.00	68.00	7108.94	39.68	29.90
2012	20190.73	1628.94	8.07	2.50	10527	52.14	66.50	8034.79	39.79	31.00
2013	22503.84	1745.18	7.76	2.00	11805.5	52.46	65.50	8953.16	39.79	32.50
2014	24942.07	1855.85	7.44	2.40	13165.1	52.78	66.90	9921.15	39.78	30.70
2015	26819.46	1932.84	7.21	2.30	13735.7	51.22	55.60	11150.94	41.58	42.20
2016	29609.43	2145.1	7.24	2.50	14683.7	49.59	43.40	12780.61	43.16	54.10
2017	33842.44	2215.12	6.55	3.10	16290	48.13	44.60	15337.3	45.32	52.30
2018	38687.77	2379.02	6.15	2.70	18847.8	48.72	52.60	17461	45.13	44.70
2019	42326.58	2595.53	6.13	2.90	20065.5	47.41	36.40	19665.57	46.46	60.70
2020	43903.89	2732.32	6.22	5.70	20328.8	46.30	37.70	20842.78	47.47	56.60
2021	48810.36	2897.74	5.94	3.90	22866.32	46.85	43.40	23046.3	47.22	52.70
2022	53109.85	3076.2	5.79	4.15	25078.2	47.22	51.45	24955.45	46.99	44.40

数据来源:2021 年福建省统计年鉴、2021 年福建省国民经济主要统计指标、2022 年福建省国民经济主要统计指标,https://tjj.fujian.gov.cn/xxgk/jdsj/202301/t20230129_6099351.htm。

2.福建省经济增速整体高于全国平均水平,但波动较大

2010—2022 年福建省地区生产总值年均增速为 8.90％,明显高于全国年平均增速的 6.85％,但走势与全国大致趋同。从图 11-1 可以看出,2010—2020 年间,福建省经济增速为快速下降期,尤其是 2020 年新冠疫情的暴发,使福建省的经济增速降至 3.30％;2020—2022 年期间,福建省的经济增长经历了一个小波峰,从 2020 年的 3.30％到 2021 年向上恢复至 8.00％,但于 2022 年又降至 4.7％。总之,近十几年来福建省经济增速波动较大,后续经济是否能够实现可持续的增长,取决于经济效率的提升。

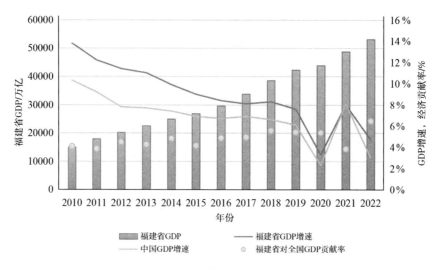

图 11-1 2000—2022 年福建省经济发展相关指标与全国 GDP 增速变化情况

(二)存在的主要问题

1.生产的资源与禀赋受限

福建经济在发展中面临不同程度的资金、人才、技术、土地及产业基础等要素的限制,对资源的配置水平还有待进一步提升。福建省工业发展能源缺乏,土地资源匮乏,新增建设用地较紧张,许多园区内预留用地赶不上工业与产业发展的需要。此外,人才培养的质量与数量及专业设置亟须根据省内经济发展和产业需要做前瞻性的安排,在攻克制约产业发展的"卡脖子"技术及孕育新兴产业方面也存在创新不足的情况。

2.经济基础还较弱,产业结构待优化

与广东、江苏、浙江等沿海省份相比,福建省经济差距较大,区域经济联

动不够,经济后续发展动力不足。传统产业适应国内需求变化和国际市场激烈竞争的能力不够,战略性新兴产业和新业态发展较快但整体比重较小;服务贸易发展落后于货物贸易,制造业与服务业、贸易与投资的融合与促进不够,产业均衡发展的带动力还不足。加工贸易和劳动密集型产品在出口中仍占有较大的份额,外贸增长对省内产业的拉动作用不强,区域辐射能力及技术外溢效应有限;以最终需求来拉动经济增长进一步促进结构优化的作用不明显,对国内市场辐射能力较弱。近年来,由于能源消耗与环境污染较严重,福建省虽有向高端升级及低碳方向转型的需求与趋势,但还需进行持续的努力与改革。

3.营商的软硬环境待优化,外资利用效率急待提升

在营商硬件上看,水陆空立体交通、多式联运及公共基础建设还需进一步建设与完善。从营商软环境来看,需要打破区域行政规划限制造成的垄断与市场壁垒,根据"十四五"及中长期规划,需要调整区域行政布局,促进资源、要素的自由流动及市场的配置效率。当前福建省利用外资总量不大,且主要集中在制造业,缺乏先进的、能起到引领作用的外资带动项目,高新技术与服务业的引资质量须待进行精准分析与提升。对外投资主要以企业自发为主,政府在战略规划、政策、融资、保险及法律等方面的有效服务还有待提高。

"十四五"期间,福建省经济的工作重点及关键在于提升经济的开放效率,强调把握好经济开放的质量、开放结构与方式,控制好开放幅度和风险,力求实现经济的良性循环。

四、福建省经济开放与要素贡献实证分析

(一)理论模型与数据说明

经济开放效率指标的选取必须关注投入与产出效益,以及对内与对外开放的协调,兼顾经济的增速、质量与效益,注重经济发展中的平衡、协调与可持续发展。可以 GDP 作为经济增长的观测指标,通过经济增长的以下四个方面来观察经济效率的运行情况[188]:

1.转变经济发展方式,升级经济发展动力

加快科技创新,提高人力资源素质和劳动生产率,并通过制度变革提高资源配置效率是转变经济发展方式与发展提升动力的主要途径,主要选取以下两个指标来衡量:

(1)选取"技术市场成交额"指标来衡量科技创新情况(R&D 经费内部支出/亿元)

(2)选取"普通高等学校在校学生数"指标来衡量人力资源素质

2.优化经济结构,控制经济风险

结构性问题会制约一国经济的长期发展,通过改善投资、消费及出口结构,改善收入结构、优化产业结构,进行企业改革、改善金融服务实体的能力,控制负债水平可调整和优化经济结构,主要选取以下指标来衡量:

(1)改善投资、消费和外贸结构方面,以"全社会固定资产投资完成额"衡

量投资,以"社会消费品零售总额"代表消费,以"进出口总值"衡量贸易规模。

（2）以"地方一般公共预算收入"来衡量财政收入情况。

（3）以"金融业行业增加值"来衡量金融服务实体经济情况。

3.提高经济效益,突破经营困境

通过提高生产、交换与消费环节的投入产出效率可以提升经济效益,主要选取以下指标来衡量:

（1）以"工业增加值"衡量生产环节的投入与产出效益。

（2）以"货物周转量"来衡量流通环节的效率。

（3）以"电力消费量"衡量经济增长的成本。

4.转变政府职能,推进制度创新

以制度变革和创新来提升经济效率,其突破口在于加快政府职能转变,主要在经济调节、市场监管、社会管理及公共服务方面转变政府职能,故选取以下指标来衡量:

（1）以"实际利用外商直接投资金额"代表对外开放水平。

（2）以"对外直接投资额"代表对外投资水平。[189]

5.数据搜集

表11-2 福建省经济开放与要素贡献实证分析

年份	经济增长	转变经济发展方式		优化经济结构				提高经济效益				转变政府职能	
	GDP(Y)/亿元	技术市场成交额(X₁)/万元	高等教育机构毕业生数(X₂)/万人	全社会固定资产投资完成额(X₃)/亿元	社会消费品零售总额(X₄)/亿元	进出口总值(X₅)/万美元	地方一般公共预算收入(X₆)/亿元	金融业行业增加值(X₇)/亿元	工业增加值(X₈)/亿元	货物周转量(X₉)/亿吨公里	电力消费量(X₁₀)/亿千瓦·时	实际利用外商直接投资金额(X₁₁)/万美元	对外直接投资额(X₁₂)/亿美元
2010	15002.51	356568.8	15.345	8199.12	6015.22	10878328.9	1151.49	742.19	6532.27	2976.67	1315	580279	4.7681
2011	17917.7	345712.23	17.37	9910.89	7147.86	14352242.8	1501.51	889.34	7823.21	3396.78	1515.86	620111	3.4342
2012	20190.73	500919.86	17.849	12439.94	8316.03	15593796	1776.17	1130.26	8711.23	3871.45	1579.5	633774	5.31
2013	22503.84	446885.28	18.723	15327.44	9543.49	16932090.1	2119.45	1411.5	9650.19	3939.61	1700.7	667896	6.36
2014	24942.07	391913.32	19.014	18177.86	10843.47	17740784.1	2362.21	1605.9	10682.2	4780.22	1855.79	711499	13.77
2015	26819.46	521448.46	19.465	21301.38	12273.03	16884593.1	2544.24	1852.64	11008.7	5447.49	1851.86	768339	22.53
2016	29609.43	432203.77	19.947	23237.35	13702.96	15682619	2654.83	2082.39	11712	6070.59	1968.58	819465	54.66
2017	33842.44	754633.69	20.442	26416.28	15393.9	17102004	2809.03	2343.43	12864.9	6779.76	2112.72	857672	16.66
2018	38687.77	845235.04	20.427	17056.16	17178.37	18740729	3007.41	2581.1	14781	7646.24	2313.82	445477	28.4
2019	42326.58	1395882.5	20.017	18064.93	18896.8	19311115.1	3052.93	3040.51	15654	8292.13	2402	460953	43.2
2020	43903.89	1635367.3	20.771	17996.36	18626.45	20358082.22	3079.04	3319.59	15615.5	9014.32	2483	502347	32.3
2021	48810.36	2144000	25.2	19083.28	20373.11	28550000	3383.38	3623.07	17787.6	10159.13	2837	572115	17.4
2022	53109.85	2516600	29.96	20513.89	21050.12	29480010.70	5382.30	3889.78	19628.83	11340.31	2900	499000	18.6

数据来源:福建统计年鉴2022,2022年福建省国民经济和社会发展统计公报,福建省统计局,中经网统计数据库。

（二）多元回归模型

1.模型构建

以历年福建省 GDP 作为被解释变量，研究其影响因素，包括四个方面：（1）经济发展方式转变指标：技术市场成交额、高等教育机构毕业生数；（2）经济结构优化指标：全社会固定资产投资完成额、社会消费品零售总额、进出口总值、地方一般公共预算收入、金融业行业增加值；（3）经济效益指标：工业增加值、货物周转量、电力消费量；（4）政府职能转变指标：实际利用外商直接投资金额、对外直接投资额。根据上述选取的变量，建立多元回归模型：

$$\ln Y = \alpha + \sum_{i=1}^{12} \ln X_i + \varepsilon$$

上式中，Y 表示福建省 GDP，$X_1 \sim X_{12}$ 分别为各影响因素。为消除异方差和量纲，对各变量进行对数处理。表 11-3 为各变量描述统计。

表 11-3　变量描述统计

	Mean	Median	Maximum	Minimum	Std. Dev.	Jarque-Bera	Probability	Obs
Y	32128.20	29609.43	53109.85	15002.51	12327.78	0.270297	1.807191	0.928977
X_1	945182.3	521448.5	2516600.	345712.2	737823.7	1.080691	2.734868	2.568513
X_2	20.34846	19.94700	29.96000	15.34500	3.671287	1.450379	4.891756	6.496284
X_3	17517.30	18064.93	26416.28	8199.120	5116.162	−0.2677	2.530990	0.274398
X_4	13796.99	13702.96	21050.12	6015.220	5189.119	−0.0510	1.609711	1.052622
X_5	18585107	17102004	29480011	10878329	5203472.	1.040773	3.445631	2.454521
X_6	2678.768	2654.830	5382.300	1151.490	1048.637	1.062521	4.618398	3.864800
X_7	2193.208	2082.390	3889.780	742.1900	1044.916	0.206181	1.796182	0.877077

续表

	Mean	Median	Maximum	Minimum	Std. Dev.	Jarque-Bera	Probability	Obs
X_8	12496.28	11712.00	19628.83	6532.270	3977.862	0.253008	2.027224	0.651271
X_9	6439.592	6070.590	11340.31	2976.670	2699.608	0.381452	1.949139	0.913430
X_{10}	2064.295	1968.580	2900.000	1315.000	498.0510	0.284625	2.016354	0.699620
X_{11}	626071.3	620111.0	857672.0	445477.0	134401.0	0.308738	1.952474	0.800901
X_{12}	20.56864	17.40000	54.66000	3.434200	15.62736	0.852392	2.848432	1.586683

描述统计结果显示,各变量标准差均大于1,说明福建省 GDP、技术市场成交额、高等教育机构毕业生数、全社会固定资产投资完成额、社会消费品零售总额、进出口总值、地方一般公共预算收入、金融业行业增加值、工业增加值、货物周转量、电力消费量、实际利用外商直接投资金额、对外直接投资额均具有明显的变化。各变量 Jarque-Bera 检验的 P 值均大于 0.05,说明各变量服从正态分布。

2.相关检验

进一步对各因素与福建省 GDP 进行相关分析,相关分析如表 11-4 所示。

表 11-4 相关分析

	lnY	lnX₁	lnX₂	lnX₃	lnX₄	lnX₅	lnX₆	lnX₇	lnX₈	lnX₉	lnX₁₀	lnX₁₁	lnX₁₂
$\ln Y$	1.0000												
$\ln X_1$	0.9182	1.0000											
$\ln X_2$	0.8745	0.8495	1.0000										
$\ln X_3$	0.7190	0.4499	0.6293	1.0000									
$\ln X_4$	0.9920	0.8698	0.8348	0.7824	1.0000								
$\ln X_5$	0.8919	0.8818	0.9524	0.5858	0.8511	1.0000							
$\ln X_6$	0.9497	0.8299	0.9336	0.7952	0.9448	0.9053	1.0000						

续表

	lnY	lnX$_1$	lnX$_2$	lnX$_3$	lnX$_4$	lnX$_5$	lnX$_6$	lnX$_7$	lnX$_8$	lnX$_9$	lnX$_{10}$	lnX$_{11}$	lnX$_{12}$
lnX$_7$	0.9934	0.8856	0.8572	0.7784	0.9962	0.8757	0.9543	1.0000					
lnX$_8$	0.9973	0.9085	0.8936	0.7280	0.9886	0.9128	0.9645	0.9914	1.0000				
lnX$_9$	0.9958	0.9208	0.8797	0.7137	0.9867	0.8812	0.9444	0.9881	0.9907	1.0000			
lnX$_{10}$	0.9949	0.9232	0.9027	0.6969	0.9796	0.9266	0.9499	0.9846	0.9962	0.9906	1.0000		
lnX$_{11}$	−0.4141	−0.5790	−0.2749	0.2775	−0.3456	−0.3681	−0.2721	−0.3396	−0.4055	−0.4004	−0.4136	1.0000	
lnX$_{12}$	0.7502	0.5072	0.4805	0.7798	0.8126	0.4565	0.7119	0.7938	0.7375	0.7583	0.7055	−0.1256	1.0000

从相关检验结果可知，技术市场成交额、高等教育机构毕业生数、全社会固定资产投资完成额、社会消费品零售总额、进出口总值、地方一般公共预算收入、金融业行业增加值、工业增加值、货物周转量、电力消费量、对外直接投资额与福建省 GDP 的相关系数均在 0.7 以上，说明这些因素与福建省 GDP 均呈正相关关系；而实际利用外商直接投资金额的相关系数为负，说明该因素与福建省 GDP 呈负相关关系，这可能与近年来疫情影响导致外商投资减少有关。

3.回归分析

回归结果如表 11-5 所示。

表 11-5　回归结果

lnY	经济发展方式转变	经济结构优化	经济效益	政府职能转变
lnX$_1$	0.3575 *** （44.906）			
lnX$_2$	0.8232 *** （5.3615）			
lnX$_3$		−0.1762 ** （−3.2316）		
lnX$_4$		0.6944 *** （4.5302）		

续表

lnY	经济发展方式转变	经济结构优化	经济效益	政府职能转变
$\ln X_5$		0.1085 *** (3.1580)		
$\ln X_6$		0.0999 ** (2.4683)		
$\ln X_7$		0.1749 (1.7751)		
$\ln X_8$			0.7216 *** (9.3875)	
$\ln X_9$			0.3909 ** (3.1863)	
$\ln X_{10}$			−0.0245 (−0.1194)	
$\ln X_{11}$				−0.6090 (−1.7661)
$\ln X_{12}$				0.3231 *** (3.8550)
C	3.0053 *** (9.1226)	1.5311 *** (6.1574)	0.3256 (1.0185)	17.5641 *** (3.7896)
R-squared	0.8752	0.9982	0.9978	0.6667
F-statistic	35.0848 ***	812.349 ***	1380.654 ***	10.0029 ***

注：*** 、** 、* 分别表示 1%、5%、10% 的显著性水平,括号内为 T 统计量。

从经济发展方式转变结果看,技术市场成交额的系数为 0.3575,且显著,即技术市场成交额每增长 1%,福建省 GDP 将增长 0.3575%;高等教育机构毕业生数的系数为 0.8232,且显著,即高等教育机构毕业生数每增长 1%,福建省 GDP 将增长 0.8232%,说明经济发展方式的转变对福建省经济增长具有正向促进作用。

从经济结构优化结果看,全社会固定资产投资完成额的系数为 −0.1762,且显著,即全社会固定资产投资完成额每增长 1%,福建省 GDP 将下降 0.1762%;社会消费品零售总额的系数为 0.6944,且显著,即社会消费品零售总额每增长 1%,福建省 GDP 将增长 0.6944%;进出口总值的系数为 0.1085,且显著,即进出口总值每增长 1%,福建省 GDP 将增长 0.1085%;地方一般公共预算收入的系数为 0.0999,且显著,即地方一般公共预算收入每增长 1%,福建省 GDP 将增长 0.0999%。而金融业行业增加值的回归系数不显著,即该因素对福建省经济增长影响作用不明显。

从经济效益结果看,工业增加值的系数为 0.7216,且显著,即工业增加值每增长 1%,福建省 GDP 将增长 0.7216%;货物周转量的系数为 0.3909,且显著,即货物周转量每增长 1%,福建省 GDP 将增长 0.3909%。而电力消费量的回归系数不显著,即电力消费量对福建省经济增长影响作用不明显。

从政府职能转变结果看,实际利用外商直接投资金额的系数为 −0.609,但不显著,即实际利用外商直接投资金额对福建省 GDP 没有显著影响;对外直接投资额的系数为 0.3231,且显著,即对外直接投资额每增长 1%,福建省 GDP 将增长 0.3231%。

4.异方差与自相关检验

进一步对各个回归结果进行异方差和自相关检验,采用怀特检验法进行异方差检验,采用 LM 检验法进行自相关检验,结果如表 11-6 所示。

表 11-6　检验结果

	经济发展方式转变		经济结构优化		经济效益		政府职能转变	
	统计量	P 值	统计量	P 值	统计量	P 值	统计量	P 值
异方差检验	1.6015	0.2753	1.0171	0.4735	1.5559	0.3238	1.4718	0.3093
自相关检验	3.5484	0.0815	0.8404	0.4846	0.6294	0.5606	0.2642	0.7742

由异方差和自相关检验结果可知,各检验统计量对应的 P 值均大于 0.05,表明模型不存在异方差检验,也不存在自相关,回归结果有效。

五、以自贸区高质量发展带动福建经济开放效率提升的建议

福建自贸试验区是福建省改革的试验田与区域经济发展的"增长极"，福建自贸试验区只有实现高质量发展才能形成强大的规模经济，并以其溢出与带动效应充分带动福建经济开放效率提升。

(一)以自贸试验区高质量发展带动经济发展方式转变

在区域经济发展中，要素禀赋结构会影响经济的可持续发展，在福建自贸试验区内应注重供给侧改革，深化资本、人才、科技及服务等要素的国际国内交流合作，推动优质要素、商品、技术及服务等要素的自由流动，利用开放产生的资源配置效益带动福建省要素禀赋结构的优化调整，促进福建省经济由注重规模扩张的传统资源消耗型增长向以资源、资本及技术进步为主的注重质量效益的多样化经济增长方式转型。具体举措如：在人才方面，可利用自贸试验区的高地效应，高度重视引进海外领军人才，加强国际化和急需关键岗位人才的培育力度，推动福建省引智引才体制的创新并完善配套性政策措施。在技术创新方面，充分发挥创新对于内需的拉动及经济的乘数扩张效应，通过在福建自贸试验区内构建创新机制、打造创新生态与创新平台提升区内技术创新活动的活跃度，加大对制约福建省产业的"卡脖子"与培育新兴产业的新技术投入与研发，推进福建省创新链与产业链的协同发展，带动产业结构实现高级化，提高福建省的生产效率与市场效率。

(二)以自贸试验区高质量发展带动经济结构优化

经济开放效率和一国或地区的产业发展基础成正比。根据增长极理论,可通过设计开放性战略规划与开放型现代产业体系,同时创新内部战略,充分发挥自贸试验区开展新经济活动的引致效应,促进福建省消费结构与产业升级,在发展中要注意控制好资源的重新配置成本和市场风险,不断完善市场体系。具体的做法如:注重调整供需结构,以自贸试验区高质量发展带动产业结构的优化调整,大力支持发展生产诱发系数大、能够引导居民消费结构发生调整的消费型产业,提高福建省最终需求型产业的比重,促进供给端与需求端相协调,突破经济发展的需求约束。根据国内外市场的变化和福建省的比较优势优化进出口结构,大力发展与福建省主导产业密切配合、影响力系数大的推动性产业及感应度系数大的"卡脖子"产业,借助企业和产业之间的前向与后向的联动传导效应来弥补增长空间上的不均衡分布并发挥其扩散效应,加快福建省产业的转型升级。构建自贸试验区内与区外的产业联盟及产业链协同管理体系,配套与其相适应的技术支持与服务的等级及规模,放大自贸试验区产业集聚与整合效应,在全省范围内实现规模性的产业协同,优化福建省产业转型与整合的质量。

(三)以自贸试验区高质量发展带动经济效益提高

提高国际竞争力并控制好开放成本是提升福建省经济开放效率的根本路径。由于经济开放成本是必须集中付出的现期成本,而且开放的成效往往较分散并且很可能是将来才能实现的,而自贸试验区打造竞争中性的营商环境,是外企适应国内营商环境、国内企业试水国际竞争的缓冲带,能够支持服务一些特定行业如离岸贸易、金融、租赁等行业的发展,在投资贸易方面具有便利性,通过自贸试验区渐近式的改革与复制推广有利于控制福建省经济开放成本。另外,通过自贸试验区的科学规划带动福建省完善基础设施建设,有效对接企业发展需求,降低企业的经营成本,提升企业的运营效率与国际竞争力,形成规模与集聚经济,带动福建省经济效益的提高。具体做法如:在自贸试验区内建设先进制造业与现代服务业的融合发展基地,推动福建省价值链调整,促进福建省供应链及产业布局升级。以自贸试验区优质营商环境培育现代企业制度,促进福建省国有企业改制;规范与提升民营企业竞争力;对内积极落实税费、物流、用地、环境等政策,对外开拓境外产业合作园,培育外资企业成为福建经济发展的拉动力。在自贸试验区内促进各类企业的品牌互补与协同发展,聚集福建省品牌营销资源,提升品牌精准投入与有效管控的水平,提高福建出口商品在国际市场的竞争力。

(四)以自贸试验区高质量发展带动政府职能转变

哈里·理查森认为,增长极的增长率和其功能是区域扩张率的重要决定因素,当扩散与回流效应达到平衡时,优势节点的增加会促进区域经济的增长。所以,要充分发挥出自贸试验区的增长极作用,需要政府转变政府职能,不断提高治理能力和行政效能,强化政府在资源合理配置上的引导作用,并完善各项辐射传导机制。还要打造营商环境,提升自贸试验区发展潜力,以自贸试验区的扩区调整并带动其他各类国家级、省级园区协同发展的"溢出效应"突破行政界限限制。同时构建有效的市场竞争机制,提升微观主体活力,有度调控经济体制,设立效益、服务、社会治理与生态改善等先进标准与绩效评价体系,并进行全面考核。具体做法如:通过自贸试验区渐近式试验考验福建省经济承受能力,为福建省制定有效的产业结构调整政策,探索精准的产业支持政策并完善经济配套措施。对企业"走出去"给予支持与帮助,引导企业将总部与利润留在省内,带动省内企业主动积极的参与国际分工,支持企业不断提升国际竞争力和国际化程度。通过自贸试验区"内源式"制度创新及其复制推广的激活、成长、引致及正反馈效应带动省内其他区域实现制度更新,充分发挥扩散效应,力求克服极化效应,既考虑核心地区的优先发展战略,又要兼顾落后地区的发展,较好的解决地区发展的差距问题,避免出现飞地型增长极,通过辐射、扩散作用带动区域经济发展。

综上所述,应不断促进福建自贸试验区高质量发展,充分发挥其先发、叠加、聚变与组合效应,促进福建省加强内外联动,不断提升经济开放效率,强化自身优势,补足短板,提升社会治理效能,培育区域核心竞争力,拉动国民经济不断增长。

第十二章　基于中心地理论的自由贸易港构建模式研究——以福州自贸试验区为例[190]—[191]

　　自由港代表全球最高标准的开放模式，是开放的高地、区域价值链的核心节点，是中心地。习近平总书记在党的十九大报告里提出，赋予自贸试验区更大的改革自由权，探索建立自由港。当前全球经济下行、国内经济增长放缓，通过自贸试验区的改革与转型升级，能使中国紧密结合国际贸易规则调整趋势，进一步融入国际贸易规则体系。而建设自由港是自贸试验区转型升级的重要抓手，是中国改善国际关系、创新经济体制、提升开放水平和国际市场地位、解决区域经济等问题的平台和载体。国内现有的自贸试验区面临着紧密结合国际贸易形势与规则，正以更高标准、国际视野和颠覆性思维建设打造升级版，探索建立自由港的新形势。在自由港建设的过程中可对照国际最高标准和水平，集聚信息、物流、技术、资金与人才等要素，打造高效的营商环境和优质的基础设施，形成区域价值链的核心枢纽，促进中国加快建设开放型市场经济体系。

一、中心地理论

　　前文提到的"中心地理论"是由克里斯塔勒（Walter Christaller）和廖什（August Losch）提出的，"中心地理论"认为，一国或地区的发展必须由一个或若干个中心城市为主导，其在区域发展中处于核心地位（即中心地），是周边地区（即腹地）的经济、政治、交通、文化和信息等的中心。在市场、交通和行政三原则的作用下，中心地发挥组织、集散和传输的重要枢纽功能，通过人流、商品流、资金流、信息流和技术流等与腹地进行紧密联系，带动腹地区域中小城市的发展。

　　从第一章中针对国内外对自由贸易港区的相关研究中可知，自由港是中心地，具有集聚性、扩散性、开放性和高效性等特点，当前比较适合中国经济发展的自由港建设模式是"腹地辐射联动型自由港"，其建设有利于在更高层次上实现国内外市场联通、要素流动及资源配置优化,对腹地经济起到辐射带动作用。在中国构建自由港的过程中,对自由港的中心性进行度量,加强自由港发挥中心地作用的构建因素研究,对中国实现从自贸试验区向自由港转型,提升中国全球供应链水平具有重大理论和现实意义。而当前现有文献对于自由港的研究偏重于自由港发展史的梳理、功能作用及营商环境的构建方面,建立的指标体系较多是衡量自由港的便利开放程度和某些建设条件,目前尚未建立衡量自由港作为"中心地"、发挥中心职能作用的"中心性"评价体系和构建"中心地—腹地辐射联动型自由港"的具体模式。因此,本章节从以福州地区构建自由港为例入手,借鉴国内外先进自由港区的建设经验,以福州自贸试验区为样本,利用灰色关联熵分析法,从市场、交通和行政三方面构建自由港的中心性综合评价指标体系,研究如何加强区域中心地建设,发挥其对腹地经济的辐射带动作用,实现向自由港的升级。

二、国内外先进自由港(区)的发展模式及可借鉴的经验

党的十九大以后,国内许多省份积极申请建设自由港。在转型升级、争取构建自由港的过程中,各地自贸试验区可结合自身条件和定位,通过充分借鉴国际先进自由港(区)的建设经验,发挥资源优势,大胆探索、创新。世界先进自由港(区)的主要特征如下:

(一)国内外先进自由港(区)普遍经验借鉴

世界上先进的自由港通常地理位置优越,基础和服务设施完善,法律政策体系成熟,富有各类专业人才,环境优美,软硬环境条件优越。

1.富有远景目标,注重战略布局

世界上先进的自由港大都十分注重远景规划和战略布局,富有城市文化,生活环境优美。例如:汉堡港积极结合“德国工业 4.0”等大战略进行创新改革,参与“一带一路”,倡建“港口联盟”,打造智慧港;鹿特丹实行“比自由港还自由”的政策,推行“超前发展、错位发展、创新发展”战略,提出 2030年构建“智慧港口”的战略愿景。

2.地理位置优越

许多自由港的地理位置十分重要,从世界上先进的自由港来看,自由港多位于国际航线网络丰富、货物吞吐量大及腹地外向型经济发达的港口。例如:香港背靠中国大陆,面朝南海,是亚洲及世界的航道要冲和全球供应链的主枢纽港;新加坡扼守马六甲海峡咽喉,是亚、欧、非、澳四大洲海空航线的关键交通枢纽,是亚太区域最大的中转港;迪拜是亚欧非三大洲的重要交汇点;釜山港连接欧美,地处中俄日的中心地带。

3.物流设施发达,集疏运体系高效

世界先进自由港不仅具有完善的基础设施和服务设施,信息现代化程度高,而且注重打造集疏运体系,提高物流效率。根据世界经济论坛《2019全球竞争力报告》,2019 年新加坡在基础设施和连通性方面的竞争力位居全球第一,新加坡通过构建“贸易网＋港口网＋海事网＋空运社群网”多层次网络系统,致力于打造高效物流服务。鹿特丹港也具有发达的转运物流体系和集疏运体系。

4.管理模式灵活

设立自由港是一个国家或地区扩大对外开放、大力推动经济发展的主动作为,许多自由港采用宽松和灵活的管理模式,积极探索实行开放、自由和灵活的管理制度与模式是其最明显的经济特征。例如:新加坡采用的是公司化运营管理体制;香港采取的是政府授权、企业管理的模式;迪拜与鹿特丹采取的是政府负责规划和建设,日常管理由港董事局或港务局负责。

5.法治环境良好

世界先进自由港在立法方面注重针对自由港的实际情况和促进自由港发展的角度来制定与修正法律,其地位甚至高于国内法。例如:迪拜实行和中央政府管辖下其他区域不同的政策及制度体系,将自贸区置于国内法之上,其适用的法律不受阿联酋民法和商法管制,迪拜国际金融中心实行的是英国法律和监管制度。2020年4月29日,十三届全国人大常委会第十七次会议批准通过了《全国人民代表大会常务委员会关于授权国务院在中国(海南)自由贸易试验区暂时调整适用有关法律规定的决定》,其对海南自由港法律进行调整与实施的授权,标志着中国对自由港法治环境的重视。

6.营商环境一流

世界先进自由港通常在税负上都会给予企业大力度的优惠支持,还有一系列关于航运、贸易、金融和税收等鼓励措施和优惠待遇,形成成熟的政策体系,并以经济立法和法规形式公布执行,在投资和贸易便利化方面还有许多可借鉴的经验与做法,比如:新加坡采用正负面清单相结合的投资管理模式,并通过 TradeNet、TradeXchange 和 NTP 三代"单一窗口"促进贸易便利化,政府还积极对外签署自贸协定,使企业获惠;迪拜给予外资国民待遇,外资可 100% 独资,而且在迪拜企业注册简便快捷,港区提供从设立到运营一站式综合服务;釜山港物流园区为入驻企业提供低廉租金,并根据投资金额实行减免优惠政策;汉堡港在过境贸易方面十分便利,海关还为未确定买主的货物储存提供代办业务等。

7.人才集聚力强

世界先进自由港在建设中不仅大力引进外部优秀人才,还注重培养本地化专业人才,具有各类适应外向型经济的专门人才,办事效率高。例如:外引方面,新加坡对不同层次的人才实行有差别的配额管理方法,对金融及商业人才提供许多优惠支持;台湾允许港区企业为外籍商务人士代申请"选择性落地签证",并放宽雇佣外国劳工比例至40%。内培方面,釜山港注重招聘地方化的物流经理人才;汉堡港积极为港区内企业提供人才培训及再教育服务。这些都为自由港的发展提供了坚实的人力支撑。

8.服务业竞争力强,形成多功能中心

世界先进自由港在服务业方面富有竞争力,通过制定与颁布一系列优惠政策吸引外商投资,聚集了大量的服务资源,大力推动自由港的功能向转口贸易、离岸贸易和各类服务功能综合化方向发展和扩张,注重发挥现代服务业优势,许多自由港形成了多功能中心。例如:鹿特丹港的工业旅游业发达;釜山是韩国的金融和商业中心,在韩国外贸中发挥重要作用;汉堡港是德国保险业中心和第二大金融中心。

(二)世界及国内典型先进自由港具体经验借鉴

当前我国处于自由港建设的起步阶段,通过文化法制与人才、基础设施、营商环境、产业与城港联动五个维度对世界典型的先进自由港香港与新加坡的先进建设模式与经验进行梳理,同时对照国内自贸试验区建设的"领头羊"上海自贸试验区的建设成效,可为中国自贸试验区向自由港的转型升

级设立参照坐标。

表 12-1　国内外高水平自由港(区)建设的基本条件和发展经验[192]—[196]

政策	区域		
	香港	新加坡	上海自贸试验区
文化、法制与人才	1.崇尚"适者生存、自由竞争"的市场竞争原则,政府推行"积极不干预"的自由经济政策,商品和生产要素完全遵循市场供求规律。2.香港的经济法规约占条例和附属立法总数的45%,遵行《基本法令》和《买卖货物条例》,不断进行补充修改和完善。3.通过推行《香港优秀人才入境计划》吸引优秀的人才。在人才培养方面,密切结合社会需求,注重根据经济发展需要设置专业,注重国际交流和合作。4.高度自由开放、便捷的出入境政策和制度,劳动力和人口的流动有很大的自由性与国际性。	1.经济法规体系完整,以《自由贸易区法》作为核心法律,对企业经营范围和活动无过度限制与约束,对劳工保护、知识产权、环境保护等方面依靠完善的法律体系来进行监管。2.打造高效廉洁的公务员队伍体系。重视国际化人才和思想道德素质培养,将正规教育与职业教学相结合,积极培养自由港建设管理人才。3.在国际人员流动方面,实行自由出入境政策,根据学历、技能水平获取不同的签证。依照《外国人力雇佣法案》对外籍工人实行配额制度,其雇主必须缴纳劳工税。	1.以中国自贸试验区条例、上海自贸试验区的框架规划、国务院关于临时调整行政审批事项或者有关行政法规规定的特殊行政管理办法以及负面清单作为自贸试验区法律框架。2.出台"人才新政30条""科创人才20条"等人才新政,基本形成与国际经济、贸易、金融与航运中心及具有全球影响力的科技创新中心相适应的人才发展治理体系。
基础设施	1.香港是国际重要的物流航运枢纽和全球供应链体系重要的中转站,具有海、空港基础设施优势。2.通过"数码贸易运输网络系统"大大提高物流运转效率,并有效降低成本。	1.新加坡基础设施发达畅通,空港间距离短,联动优势强,物流体系智能化,通关效率高效,挂靠、仓储、转运等费用低廉。2.贸易管理电子化,全部申报手续在10秒钟内完成,10分钟获得审批结果。3.通过打造TRADENET和PORTNET电子信息系统,实现监管部门和港口间的全面信息化管理。	1.上海拥有全国乃至世界著名的深水良港和机场、铁路、公路等完善的物流设施,具有全国最发达的交通网络。2.在世界银行《营商环境报告》中,中国排名从2018年全球的第78位提升到2020年的第31位。在世界银行的测评中,上海、北京为样本城市,其中上海权重为55%。中国营商环境排名的上升一定程度上意味着上海营商环境的优化。根据《2023中国城市生态环境保护营商竞争力指数报告》,上海城市生态环境保护营商竞争力综合指数得分排名第二。

续表

政策	区域		
	香港	新加坡	上海自贸试验区
营商环境	1.投资自由:依据《银行条例》《公司法》等法律法规管理、规范和约束公司行为,行业协会的作用突出。允许外商投资可拥有100%的股权、资本和利润返还,享受国民待遇。政府还为本地企业在海外投资提供信息、参加投资洽谈会等方面的公共服务。 2.汇兑自由:外汇进出无限制,贸易结算自由,可用任何货币结算,将股息或资金调回本国不受限。 3.行业准入:除赌博业和电视广播等行业有进入限制要求外,对外来和本地投资者一视同仁。 4.公司设立与注册:条件宽松、效率高。可在4小时内完成并出示证书扫描件,对公司注册资本金没有规定最低限额,只需缴纳0.1%厘印税,对到位资金无须验资。 5.税收政策:实行简易税制和低税率制度,主要收取物业税、得利税及薪俸税,不收红利税、增值税及营业税;除烟、酒、甲醇及碳氢油四类商品,一般进出口货物进入香港免税;境外所得利润不纳税;有限公司的所得税率为16.5%和非有限公司为15%。 6.货物监管:进出口贸易不设管制,报关手续简便,只需14日内向海关报送进/出口报关单提前审核,抽样货检。 7.航运自由:船只进入或驶离港口时无须向海关结关,进出或转运货物在港内装卸、转船和储存不受海关限制,对船舶和船员不实施额外检查。	1.金融体制完善:可自由开立银行账户;全面取消外汇管制,融资汇兑自由;金融市场提供不同的融资业务模式;企业可自由选择结算货币,利润汇出无须缴纳特定税费。 2.积极吸引外资,鼓励对外投资:除外资进入新闻广播、金融、保险、证券等特殊领域有限制外,商业、外贸、租赁、营销、电讯等市场完全开放。对投资海外的企业设计保险加贷款的融资模式,鼓励企业到国外投资。 3.企业注册手续简便:3个工作日即可完成公司注册;设立公司最低注册资本为10万新元。 4.关税优惠:通过与世界上多个国家和地区签订协定,为国际企业开展业务提供多重优惠。对高技术、高附加值企业和区域总部等特殊产业和服务业提供特别的税收减免和资金扶持。大幅减免航运企业和服务业的税费。对内外资企业实行统一的17%的所得税;除机动车、烟酒及石油以外,对进口商品免征关税。 5.货物进出口自由:除危险品、药品、化妆品和武器等特殊货物和针对特定地区的进出口需要申请许可证外,对进出口货物不实施许可证和配额限制。 6.自由港区内没有行政干预,在政府监管下由专业公司负责管理,管理宽松、灵活。	1.金融开放创新:围绕"金改51条"、"金改40条"及"金改25条"等改革举措,创新外汇管理体制;大幅度扩大人民币跨境使用;探索分类别、有管理的资本项目可兑换的管理制度;完善金融监管机制,建立以自由贸易账号为核心的风险管理系统。 2.投资管理放宽:在外商投资领域引入"准入前国民待遇加负面清单"管理。对外投资实现备案管理,全面放开境外融资。 3.创新贸易便利模式:"先照后证""证照分离";一口受理和综合审批;以"单一窗口"为基础,构建"一线放开,二线高效管住,区内自由"的贸易监管制度体系。对标《贸易便利化协议》,已落实40条中的38条便利化条款。 4.企业注册改革:2022年实行"一业一证"改革,5张许可证合并为一张行业综合许可证,企业只需要一套材料、一次申请,办理时间从原来38个工作日减少到5个工作日。 5.货物监管:95%空运货物可实现12小时内入关,95%海运货物实现2天内通关。

续表

政策	区域		
	香港	新加坡	上海自贸试验区
产业	除了贸易、物流等与港口直接相关的行业外，还形成了金融、专业服务、旅游等支柱产业。	1.具有航运交易和资讯、船舶经纪、船舶维修及海事培训为基础的完整产业链。 2.在航空运输业、化工业、电子业、医疗保健和冷链物流等方面有竞争优势。	发展国际贸易、金融、航运、高端专业服务及制造等重点培育产业集群，集聚平台经济、总部经济和"四新"经济三大业态。
城港联动	自由港覆盖全境，地理面积较大，促成港城一体化融合发展，配套服务齐全。	有良好的城市规划和优质的生活环境及完善、精细化的城市管理体系，是"花园中的城市"。	通过产业、区域及区港联动，努力实现建设国际经济中心、国际贸易中心、国际金融中心和国际航运中心的目标。

　　由于世界上各知名自由港在政治、经济、历史文化背景和地域特点等因素存在差异，构建时的功能定位、产业布局和组织结构等方面也存在差异，所以在建设模式的选择上也有所不同。所以，中国各地建设自由港时既要吸取国内外优秀自由港区的建设经验，参考其建设模式，又要结合自身的实际情况选择适宜的功能和模式，通过设立特色核心产业园区，加强对港口和腹地进行定性考察，促使中心地的形成，设计出适合当地经济发展的自由港建设模式，带动腹地经济共同发展。

三、福州地区构建自由港的战略意义及 SWOT 分析

(一)福州地区构建自由港的战略意义和实践价值

　　福建省地处中国东南沿海，连接台湾海峡东西两岸，不仅是太平洋西岸航线南北通衢的要道，更是 21 世纪海上丝绸之路的核心区。福州市是

福建省省会,2022年福州市GDP总量位居中国省会11强中的第8位。位于福州地区的福建自贸试验区片区有福州自贸片区和平潭自贸片区,它们都是21世纪海上丝绸之路经济带重要的战略支点和枢纽。近年来,中国与共建"一带一路"经济体的贸易总额不断上升,其中与海上丝绸之路沿线国家或地区的进出口贸易总额占比最大。福州市政府在《关于印发进一步推进中国(福建)自由贸易试验区福州片区改革创新五十条措施的通知》(榕政综〔2018〕467号)中提到,要"探索自由港政策。学习借鉴我国香港和新加坡等自由港的先进经营方式和管理方法,研究符合福州发展定位的自由港政策,打造开放层次更高、营商环境更优及辐射作用更强的开放新高地"。

2018年10月25日,人民网专文发布评论福建省委十届六次全会精神的相关文章中提到福建省三大城市的功能性定位:重点建设福州国家中心城市,厦门国际旅游城市及泉州国际工业城市。[197]2019年福州市人民政府工作报告中指出"福州要发挥省会城市在闽东北协同发展中的带动服务作用,带动宁德、莆田、南平和平潭等地区的共同发展。"根据国家发改委的定义,国家中心城市是指位于国家战略要塞、承担国家使命、参与国际竞争、引领区域经济发展并能代表国家形象的现代化大都市。截至2018年2月,国家发改委已支持建设的国家中心城市有北京、天津、上海、广州、重庆、成都、武汉、郑州和西安。从区域上看,北京、天津引领环渤海,上海引领长三角、广州引领珠三角,重庆、成都引领西部大开发,武汉引领中部和长江中游地区,郑州引领中原发展,西安引领西北地区发展,目前唯独东南沿海尚未设立国家中心城市。

因此,在福州地区构建自由港,不仅有利于连接长三角和珠三角,打造服务中西部地区对外开放的出海通道,统筹陆海资源打造21世纪海上丝绸之路通陆达海的关键节点,还能引领福建省城镇化发展,促进东南沿海国家中心城市的形成,加强闽浙赣皖和闽东北的区域协作,拓展我国东部经济发展的腹地及市场,辐射带动沿海经济洼地的全面提升,为服务我国共建"一带一路"和经济可持续发展提供有力的支撑。

(二)福州地区构建自由港的 SWOT 分析

以下参考国内外先进自由港(区)的建设基础和经验,对福州地区自贸试验区转型升级、构建自由港的基本条件进行 SWOT 分析。

1.优势

福州东临台湾,毗邻港澳,是历史文化名城,具有侨源优势,其交通便利,是全国公路主枢纽城市。福州在中国高铁线路八纵八横规划中关于战略交通线京台高铁的规划,使其有望成为连接两岸重要的铁路交通枢纽。福州是中国海岸线最长的省会城市,福州港是东南沿海的主枢纽港及对台直航试点口岸,而长乐国际机场则为"海上丝绸之路"的门户枢纽机场,当前福州正加快建设全国性综合交通枢纽。福州自贸片区与平潭综合实验区"一区毗邻",在"一带一路"贸易往来及与海丝国家开展双向投资上成绩显著;两个自贸片区不断改革创新,推动对台医疗、旅游、文化创意及演艺等 17 个服务贸易领域的开放,形成了具有福建特色、对台先行的制度创新体系,还培育了跨境电商、整车进口和物联网等新兴产业。经过近 8 年的探索实践,福州与平潭自贸片区内的产业链条更加完善,大企业进驻和集聚的效应增强,从表 12-2 及表 12-3 可以看出,新增企业的质量提升促进了产业的聚集与升级,为福州和平潭自贸片区的结构调整及制度改革赢得了新空间。但从 2019 年起福州与平潭自贸片区内的平均注册资本有所回落,这就要求相关部门必须在经济发展中重视质与量的并重与提升,才能实现区域经济的长期可持续发展。

表 12-2　2015—2022 年福州片区新增企业情况表

时间	户数/户	注册资本/亿元	平均注册资本/亿元
2015 年 4 月 21 日—2016 年 12 月 31 日	20583	3100.01	0.1506
2017 年 1—12 月	8113	1750.83	0.2158
2018 年 1—12 月	734	1348.10	1.8366
2019 年 1—12 月	5991	1384.8	0.2311
2020 年 1—12 月	5267	1002.4	0.1903
2021 年 1—12 月	4587	613.8	0.1338
2022 年 1—12 月	2206	307.9	0.1396

数据来源:根据福建省商务厅网站整理及计算所得

表 12-3　2015—2022 年平潭片区新增企业情况表

时间	户数/户	注册资本/亿元	平均注册资本/亿元
2015 年 4 月 21 日—2016 年 12 月 31 日	5203	2296.88	0.4415
2017 年 1—12 月	1120	941.41	0.8405
2018 年 1—12 月	582	501.30	0.8613
2019 年 1—12 月	1918	712.3	0.3714
2020 年 1—12 月	2003	419.2	0.2093
2021 年 1—12 月	1223	427.3	0.3494
2022 年 1—12 月	583	191.8	0.3290

数据来源:根据福建省商务厅网站整理及计算所得。

2.劣势

　　虽然目前福州地区构建自由港具有一定的基础和条件,但与中国同期批准建设的自贸试验区相比,福州和平潭自贸片区存在着基础弱、体量小和区域辐射能力不够等基本问题,在管理方面,自主创新权限不足,政府职能有待优化;投资自由化存在差距,贸易自由化水平有待提升;对台开放的幅度仍然有限,人员流动自由度有待改善,负面清单仍较多;改革创新与依法行政存在冲突,法制保障体系有待完善等。

3.机会

当前福建省迎来了福州新区、自贸试验区、海上丝绸之路核心区、自主创新示范区和国家生态文明示范区"五区叠加"等战略机遇与政策红利。党的十九大的报告中提出要"发挥核心城市的带动作用,促进区域的协调发展",福州正通过大力发展绿色低碳、共享经济及高端消费等新产业,重振闽江口金三角、发展湾区经济,建设海上福州等多方面发力,打造现代化经济体,这些都为争取构建自由港创造了条件。

4.挑战

港口是自贸试验区向自由港升级的重要依托中心,港口的物流基础设施完善,货物疏通能力强,生产高效、管理手段现代化是建设自由港的基础。现主要根据 2022 年中国沿海主要港口客货吞吐量统计,结合数据的可得性,提取 27 个位于自贸试验区的主要港口样本数据,并根据货物吞吐量进行排名,从表 12-4 中可以看出,2022 年在 27 个中国主要的自贸试验区港口中,福州港仅排名第 8 位,这说明目前福州港在众多自贸试验区港口中,港口基础与竞争实力还不强,在与其他自贸试验区竞争升级自由港的政策机会中处于相对弱势。

表 12-4 2022 年中国自贸试验区主要港口详情及排名

港口	货物吞吐量		外贸货物吞吐量/万吨	集装箱吞吐量/万 TEU	客运量/万人
	货物吞吐量/万吨	根据货物吞吐量排名			
宁波舟山港	126134	1	56003	3335	/
上海港	66832	2	39834	4730	1524
青岛港	65754	3	47343	2567	2

续表

港口	货物吞吐量		外贸货物吞吐量/万吨	集装箱吞吐量/万 TEU	客运量/万人
	货物吞吐量/万吨	根据货物吞吐量排名			
广州港	62906	4	14255	2460	960
天津港	54902	5	30530	2102	/
烟台港	46257	6	15606	412	/
大连港	30613	7	13062	446	/
福州港	30164	8	7171	346	/
连云港	30111	9	13559	557	/
深圳港	27243	10	21052	3004	/
厦门港	21940	11	11647	1243	1081
营口港	21118	12	7455	500	/
海南省	18806	13	3810	392	/
钦州港	17357	14	5343	541	/
芜湖港	13504	15	442	125	/
武汉港	13074	16	1070	270	334
重庆港	12795	17	463	113	55
宜昌港	12386	18	48	16	/
珠海港	10237	19	3591	110	/
岳阳港	9500	20	315	101	/
泉州港	8265	21	376	208	/
合肥港	4389	22	50	42	/
蚌埠港	1745	23	6	10	/
长沙港	1246	24	93	21	/
泸州港	818	25	110	19	/
哈尔滨	219	26	2	0	94
黑河港	66	27	66	1	/

数据来源:中华人民共和国交通运输部网站,http://www.mot.gov.cn/;2022 年 12 月全国港口货物、集装箱吞吐量—政府信息公开—交通运输部,https://xxgk.mot.gov.cn/2020/jigou/zhghs/202301/t20230130_3747863.html;2022 年 12 月中心城市客运量—政府信息公开—交通运输部,https://xxgk.mot.gov.cn/2020/jigou/zhghs/202301/t20230130_3747862.html。

综上所述,福州市在经济发展、社会集聚、资源要素积累、信息沟通交流等方面占据优势,能够辐射带动福建省核心腹地、周边地区及至邻近省区开放型经济的快速发展。从整体上看,福州地区构建自由港有一定的基础条件,但也存在一些现实问题,面临的竞争十分激烈。因此福州市需借鉴国内外先进经验,积极解决自身存在的不足,以建设自由港中心地为目标,做大做强福州港,进一步增强在东南沿海港口城市的竞争力和吸引力,同时充分发挥自身优势和产业特点,选择适宜的模式来建设自由港。

四、福州地区构建自由港的中心性评价指标体系及模型

(一)福州地区构建自由港的中心性评价指标体系

自由港是以贸易(主要是离岸贸易)为立足点,以资本流动为着力点,通过货物、资本和人才等要素的自由流动,带动相关产业、物流及供应链金融等迅速发展。为了衡量其发挥中心职能作用大小,笔者从中心地理论的市场、交通及行政三原则入手设立一级指标,从自由港的功能作用及各地区的发展定位考虑设立二级指标,构建衡量自由港中心性的评价指标体系如下:

表 12-5　福州自由港中心性评价体系构建

中心性指标	一级指标	二级指标	二级指标功能阐述及提升 经济开放度机理
中心性 参照指标	参考序列	经济开放度 (Y_0)	经济开放度:衡量中心地贸易开放度及经济外向度水平,经济开放度(EO)＝〔外贸依存度(FTR)＋外资依存度(FCR)〕×100% (其中,FTR＝进出口总额/GDP×100%,FCR＝FDI/GDP×100%)
中心性 评价体系	市场指标 (X_1)	进出口总额(Y_1)	商品贸易:促进货物贸易发展,紧密联系国际市场(出口＋进口)
		第三产业值(Y_2)	服务贸易:大力发展各类服务业
		工业增加值(Y_3)	产业转型升级:推动产业升级,发挥特色支柱产业的辐射带动作用
		金融机构存贷款 余额(Y_4)	金融聚集:扩大金融规模并加速资本运转,发挥聚拢效应
		社会消费品零售 总额(Y_5)	扩大内需:发展国内市场,发挥中心市场的辐射带动作用
		国际旅游外汇 收入(Y_6)	提高旅游收入:通过增加国际旅游带动消费
	交通指标 (X_2)	货物运输量(Y_7)	物流集散:发挥中心地物流枢纽作用,促进货物快速流通
		旅客运输量(Y_8)	客运能力:提高客运能力
	行政指标 (X_3)	财政收入(Y_9)	财政实力:衡量中心地的财务能力
		固定资产投资 总额(Y_{10})	基础设施:衡量基础设施投入与建设情况
		实际利用外商直接 投资(Y_{11})	自由投资:衡量投资自由化及便利水平
		科学技术支出(Y_{12})	R&D:衡量科技研发能力与水平、创新能力
		教育支出(Y_{13})	人才培养:衡量人才培养及储备能力

(二)灰色关联熵模型[198]

1.确定相关比较及参考序列。

(1)参考数据列：$X_o(k) = [x_o(1), x_o(2), \cdots, x_o(n)]$

(2)比较数列：$X_j(k) = [x_j(1), x_j(2), \cdots, x_j(n)]$

k——时间年份序列值，$k = 1, 2, 3, \cdots, n$

j——比较数列的个数序列值，$j = 1, 2, 3, \cdots, n$

(3)用均值化方法对数列做无量纲处理。

$$x_j = \frac{1}{n} \sum_{k=1}^{n} x_j(k) \qquad y_j(k) = \frac{x_j(k)}{x_j}$$

(4)计算参考数列和比较数列的绝对差值序列。

$$\Delta_{0j}(k) = |\, y_i(k) - y_0(k) \,|$$

(5)计算灰色关联系数。

$$\Delta_{\min} = \min_j \min_k \Delta_{0j}(k) \,, \ \Delta_{\max} = \max_j \max_k \Delta_{0j}(k)$$

$$\zeta j(k) = \frac{\Delta_{\min} + \rho \Delta_{\max}}{\Delta_{0j}(k) + \rho \Delta_{\max}}$$

ρ 为分辨系数，$\rho = [\rho(1), \rho(2), \cdots \rho(m)]$。因 $\rho(m) \in (0,1)$，所以以 $\rho(m) = 0.5$ 为分界线，采用动态取值法：

① $0 < \varepsilon_j \leqslant \frac{1}{3}$ ——观测序列有异常值，$\rho(k)$ 的取值范围为：$(\varepsilon_j, 1.5\varepsilon_j]$，通常取值 $\rho(k) = 1.5\varepsilon_j$。

② $\frac{1}{3} < \varepsilon_j < \frac{1}{2}$ ——观测序列比较平稳，$\rho(k)$ 的取值范围为：$(1.5\varepsilon_j, 2\varepsilon_j]$，通常取值 $\rho(k) = 2\varepsilon_j$。

③ $\varepsilon_j \geqslant \frac{1}{2}$ ——观测序列很平稳，$\rho(k)$ 的取值范围为：$[0.8, 1]$。

④如果 $\varepsilon_j=0$——该观测序列与参考序列完全相关，$\rho(k)$ 的取值范围为：$\rho(k)=1$

ε_j 的公式为：$\Delta_j=\dfrac{1}{n}\sum\limits_{k=1}^{n}\Delta_{0j}(k)$，$\varepsilon_j=\dfrac{\Delta_j}{\Delta_{\max}}$

⑤求熵关联度。对关联系数 $\zeta_j(k)$ 做映射处理，得出各关联系数的分布映射，公式为：

$$p_{jk}=\frac{\zeta_j(k)}{\sum\limits_{j=1}^{m}\sum\limits_{k=1}^{n}\zeta_j(k)}$$

⑥当 p_{jk} 属性相等时，灰关联熵达到最大值，它只取决于序列种类的数目，即 $H_m=Inn$；并计算以 p_{jk} 为信息的灰关联熵 H_j，进而得出各比较序列的熵关联度 E_j，公式为：

$$H_j=-\sum_{k=1}^{n}\rho_{j\ k}Inn\rho_{jk}$$

$$E_j=\frac{H_j}{H_m}$$

⑦对各个比较数列的熵关联度排序。熵关联度小的序列说明它和参考序列关联系数的分布映射相关性较小，它们的影响也越微弱。

(三)建模并计算

搜索福州市 2008—2022 年数据(如表 12-6)，并依照灰色关联熵的相关建模步骤，将以上 13 个指标建立灰色关联模型并对相关数值进行计算，得到 13 种功能指标与福州自由港中心地贸易开放度的关联分析结果(如表 12-7、表 12-8、表 12-9、表 12-10 所示)，包括熵关联度及其排序(如表 12-11、表 12-12 所示)。

表 12-6　2008—2022 年福州构建自由港的中心性功能评价指标

年份	参考序列	市场指标（X_1）					交通指标（X_2）			行政指标（X_3）				
	经济开放度（Y_0）/%	进出口总额（Y_1）/万美元	第三产业值（Y_2）/万元	工业增加值（Y_3）/万元	金融机构贷款余额（Y_4）/万元	社会消费品零售额（Y_5）/万元	国际旅游外汇收入（Y_6）/万美元	货物运输量（Y_7）/万吨	旅客运输量（Y_8）/万人次	财政收入（Y_9）/万元	固定资产投资总额（Y_{10}）/万元	实际利用外商直接投资（Y_{11}）/万美元	科学技术支出（Y_{12}）/万元	教育支出（Y_{13}）/万元
2008	63.36	2032422	11418841	7912400	69369802	11343731	65750	14895.19	11479.02	1688559	12527105	100150	28843	393878
2009	50.06	1786004	12538565	8916400	87949410	13386447	77400	15036.6	11272.05	1952612	16467177	103227	33118	458679
2010	55.79	2459967	14387627	11275900	108633308	16242808	84299	14915.35	18915.93	2478206	23174379	118524	41759	559878
2011	61.62	3472476	17001021	13551900	125423664	19478102	102854	16037.48	19857.96	3200356	27272463	127745	49275	713825
2012	49.44	3105985	19377025	14819900	142802448	23198231	110817	26773.31	19280.07	3820151	32664861	133877	64780	957850
2013	43.62	3142949	21625696	16545100	164590034	26817155	128932	19546.08	19524.12	4539690	38698351	143063	86258	1081133
2014	42.94	3466317	24010965	18168700	187010068	30629431	124515	786533.2	13785.34	5108707	44275880	154651	93278	1206466
2015	40.28	3334237	27338347	18752600	214152059	34887426	119980	780268.7	14013.73	5604635	48939072	167852	100554	1351744
2016	35.34	3164780	31149640	19788300	240881751	37631418	134677	26108	14102	5989113	52180695	181372	112461	1530806
2017	38.56	3444558	37108885	22271500	263086256	41938675	150076	27040.2	11961.16	6341633	58233857	198527	196765	1557755
2018	34.67	3742202	41572568	24161600	285956561	46664607	180638	28067	13596	6803797	65047218	78281	290765	1659184
2019	29.66	3675637	94723000	24809100	323295280	41989358	1024300	31015	13421	6680760	70901520.27	94000	287913	1819641
2020	26.70	3610468	100200200	25321600	365019476	42256054	190000	27777.36	8120.74	6756083	42256100	101000	432935	1851895
2021	32.77	5143540	113244800	27586200	396969689	45494113	9200	32614.02	6529.7	7498470	53302700	123000	394536	1901386
2022	30.31	5436880.21	69679500	30201900	430065200	46795200	4200	31765.4	4910.04	10590500	56434700	110300	250300	2061100

资料来源：2008—2022 年福州市统计年鉴，2008—2022 年福建省统计年鉴，2008—2022 年福州市国民经济和社会发展统计公报，福州市统计局网站。

表 12-7　标准化数据

	2008	2009	2010	2011	2012	2013	2014	2015	2016	2017	2018	2019	2020	2021	2022
Y_0	1.4964	1.1823	1.3176	1.4553	1.1676	1.0302	1.0141	0.9513	0.8346	0.9107	0.8188	0.7005	0.6306	0.7739	0.7158
Y_1	0.5976	0.5251	0.7233	1.0209	0.9132	0.9241	1.0191	0.9803	0.9305	1.0127	1.1003	1.0807	1.0615	1.5123	1.5985
Y_2	0.2696	0.2960	0.3397	0.4014	0.4575	0.5105	0.5669	0.6454	0.7354	0.8761	0.9814	2.2362	2.3655	2.6735	1.6450
Y_3	0.1868	0.2105	0.2662	0.3199	0.3499	0.3906	0.4289	0.4427	0.4672	0.5258	0.5704	0.5857	0.5978	0.6513	0.7130
Y_4	0.3044	0.3859	0.4767	0.5504	0.6267	0.7223	0.8207	0.9398	1.0571	1.1545	1.2549	1.4187	1.6018	1.7420	1.9443
Y_5	0.0498	0.0587	0.0713	0.0855	0.1018	0.1177	0.1344	0.1531	0.1651	0.1840	0.2048	0.1843	0.1854	0.1996	0.2053
Y_6	0.0021	0.0024	0.0026	0.0032	0.0035	0.0040	0.0039	0.0038	0.0042	0.0047	0.0057	0.0321	0.0060	0.0003	0.0001
Y_7	0.0891	0.0899	0.0892	0.0959	0.1602	0.1169	4.7048	4.6674	0.1562	0.1617	0.1679	0.1855	0.1662	0.1951	0.1900
Y_8	0.0917	0.0900	0.1511	0.1586	0.1540	0.1559	0.1101	0.1119	0.1126	0.0955	0.1086	0.1072	0.0648	0.0521	0.0392
Y_9	0.3204	0.3705	0.4702	0.6073	0.7249	0.8614	0.9694	1.0635	1.1364	1.2033	1.2910	1.2676	1.2819	1.4228	2.0095
Y_{10}	0.2925	0.3845	0.5411	0.6368	0.7628	0.9036	1.0339	1.1428	1.2185	1.3598	1.5189	1.6556	0.9867	1.2447	1.3178
Y_{11}	0.7761	0.8000	0.9185	0.9900	1.0375	1.1087	1.1985	1.3008	1.4056	1.5385	0.6067	0.7285	0.7827	0.9532	0.8548
Y_{12}	0.1756	0.2016	0.2543	0.3000	0.3944	0.5252	0.5680	0.6123	0.6848	1.1981	1.7704	1.7530	2.6361	2.4023	1.5240
Y_{13}	0.3092	0.3601	0.4396	0.5604	0.7520	0.8488	0.9472	1.0613	1.2019	1.2230	1.3027	1.4286	1.4540	1.4928	1.6182

表 12-8　参考数列与比较数列的绝对差值序列

	2008	2009	2010	2011	2012	2013	2014	2015	2016	2017	2018	2019	2020	2021	2022
Y_1	0.8988	0.6572	0.5944	0.4344	0.2545	0.1061	0.0050	0.0290	0.0958	0.1020	0.2814	0.3802	0.4309	0.7383	0.8827
Y_2	1.2268	0.8863	0.9780	1.0539	0.7102	0.5197	0.4473	0.3059	0.0993	0.0346	0.1626	1.5357	1.7349	1.8995	0.9292
Y_3	1.3096	0.9718	1.0514	1.1354	0.8178	0.6396	0.5852	0.5086	0.3675	0.3849	0.2484	0.1148	0.0328	0.1227	0.0028
Y_4	1.1920	0.7963	0.8409	0.9049	0.5410	0.3079	0.1935	0.0116	0.2224	0.2438	0.4360	0.7182	0.9712	0.9681	1.2284
Y_5	1.4466	1.1235	1.2463	1.3698	1.0658	0.9125	0.8797	0.7982	0.6695	0.7267	0.6140	0.5162	0.4452	0.5743	0.5105
Y_6	1.4943	1.1799	1.3150	1.4521	1.1642	1.0262	1.0102	0.9476	0.8304	0.9060	0.8132	0.6684	0.6247	0.7737	0.7157
Y_7	1.4073	1.0923	1.2284	1.3594	1.0075	0.9133	3.6907	3.7160	0.6785	0.7489	0.6509	0.5150	0.4645	0.5789	0.5258
Y_8	1.4047	1.0923	1.1666	1.2967	1.0137	0.8743	0.9041	0.8394	0.7220	0.8152	0.7102	0.5933	0.5658	0.7218	0.6766
Y_9	1.1760	0.8118	0.8474	0.8481	0.4428	0.1688	0.0448	0.1121	0.3018	0.2926	0.4722	0.5671	0.6513	0.6489	1.2937
Y_{10}	1.2039	0.7978	0.7765	0.8185	0.4049	0.1266	0.0197	0.1915	0.3838	0.4491	0.7001	0.9551	0.3561	0.4707	0.6019
Y_{11}	0.7203	0.3823	0.3991	0.4653	0.1301	0.0785	0.1844	0.3495	0.5709	0.6278	0.2122	0.0280	0.1521	0.1793	0.1389
Y_{12}	1.3208	0.9806	1.0634	1.1553	0.7732	0.5050	0.4462	0.3391	0.1499	0.2874	0.9516	1.0525	2.0054	1.6283	0.8082
Y_{13}	1.1872	0.8222	0.8780	0.8949	0.4156	0.1814	0.0669	0.1100	0.3672	0.3123	0.4838	0.7282	0.8233	0.7189	0.9024

从表可得，最小差为 0.0028，最大差为 3.1760。

表 12-9　分辨系数

	Y_1	Y_2	Y_3	Y_4	Y_5	Y_6	Y_7	Y_8	Y_9	Y_{10}	Y_{11}	Y_{12}	Y_{13}
分辨系数	0.8738	0.8791	0.8444	0.9000	0.9000	0.9000	0.4999	0.9000	0.8945	0.9144	0.8550	0.8854	0.9987

表 12-10　关联系数

	2008	2009	2010	2011	2012	2013	2014	2015	2016	2017	2018	2019	2020	2021	2022
Y_1	0.7839	0.8324	0.8460	0.8828	0.9281	0.9692	0.9993	0.9920	0.9722	0.9704	0.9210	0.8960	0.8836	0.8154	0.7869
Y_2	0.7276	0.7873	0.7703	0.7567	0.8221	0.8635	0.8803	0.9152	0.9713	0.9904	0.9534	0.6808	0.6537	0.6329	0.7792
Y_3	0.7062	0.7642	0.7497	0.7349	0.7940	0.8314	0.8436	0.8613	0.8960	0.8915	0.9275	0.9656	0.9905	0.9632	1.0000
Y_4	0.7379	0.8084	0.7997	0.7877	0.8615	0.9165	0.9461	0.9974	0.9384	0.9328	0.8854	0.8239	0.7756	0.7762	0.7320
Y_5	0.6924	0.7436	0.7233	0.7039	0.7535	0.7813	0.7875	0.8034	0.8298	0.8178	0.8417	0.8636	0.8802	0.8504	0.8649
Y_6	0.6917	0.7398	0.7184	0.6978	0.7424	0.7659	0.7687	0.7799	0.8018	0.7875	0.8051	0.8341	0.8433	0.8128	0.8244
Y_7	0.7044	0.7544	0.7320	0.7116	0.7691	0.7862	0.4758	0.4741	0.8320	0.8177	0.8378	0.8673	0.8788	0.8532	0.8649
Y_8	0.5703	0.6307	0.6152	0.5898	0.6479	0.6810	0.6737	0.6898	0.7212	0.6961	0.7245	0.7591	0.7677	0.7213	0.7341
Y_9	0.7405	0.8054	0.7985	0.7984	0.8838	0.9527	0.9876	0.9684	0.9180	0.9203	0.8770	0.8557	0.8377	0.8382	0.7217
Y_{10}	0.7347	0.8071	0.8113	0.8031	0.8922	0.9641	0.9949	0.9463	0.8972	0.8817	0.8267	0.7775	0.9040	0.8767	0.8474
Y_{11}	0.8258	0.8996	0.8956	0.8803	0.9639	0.9782	0.9493	0.9075	0.8569	0.8447	0.9420	0.9927	0.9579	0.9507	0.9615
Y_{12}	0.7070	0.7648	0.7499	0.7340	0.8050	0.8636	0.8776	0.9044	0.9558	0.9179	0.7702	0.7518	0.6136	0.6617	0.7979
Y_{13}	0.7376	0.8025	0.7919	0.7887	0.8897	0.9491	0.9811	0.9688	0.9014	0.9149	0.8738	0.8211	0.8023	0.8230	0.7873

表 12-11　灰色关联熵计算结果

	Y_1	Y_2	Y_3	Y_4	Y_5	Y_6	Y_7	Y_8	Y_9	Y_{10}	Y_{11}	Y_{12}	Y_{13}
灰关联熵	2.7049	2.6988	2.7021	2.7035	2.7053	2.7062	2.6934	2.7044	2.7040	2.7048	2.7066	2.7010	2.7045

表 12-12　熵关联度及排名

指标	分辨系数	排名
实际利用外商直接投资(Y_{11})/万美元	0.9995	1
国际旅游外汇收入(Y_6)/万美元	0.9993	2
社会消费品零售总额(Y_5)/万元	0.9990	3
进出口总额(Y_1)/万美元	0.9988	4
固定资产投资总额(Y_{10})/万元	0.9988	5
教育支出(Y_{13})/万元	0.9987	6
旅客运输量(Y_8)/万人次	0.9986	7
财政收入(Y_9)/万元	0.9985	8
金融机构存贷款余额(Y_4)/万元	0.9983	9
工业增加值(Y_3)/万元	0.9978	10
科学技术支出(Y_{12})/万元	0.9974	11
第三产业值(Y_2)/万元	0.9966	12
货物运输量(Y_7)/万吨	0.9946	13

(四)福州构建自由港中心地典型功能分析

通过灰色关联熵分析法对福州市构建自由港的典型功能进行客观评价,根据表 12-11 和表 12-12 的计算结果,从整体上可以看出反映福州构建自由港的中心性评价体系中二级指标的熵关联度均呈现显性,说明各二级功能指标都在一定程度上与福州经济的开放度有较强的关联性。详细分析又可看出,各功能在推动福州地区的自贸试验区向自由港升级进程中发挥作用的能级有所不同,因此将 13 个评价指标按照熵关联的强弱程度划分为高、次高、中、低四个等级,可发现各功能在推动福州构建自由港进程中发挥的作用各不相同:

1.将"熵关联度>0.9990"列为高关联度功能因子:实际利用外商直接投资

Y_{11}（0.9995）、国际旅游外汇收入 Y_6（0.9993）、社会消费品零售总额 Y_5（0.9990）。这三个指标关联影响程度最大，且能级十分接近，说明实际利用外商直接投资、国际旅游外汇收入和社会消费品零售总额是建设福州自由港的基础。特别是实际利用外商直接投资与经济开放度的关联度最高，因为实际利用外商直接投资能推动技术进步和经济结构升级，促进经济改革和经济制度变迁，大大提升经济效率。

2.将"0.9989＞熵关联度＞0.9980"列为次高关联度功能因子：进出口总额 Y_1（0.9988）、固定资产投资总额 Y_{10}（0.9988）、教育支出 Y_{13}（0.9987）、旅客运输量 Y_8（0.9986）、财政收入 Y_9（0.9985）、金融机构存贷款余额 Y_4（0.9983）。进出口总额、固定资产投资总额、教育支出、旅客运输量、财政收入和金融机构存贷款余额分别排名第 4、5、6、7、8 和 9 位，说明贸易、基础设施、人力资源投入、旅游、财政实力及金融发展在福州经济扩大开放的进程中影响较强。

3.将"0.9980＞熵关联度＞0.9970"列为中关联度功能因子：工业增加值 Y_3（0.9978）、科学技术支出 Y_{12}（0.9974）。工业增加值、科学技术支出分别排名第 10 位及 11 位，说明产业转型升级及科技研发在推动向自由港升级的进程中作用中等。

4.将剩下的"0.9970＞熵关联度＞0.9930"列为低关联度功能因子：第三产业值 Y_2（0.9966）、货物运输量 Y_7（0.9946 ）。第三产业值和货物运输量指标排在最后的第 12 位及 13 位，表明近年来物流和服务贸易在福州经济开放发展方面的推动力较其他功能来说最弱。

表 12-13　福州经济开放度与中心性体系一级功能指标的熵关联度及排序

一级指标	市场指标（X_1）	交通指标（X_2）	行政指标（X_3）
熵关联度	0.9983	0.9966	0.9986
排序	2	3	1

从表 12-13 中可以看出,在福州构建自由港中心地的进程中行政指标和市场指标分别占第 1、2 位,而交通指标仅占第 3 位,说明在福州地区构建自由港中心地的进程中必须注意由行政发挥主导作用,充分发挥市场机制,补足交通短板。

五、基于功能定位的福州"腹地辐射联动型" 自由港构建模式选择

图 12-1 是根据表 12-12 的二级功能指标的熵关联度计算结果绘制的福州自由港构建的功能评价雷达图,从图中可看出,各功能熵关联度基本处于三个圈层,越靠近外圈表明关联度越高,则该功能对福州构建自由港的影响越显著。因此,根据构建自由港的各功能在推动贸易自由化进程中发挥的不同作用,对福州地区自由港的构建规划及步骤作如下建议:

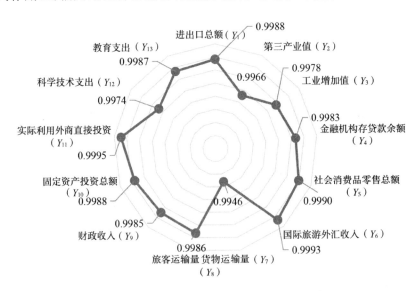

图 12-1　福州地区构建自由港的功能评价雷达图

(一)打造开放的中心地

1.构筑自由港的基本框架

建议在福州自贸片区内建设"深化经济改革试验区",主要目的是深化政府与市场关系的改革,建设完善开放的市场经济体系。而在平潭自贸片区建议探索建设"自由港区",其主要目的是参照国际通行规则,探索贸易、投资和金融便利化、自由化,为国内市场和国际市场接轨提供经验。形成福州深化经济改革试验区支撑平潭自由港区发展,福州自贸片区与平潭自由港形成"双自联动"两者分工协作、互相促进和互为补充的开放新格局。同时,积极对接台湾六海一空自由经济示范区,创新两岸经济合作模式,使两岸的辐射示范及联动效应得到充分发挥。

非海关特殊监管区	海关特殊监管区
福州深化经济改革试验区	平潭自由港区
规划方案: 1.加强电子信息口岸的创设 2.构建社会信用体系,建立跨部门联动响应及失信约束惩戒机制 3.以政府有为、社会中介组织专业和企业诚信为基础构建市场有效、政府有为的创新体制 4.强化事中事后监管,充分发挥政府对市场的服务引导作用 5.深化行政审批制度改革,简政放权,推进行政审批标准化建设 6.加大与共建"一带一路"国家市场的深度融合及信息共享、标准监管互认及执法互助 7.推动先进模式和经验在全省及至全国的复制与推广,建设完善开放的市场经济体系	规划方案: 1.建设面向产业园区及促进产业发展的大数据公共服务平台 2.实现真正的"一线放开,二线严格管住"的监管措施 3.实施与国际通行规则一致的负面清单 4.对照 CPTPP、FTA、FTAAP、BIT 等谈判议题和对标国际先进规则,进一步探索和实施符合国际通行做法的贸易、投资、金融、外汇及出入境管理等自由贸易制度 5.建立自由港港口安全监管制度、金融安全风险防范制度及符合中国特色自由港制度定位的配套法律及政策体系 6.深化顶层设计,从商品、要素流动型开放向规则等制度型开放转变,构建面向国际的制度型经济开放体系
目标定位:境内关内,自由港的第一阶段	目标定位:境内关外(飞地),自贸试验区的归宿——自由港

图 12-2 构建福州自由港中心地的安排与规划图

2.转型升级的前期准备

(1)强优势

第一,从图 12-1 可以看出,与福州经济开放度关系最紧密三个高关联度功能因子——实际利用外商直接投资、国际旅游外汇收入及社会消费品零售总额位于雷达图的最外围,建议从这三个高关联度功能因子入手加强福州地区的竞争优势。平潭与福州自贸试验区经过将近十年的建设和发展后已有了一定的基础,但在吸引外资方面目前还存在配套服务不够完善的问题,可在压减外资准入负面清单和简化审批程序方面继续探索,在金融海关的配套监管下突出对台特色,加大吸引台资的制度创新和改革力度,有针对性地协调解决外企在税收、用地、用电、用气及用工等方面面临的具体问题,加大开放力度,大力引进外资推动福州地区的经济发展和竞争力的提升。

第二,国际旅游外汇收入与内需的影响在福州地区经济发展中起到的作用日益增强,旅游业发展要注重开展闽台旅游的合作和交流,并对沿海旅游产业链进行整合,助力生态圈优化重塑和价值链提升,打造两岸旅游合作区。

第三,在提高社会消费品零售总额释放内需潜力方面,要逐步提高城镇居民人均可支配收入,重视居民对提高生活质量的需求,引导支持交通、通信、教育、医疗保健、文化、旅游及娱乐等服务消费加快升级,培育国内市场的新增长点。

(2)补短板

低关联度功能因子——第三产业值 Y_2(0.9966)和货物运输量 Y_7(0.9946)处于雷达图最内部的圈层里,建议从这两方面入手来补足福州地区的竞争短板。

第一,创新服务贸易发展机制,加快推进服务贸易创新发展试点,重视加强服务业开放,有序拓展服务贸易开放领域。创新发展服务贸易,可借助自身的自然条件与区位优势,对标台湾,在设计服务、文化创意、信息消费、旅游、养老和健康服务业方面借鉴其先进的经验和"五缘"优势;大力引进台湾服务贸易龙头企业,在金融、增值电信、医疗健康、文创、电子商务及旅游等服务贸易领域继续加大对台开放力度,推动取消或放宽对其的限制措施,探索两岸服务贸易合作发展新业态,形成以服务型经济为主的产业结构。

第二,在自由港的建设中还要注意完善公共及基础配套设施,特别强化区域综合交通枢纽建设,加快福州机场建设做大做强空运;借助平潭国际邮轮码头的建成,积极发展旅游客运功能,打造"海峡邮轮经济圈"。由于受国际市场份额、港口竞争力、腹地经济规模及水平和台海两岸形势等问题的制约,福州市的物流集散水平较低,必须通过推进海陆空物流枢纽建设,完善物流转运设施。因此,在福州港建设方面,应注重发挥优势,集中资源和错位发展,加快港口整合力度,通过"建码头、修港后铁路、辟航线、强物流及智慧化"等举措,完善集疏运体系,有效扩大港口腹地,逐渐将福州自贸片区的江阴港区打造成为国际一流的集装箱航运枢纽;同时加强中西部出口货源通道作用拓展延伸腹地,吸引省外货源,培育两岸货物转运中心;发展重点物流干线的多式联运,支持建设"21世纪海上丝绸之路"沿线国家(地区)的物流园区、配送中心、集散基地及公共海外仓等,提升物流效率和水平。

(二)中远期实现向自由港转型升级

与福州经济开放度的关系属于次高关联度的功能因子和中关联度功能因子——进出口总额 Y_1(0.9988)、固定资产投资总额 Y_{10}(0.9988)、教育支出 Y_{13}(0.9987)、旅客运输量 Y_8(0.9986)、财政收入 Y_9(0.9985)、金融机构存贷款余额 Y_4(0.9983)、工业增加值 Y_3(0.9978)和科学技术支出 Y_{12}(0.9974)基

本位于雷达图的中部圈层,因此,可对福州地区向自由港转型升级的中远期发展作如下建议:

1.完成向自由港转型升级的第一阶段

第一,雄厚的财政实力是福州构建自由港中心地的重要基础。因为构建自由港不仅需要在公共基础设施和其他配套条件如教育、科技研发及生态环保等社会事业方面进行大规模投入和建设,还需要实行具有国际竞争力的支持发展高新技术、战略性新兴产业和现代服务业等发展的财政补贴及税收优惠政策。这就需要争取国家在财政分配方面的政策倾斜支持,需要国家层面加大对财政和新增政府债务限额的支持力度,通过设立自由港建设投资基金,支持自由港在科技创新、基础设施建设、经济结构转型和生态环境保护等方面的公共支出,可考虑实施税收支持政策;另外,还需要福建省进行省级预算统筹安排资金,并按市场化方式设立自由港建设投资基金,引导银行业、金融机构和产业等社会资本支持重点产业、基础设施和园区的项目建设,增强福州作为中心地的吸引力。

第二,积极引进自由港建设的所需高端人才。可在人才培养和储备方面出台奖励、住房资助和平台培育等优惠政策,实施杰出人才培育引进计划,特别是吸引台湾高层次专业人才的加入,培育高层次创新创业预备项目团队。加大教育投入,特别是加大科技创新和关键技术人才的培养力度,建立由市场主导的高端人才服务市场和便利流动的人才服务体系,如在平潭设立教育试验园,引进台港澳院校,通过独立或合作办学的方式为自由港建设储备人才,形成人才集聚的高地,为自由港建设提供强有力的人才支撑和科技创新动力。

第三,保证经济的可持续发展是实现向自由港转型的基础。当前福州市的货物贸易面临国际竞争加剧、低成本优势减弱及技术竞争力难以快速提升的双重挑战,出口商品的技术含量和产品附加值有待提高。建议在福州自贸片区的福州经济技术开发区内设立外贸转型升级基地,培育发展贸易新业态,探索开展转口及离岸贸易业务,大力发展跨境电商。一方面,加大金融对贸易融资及技术升级的支持力度,支持企业多元化开拓国际市场特别是对"一带一路"沿线市场和 RCEP 成员国市场的开拓,探索开展转口贸易和离岸贸易,提高外贸辐射服务腹地的能力;在福州自贸区建设的基础上,需要鼓励金融机构加大对战略性新兴产业、关键企业的发展资金支持,加快产业与经济的转型升级,推进对台、离岸金融等特色业务的发展;另一方面,加强技术引进与研发合作,加快产业转型升级。注重福州内需市场潜力的培育,积极在福州自贸片区内建设能源、工业原材料及大宗农产品等国际交易平台和现货贸易市场,发挥中心地市场的辐射与带动能力。

　　第四,对福州地区而言,一方面要加强技术引进与研发合作,加快传统产业改造升级,引进培育先进制造业,促进特色产业集聚发展和支柱产业的形成;同时积极发挥特色支柱产业的辐射带动作用,促进区域产业结构转型升级和经济发展。另一方面,要注重科研创新,虽然 2022 年福州市 R&D 经费投入强度为 2.3%,接近全国平均水平的 2.91%,但因科研基础还较薄弱,协同创新机制还未完善,目前在自贸试验区的建设中存在着创新动力不足,跟不上自贸试验区的发展速度。所以建议加大科研投入力度,大力支持企业、产业及科研机构自主创新,开展关键核心技术研发并掌握技术内核,打造具有知识产权品牌;同时构建重点产业公共技术服务平台,在平潭高新技术产业区及福州自贸片区快安区块已有的建设基础上设立各类科技园区,推动区块链、大数据、云计算等数字新技术及海洋科技、生物科技的发展,吸引国际先进企业、台资企业等设立研发总部与成果转化基地,发展适应自贸试验区发展需要的科技创新及协同体制机制,以高质量科技创新支撑引领自贸试验区转型升级。

2.中远期完成自贸试验区向自由港的过渡

中远期关于自由港的功能拓展可根据福州与平潭自贸片区的区位优势、要素禀赋、产业基础、环境承载力及发展潜力进行科学布局实现从自贸试验区向自由港的转型升级。金融方面,深化外汇体制改革,推进资本项目可兑换和人民币跨境使用等跨境金融业务,探索区块链技术在供应链金融服务、跨境支付服务及保险保单服务等业务中的应用。在福州自贸片区内主要发展人工智能、新能源、新材料及新一代信息技术等战略性新兴产业和高端装备制造业,在平潭自贸片区内主要发展海洋科技、生物医药、轻型设备制造及医疗器械等高新产业。利用外资方面,全面落实《外商投资法》,创新利用外资方式和管理体制,提高利用外资水平,集聚高端要素与资源。旅游方面,立足平潭岛与琅岐岛的旅游资源禀赋,建立生态旅游产业系统,构建特色化的旅游产业发展模式,促进旅游消费国际化。在交通方面,中远期规划建设平潭机场和台海高铁,拓展对台客货运通道、通用航空服务及快件物流等功能,优化对台联系通道。

根据"强化优势,补足短板"的发展思路,当前福州市应着重大力引进外资,聚集人力、物力,继续加大人才培养和科研投入力度,注重扩大内需,加大金融对实体的支持,促进外贸转型升级,大力发展服务贸易,打造高效物流体系;中期发展离岸贸易和离岸金融;远期在前期和中期的建设基础上,大力发展国际旅游和自由投资。

3.加强对腹地市场的辐射联动

(1)强化关键领域改革,推动先进经验的复制推广

优化创新贸易监管、投资管理、金融和人才服务等方面的政府管理体制,将先进的经验做法在闽东北经济协作区优先复制推广,力争每年新增创

新成果在全国及全省复制推广。例如：实行单一主管机构主导下的协同管理体制；强化区港一体化运作，提升港区建设的协同度；进一步加强国际贸易"单一窗口"功能；增强金融服务功能及有效防控金融风险；鼓励跨境创新创业等，保证人、货、信息、物流、资金及服务等关键要素和环节的流动畅通。在改革中，还应注意根据"不平衡发展论"集中精力重点推动自由港政策的先行先试，同时在注意发挥"扩散效应"，避免"回浪效应"。

（2）优化港口空间布局，加强城港及腹地市场的联动

福州构建自由港应重视空间结构优化，提高土地利用效率；避免疏港交通与城市交通的交织，实现港城分离、客货分流；同时在原有的基础上拓展港口设施，应用现代高科技提高港口集疏运能力和效率，重视发展多式联运；提升港口产业结构和层次，依托城区功能发展金融保险、物流仓储和专业服务等高端服务业，促进经济循环发展；凭借港口的辐射效益，大力发展文化、旅游休闲、海洋产业，打造港口文化名城，建设集居住、办公、商务、休闲、娱乐为一体的都市圈；发挥中心城市的辐射带动作用，重点加强与平潭、福州新区的同城化发展，共筑大都市区发展核心板块，通过经济、社会和人文等方面的紧密联系、协调发展，带动闽东北经济区共同发展。

（3）借鉴先进经验，加强与周边区域的联动融合

通过对接台湾"自由经济示范区"，全面缩减台资准入负面清单，推动两岸深入融合、共同发展。借鉴上海、广东、天津等自贸试验区转型升级的先进经验，进一步扩大先进制造业和现代服务业的开放，加快创新驱动，建立既面向国际又联动国内的功能型、开放型和辐射型高端产业体系。在资源共享、机制建设、业务合作、信息汇集和服务企业等方面，加强福州自贸片区与平潭、厦门自贸片区、福州新区、福厦泉国家自主创新示范区的在合作体制机制上的开拓创新、联动发展、协同改革，建设福建改革先行区。

综上所述，随着改革深入，福州面临角色提升，成为区域经济担当者与

引领者的新定位,也迎来了实力跃升的新机遇,应抢抓机遇,乘势而上,以制度创新为核心,通过打造贸易投资、金融结算便利化综合试验区、改革系统集成先行区、开放平台协同发展区和开放型经济新体制压力测试区,加快转型升级,争取构建自由港。

结　语

后疫情时代世界形势的巨变增加了国际经贸发展的复杂性与不确定性,为了适应并积极应对国际新形势变化,中国必须加快推进国际自贸区与国内自贸试验区的改革探索进程,构建互通互促的国内外经济发展双循环新格局。由于中国各地自贸试验区改革的目标、市场定位与功能、建设基础都有所不同,随着改革的深入,各地自贸试验区需要扩大改革开放的自主性,根据自身的发展方向与水平、区位优势、要素资源禀赋与产业基础,既要注重普惠政策的协同性,又要各有侧重的探索差异化制度创新的发展路径,加大压力测试,促使各地形成竞争性对比和良性互动合作,深挖潜在利益,提高政策匹配的精准度和投资、贸易的层级,发展特色产业,扩大容错空间、降低走弯路的概率,促进改革进一步的纵深挺进和经济的高质量发展。

国际国内环境的变化对福建省的经济发展来说机遇与挑战并存,自贸试验区是福建省探索前沿改革的试验田与对外开放的高地,以自贸试验区创新战略探索福州、平潭与厦门各片区的差异化改革路径打造福建制度开放型经济新体制,是实现经济高质量与可持续发展的增长极。福建自贸试验区可以根据"立足两岸、服务全国、面向世界"的战略定位,紧跟国际经贸规则新趋势,在高标准规则、自由政策及要素配置三个着力点发力,实现国内外先进自贸试验区与自由港的对标。通过海上丝绸之路沿线设立的"自由港＋自贸试验区＋蓝色产业园区"的互联互通枢纽,集聚"资金＋人才＋

信息＋物资"等要素，全面打造 21 世纪海上丝绸之路经济带，带动东南沿海经济迅速发展，发挥其"经济增长极"和"制度创新极"的重要作用，打造区域"中心地"，带动区域经济转型升级。在福建自贸试验区的转型升级中必须充分认识到，转型升级是持续进行、不断探索的过程，不可能一蹴而就，我们既要有效借鉴国际自由港区先进的建设经验，充分理解其实施政策体系的时代背景与所处的经济阶段，又要对接高标准国际经贸规则，在对标中避免形而上学简单对照条款或完全参照国际最高标准，应当充分理解和分析福建省当前经济的实际情况、所拥有的资源禀赋与优势，积极吸引国际、国内高级生产要素构建现代产业体系，兼顾生态文明与社会治理统筹推进，以"投资、贸易、资金、人员出入境与运输往来的便利与自由化＋零关税、零壁垒、零补贴＋数据安全有序"为最高开放目标，打造法制公平、规则透明、监管高效的国际化自由贸易园区。

参考文献

[1]深刻把握我国发展面临的新的战略环境[EB/OL].[2022-11-24].https://export.shobserver.com/baijiahao/html/554225.html.

[2]董楠,袁银传.百年未有之大变局下逆全球化思潮的表现、趋势及应对[J].思想教育研究,2022(9):103-110.

[3]驻瑞士联邦大使馆经济商务处.2022年全球二氧化碳排放量创历史新高[EB/OL].[2023-03-13].http://ch.mofcom.gov.cn/article/jmxw/202303/20230303394954.shtml.

[4]姚毓春,李冰.新发展阶段我国经济增长动能转换:逻辑、方向与路径[J].华东师范大学学报(哲学社会科学版),2022,54(3):161-171,188.

[5]聂平香.以更高水平对外开放加大引资力度[EB/OL].[2023-01-06].http://www.china.com.cn/opinion2020/2023-01/06/content_85044211.shtml.

[6]戚聿东.加快产业结构优化升级[EB/OL].[2023-03-30].https://baijiahao.baidu.com/s?id=1761753998962776484&wfr=spider&for=pc.

[7]姜欣荣,伍蓓."自贸区""自由港"与"自由贸易港"[N].中国国门时报,2018-02-13.

[8]GIRÓN A. ¿FIN de un ciclo? de la globalización al proteccionismo y la nueva rearticulación geoestratégica[J].Problemas del desarrollo,2017,48(188):3-7.

[9]JORDÀ Ò,SINGH S R,TAYLOR A M. Longer-run economic consequences of pandemic[R].NBER working paper series,2020:4.

[10]FRIEDMAN T. Our new historical divide:B.C. and A.C. — the world before corona and the world after[EB/OL].[2020-03-26].https://kuaibao.qq.com/s/20200326AZPIRX00?refer=spider.

[11]PETERSEN T. Optimale internationale arbeitsteilung optimal international division of labour[J]. Wirtschaftsdienst:journal for economic policy,2020,100(4):291-293.

[12]CHISTRUGA B,CHIRTOAGA R. Main current trends in the world economy in the context of ensuring external economic security[J].Economica,2021(3):136-150.

[13]SINGH I,THAKUR P. Impact of fungi on the world economy and its sustainability:current status and potentials[J].Fungal resources for sustainable economy,2023:3-37.

[14]张茉楠.中美产业链重构背后的全球变局[J].金融与经济,2020(5):1.

[15]匡贤明.客观把握大变局下的国际经济金融走势[N].社会科学报,2021-11-25(2).

[16]蔡洪平.大变局下的中国企业困惑和挑战[J].中国中小企业,2021(12):32-34.

[17]葛宝山,赵丽仪.精一创业战略:大变局下的企业发展之道[J].清华管理评论,2021(12):108-113.

[18]刘海霞.世界百年未有之大变局下两种制度竞争合作的新态势[J].世界社会主义研究,2022,7(4):37-50,98-99.

[19]王凤良,安筱鹏,汪源.全球大变局下数字经济的重构[J].经济师,2022(4):9-11.

[20]杨长春,张潇,何明珂.大变局下全球中高端制造供应链重构趋势及我国对策[J].经济管理,2022,44(5):5-23.

[21]SUNAK R. The free ports opportunity: how brexit could boost trade, manufacturing and the north[R]. London: centre for policy studies, 2016.

[22]LAVISSIÈRE A, RODRIGUE J. Free ports: towards a network of trade gateways[J].Journal of shipping and trade,2017,2(1):7.

[23]DENG X, WANG Y, YEO G T. Enterprise perspective-based evalua-tion of free trade port areas in China[J]. Maritime economics & logis-tics,2017,19(3): 451-473.

[24]CHEN J H, WAN Z,ZHANG F, et al. Evaluation and comparison of the development performances of typical free trade port zones in China [J].Transportation research part A,2018, 118(12): 506-526.

[25]CHIU R H, LIRN T C,LI C Y, et al. An evaluation of free trade port zone in Taiwan[J]. The Asian journal of shipping and logistics,2011, 27(3):423-445.

[26]ZHOU C S, WANG Y Q. Evolution trend of harbor-type free economic zone and its enlightenment to pilot free trade zone Nansha area[J]. Chi-na development,2019.

[27]WANG J J,CHENG M C B. Mature hub ports in the free trade envi-ronment, the way forward from a global supply chain perspective: an Asian case[J].Maritime policy & management,2015(5):436-458.

[28]JI Z Q. A study on the main characteristics, dynamic mechanism and enlightenment of Hong Kong free port construction[J].Journal of social science of Harbin normal university,2018.

[29]黄有方.自由贸易港与供应链战略[J]决策,2018(6):39.

[30]唐少清,陈俊荣,谢茜.基于开放经济新体系的自贸试验区创新发展研究[C]// 中国软科学研究会 2019 年中国软科学文集.北京联合大学管理学院;中国传媒大学,2020:9.

[31]彭羽,杨作云.自贸试验区建设带来区域辐射效应了吗:基于长三角、珠三角和京津冀地区的实证研究[J].国际贸易问题,2020(9):65-80.

[32]郎丽华,冯雪.自贸试验区促进了地区经济的平稳增长吗?:基于数据包络分析和双重差分法的验证[J].经济问题探索,2020(4):131-141.

[33]张兴祥,王艺明."双循环"格局下的自贸试验区[J].人民论坛,2020(27):34-37.

[34]姜启军,郑常伟.自贸试验区的设立促进了产业链横向协同集聚吗?:来自沿海自贸试验区的经验证据[J/OL].企业经济,2023(6):53-64.

[35]朱福林.世界现代自由贸易港现状、发展趋势与经验借鉴[J].兰州学刊,2018(11):144-153.

[36]桑百川,邓寅.探索建设自由贸易港:模式与方向[J].国际贸易,2018(3):4-8.

[37]黄启才.自贸试验区设立促进外商直接投资增加了吗?:基于合成控制法的研究[J].宏观经济研究,2018(4):85-96.

[38]张春宇.自贸试验区服务贸易创新发展的税收政策及完善建议[J].国际税收,2019(2):11-16.

[39]王江,吴莉.中国自贸试验区贸易投资便利化指标体系构建[J].统计与决策,2018,34(22):65-67.

[40]聂平香,游佳慧.中国自贸试验区投资便利化成效、问题及对策[J].国际经济合作,2022(1):51-59.

[41]余淼杰,徐竹西,祝辉煌.逆全球化背景下我国自由贸易港建设的动因与

路径[J].江海学刊,2018(2):108-113,238.

[42]胡卫.自由贸易港建设可分三步走[J].中国船检,2018(3):17-18.

[43]文娟,高伟.建设中国特色自贸港促成全面开放新格局:上海对外经贸大学自由贸易港战略高级研讨会综述[J].国际商务研究,2018,39(5):69-74.

[44]朱孟楠,陈冲,朱慧君.从自贸区迈向自由贸易港:国际比较与中国的选择:兼析厦门自由贸易港建设[J].金融论坛,2018,23(5):3-12.

[45]王晓玲.国际经验视角下的中国特色自由贸易港建设路径研究[J].经济学家,2019(3):60-70.

[46]蓝庆新,韩萌,马蕊.从国际自由贸易港发展经验看我国自由贸易港建设[J].管理现代化,2019,39(2):35-39.

[47]揭昊.建设高水平自由贸易港的国际实践与启示[J].宏观经济管理,2019(2):84-90.

[48]孟广文.国际经验对海南自由贸易港规划建设的启示[J].资源科学,2021,43(2):217-228.

[49]毛艳华.自贸试验区是新一轮改革开放的试验田[J].经济学家,2018(12):47-56.

[50]黄庆平,袁始烨.自贸港的未来:基于负面清单管理的国际经验[J].经济体制改革,2018(3):173-178.

[51]王俊岭.对接国际高标准经贸规则迈出新步伐[N].人民日报海外版,2023-07-03(3).

[52]任春杨,张佳睿,毛艳华.推动自贸试验区升级为自由贸易港的对策研究[J].经济纵横,2019(3):114-121.

[53]刘云亮,卢晋.中国特色自贸港对接CPTPP经贸规则的可行性基础及法律对策研究[J].西北民族大学学报(哲学社会科学版),2022(6):52-63.

[54]王晓红,李锋,夏友仁,等.对"三零"国际经贸规则的认识[J].国际贸易,2019(6):33-40.

[55]张娟,李俊,李计广.从 RCEP、自贸试验区到 CPTPP:我国服务贸易开放升级路径与建议[J].国际贸易,2021(8):62-69.

[56]马祯,杨静,刘红,等.逆全球化背景下陕西自贸试验区对标 CPTPP 国际贸易规则的必要性研究[J].中国商论,2022(16):35-37.

[57]佟家栋.中国自由贸易试验区的改革深化与自由贸易港的建立[J].国际商务研究,2018,39(1):13-18,85.

[58]彭羽,沈玉良.全面开放新格局下自由贸易港建设的目标模式[J].亚太经济,2018(3):104-111,151.

[59]秦天宝.自由贸易港建设和发展中的环境规制[J].海南大学学报(人文社会科学版),2018,36(3):8-15.

[60]杜国臣,徐哲潇,尹政平.我国自贸试验区建设的总体态势及未来重点发展方向[J].经济纵横,2020(2):73-80.

[61]蔡宏波,钟超.中国特色自由贸易港的营商环境与法治建设[J].暨南学报(哲学社会科学版),2021,43(6):44-51.

[62]刘晓宁.双循环新发展格局下自贸试验区创新发展的思路与路径选择[J].理论学刊,2021(5):59-67.

[63]LOTTICI M V,GALPERÍN C,HOPPSTOCK J. Green trade protectionism:an analysis of three new issues that affect developing countries [J]. Chinese journal of urban & environmental studies,2014（2）:1450016.

[64]EVENETT S J,FRITZ J. The tide turns? trade,protectionism,and slowing global growth[J].CEPR press,2015.

[65]NGUYEN A T,NGUYEN T T,HOANG G T. Trade facilitation in

ASEAN countries: harmonisation of logistics policies[J].Asian-Pacific economic literature, 2016, 30(1):120-134.

[66]MIHALCIOIU R M. Free trade vs. Protectionism â€ "the end of globalization!? [J]. International conference on economic sciences and business administration,2017,4(1):288-292.

[67]GRUNDKE R,MOSER C. Hidden protectionism? Evidence from non-tariff barriers to trade in the United States[J]. Journal of international economics,2019 (117):143-157.

[68]CHEONG I,TONGZON,J. "The economic impact of a rise in US trade protectionism on East Asia"[J].Journal of Korea trade,2018,22 (3):265-279.

[69]美经济学家:特朗普对华加征的关税将由美国买单[EB/OL].[2019-05-24]. https://finance. sina. com. cn/world/2019-05-24/doc-ihvhiews4261249. shtml.

[70]美国政府对华加征关税,"代价几乎全部由美企承担"[EB/OL].[2023-03-16]. https://baijiahao.baidu.com/s?id=1760521011874616492&wfr= spider&for=pc.

[71]姜达洋.重商主义就等同于贸易保护吗?:对于重商主义理论的重新解读 [J].现代财经(天津财经大学学报),2019,39(9):86-96.

[72]金香丹,廉晓梅.特朗普政府贸易保护主义政策冲击:中日韩 FTA 谈判 的机遇与挑战[J].东北亚论坛,2019,28(5):92-101,128.

[73]李杨,孙俊成.特朗普政府的贸易保护主义政策:基于政党政治的研究视 角[J].美国研究,2019,33(3):43-59,6.

[74]王玉主,蒋芳菲.特朗普政府的经济单边主义及其影响[J].国际问题研 究,2019(4):110-122.

[75]孙天昊,盛斌.墙还是梯子?:美国在全球化进程中的价值冲突与特朗普政府的选择[J].美国研究,2019,33(4):21-35,5-6.

[76]周清杰,张志芳,訾晓乐.新重商主义视角下美中商品贸易逆差研究[J].广西财经学院学报,2019,32(4):81-95.

[77]徐旭新.对贸易保护主义与国际经济秩序的探讨[J].现代营销(下旬刊),2019(9):25-26.

[78]厦大在英发布报告:中美贸易摩擦对中国经济影响有限[EB/OL].[2018-10-26].https://baijiahao.baidu.com/s?id=16153675939746188888&wfr=spider&for=pc.

[79]熊光清.贸易保护主义盛行及发展的根源[J].人民论坛,2020(3):34-37.

[80]徐浩,赵景峰.新贸易保护主义对我国的影响与对策[J].宏观经济管理,2022(3):77-82.

[81]王艾嘉.中美经贸摩擦新动向及应对策略探析[J].中国商论,2019(12):96-98.

[82]江凌,毛宇辰.中美贸易摩擦的政治经济学分析[J].河北师范大学学报(哲学社会科学版),2019,42(4):116-128.

[83]安若楠,魏泽宇.贸易保护主义新特点及中国应对措施[J].现代经济信息,2019(11):186.

[84]姜跃春.国际经济格局新变化及其发展趋势[J].人民论坛·学术前沿,2019(1):30-39.

[85]李嘉琪.新贸易保护主义对中国经济的影响及应对策略[J].经济研究导刊,2019(22):1-2.

[86]黄河.贸易保护主义与国际经济秩序[J].深圳大学学报(人文社会科学版),2019,36(3):62-70.

[87]杨帅.新型贸易保护主义与自贸区建设的应对[J].贵州财经大学学报,

2017(5):69-78.

[88]贸易保护主义新特点及中国应对措施[EB/OL].[2019-08-06]. https://www.fx361.com/page/2019/0806/5387232.shtml.

[89]鲁晓东,许罗丹.2016全球贸易保护主义风头正劲[J].人民论坛,2017(5):128-130.

[90]人民日报刊文:贸易保护主义贻害世界[EB/OL].[2018-10-22]. https://baijiahao.baidu.com/s?id=1614979166107365439&wfr=spider&for=pc.

[91]欧洲最大银行再发警告! 全球贸易保护主义正在抬头,又怪特朗普?[EB/OL].[2018-03-21]. https://www.163.com/dy/article/DDF1HHEB0518B59B.html.

[92]驻越南社会主义共和国大使馆经济商务处.贸易保护主义将使世界损失10万亿美元[EB/OL].[2020-09-24].http://www.mofcom.gov.cn/article/i/jyjl/j/202009/20200903003977.shtml.

[93]博鳌亚洲论坛新兴经济体发展2019年度报告[R].博鳌亚洲论坛,2019:2.

[94]内蒙古自治区贸促会.重点国别和地区风险监测2022年报[EB/OL].[2023-01-31].https://mp.weixin.qq.com/s?__biz=MzIxNzI2NTMyOQ==& mid=2247488266&idx=2&sn=a25649f01c0d297c9e3dd98675532de1&chksm=97fd36d4a08abfc246efb088d4ce8b08c8a38839f40c7e880c067 beb6 c497a8607cc946e8e00&scene=27.

[95]陆丁.中美贸易战,美方经济损益知多少[EB/OL].[2019-06-05]. http://www.nanhai.org.cn/info-detail/26/7907.html.

[96]中国既定战略方向不会因贸易战而发生改变[EB/OL].[2019-05-30]. http://finance.sina.com.cn/money/future/agri/2019-05-30/doc-ihvhiews5697296.shtml.

[97] 黄永富. 美欧加强外资审查对中国企业的影响及对策 [EB/OL]. [2019-05-15]. https://www.163.com/dy/article/EF7H70580519CML6.html.

[98] 国家统计局. 中国对美国直接投资流量 (2007 年—2021 年) [EB/OL]. [2023-04-27]. https://m.shujujidi.com/caijing/1727.html.

[99] 商务部. 2022 年中美双边贸易额创历史新高, 展现较强韧性 [EB/OL]. [2023-02-16]. https://www.sohu.com/a/641935084_561670.

[100] 构建中美自贸区 (上): 基本理论与国际经验 [EB/OL]. [2019-05-11]. https://news.hexun.com/2019-05-11/197149916.html.

[101] 从构建国内国际双循环看自贸区改革方向 [EB/OL]. [2020-10-28]. https://mp.weixin.qq.com/s?__biz=MzA5NTgxMjI2NQ==&mid=2650626290&idx=2&sn=fb9abf40de67da2eb3d02f5d2f80f7ac&chksm=88b05734bfc7de2289d094b92ef31a1c00bf9caa51bb95fade5e0fcdc7d11fb184f8093106db&mpshare=1&scene=23&srcid=1028wNZCiLnLEmi9D6TcFs2D&sharer_sharetime=1603888276979&sharer_shareid=67730aab7cd7a88f46b0032eacd9f76f#rd.

[102] 国际经贸规则 [EB/OL]. [2018-08-14]. http://tradeinservices.mofcom.gov.cn/article/zhishi/jichuzs/201808/67301.html.

[103] 张军, 佃杰. 我国应对国际经贸新规则的策略研究 [J]. 经济纵横, 2017 (4): 59-63.

[104] 徐梅. 新时期的日美贸易谈判: 成果与趋势探析 [J]. 日本学刊, 2020 (2): 39-57.

[105] 竺彩华. 市场、国家与国际经贸规则体系重构 [J]. 外交评论 (外交学院学报), 2019, 36 (5): 1-33, 156-157.

[106] 综合开发研究院. 综研观察: 对接国际高标准经贸规则是自贸试验区功能提升的关键一环 [EB/OL]. [2023-07-01]. https://new.qq.com/

rain/a/20230701A01Y3F00.

[107]张茉楠.中国应加快适应新一轮国际经贸规则演变[N].中国经济时报,
2020-07-27(004).

[108]杨正位.力推新一轮"高水平开放促高难度改革"[J].国际贸易,2018
(9):4-12.

[109]李杉.主动应对国际贸易规则重构[N].学习时报,2019-10-25(002).

[110]第一财经.商务部答一财:中国加入《数字经济伙伴关系协定》工作组第
一次技术磋商已举行[EB/OL].[2023-04-27].https://baijiahao.baidu.
com/s? id=1764322748608298546&wfr=spider&for=pc.

[111]彭羽,沈玉良.全面开放新格局下自由贸易港建设的目标模式[J].亚太
经济,2018(3):104-111,151.

[112]商务部国际贸易经济合作研究院课题组.中国(上海)自由贸易试验区
与中国香港、新加坡自由港政策比较及借鉴研究[J].科学发展,2014
(70):5-17.

[113]世界自由港的比较与启示[EB/OL].[2022-09-04].https://www.wen-
mi.com/article/pxazdi02h9aj.html.

[114]张翠珍侃财经.中国经济的转型升级与高质量发展[EB/OL].[2023-
06-03].https://baijiahao.baidu.com/s?id=1767651282848702735&
wfr=spider&for=pc.

[115]全毅.新时期中国对外开放面临的严峻挑战及其战略选择[J].和平与
发展,2019(6):1-18,130,136-142.

[116]朱福林.中国自由贸易试验区发展脉络、主要成效及高质量发展对策
[J].北京工商大学学报(社会科学版),2021,36(3):14-22,49.

[117]缴翼飞.自贸试验区"十周年":推广复制200余项制度创新,扩大制度型
开放再迎新政策[EB/OL].[2023-06-30]. https://www.21jingji.com/

article/20230630/herald/00b051fd1705b93bcd77aa9550a5ee99.html.

[118]王爱俭,方云龙.双循环新发展格局视域下中国自由贸易试验区发展再定位——兼论中国经济高质量发展的自贸区改革路径[J].现代经济探讨,2021(11):37-48.

[119]魏敏,李书昊.新时代中国经济高质量发展水平的测度研究[J].数量经济技术经济研究,2018,35(11):3-20.

[120]全毅.我国推进区域合作和 FTA 建设的进程、目标与策略[J].国际贸易,2020(8):11-20.

[121]王利平.加强协同:深化自由贸易试验区改革探索[EB/OL].[2020-10-27].http://www.china-fjftz.gov.cn/article/index/aid/16062.html.

[122]黄建忠.疫情下的世界经济变局与中国应对[N].社会科学报,2020-04-16(002).

[123]王利平.深化改革 推进福建自贸区制度创新[EB/OL].[2018-10-25]. https://mp.weixin.qq.com/s?__biz＝MzA4OTQ1MTMzNw==＆mid＝2654739120＆idx＝3＆sn＝3c9979f4c4a436e3f8218928c8a8cdb5＆chksm＝8bd20496bca58d80a00f1dbdf0b151c4db291b0a644c1409f5a24b52ed11f64dc31f2baeea99＆mpshare＝1＆scene＝23＆srcid＝0717RaWyEUgVyWtfHGLjyppH＆sharer_sharetime＝1595496108895＆sharer_shareid＝67730aab7cd7a88f46b0032eacd9f76f♯rd.

[124]张茉楠.全球经贸规则体系正加速步入"2.0 时代"[J].宏观经济管理,2020(4):7-12,19.

[125]《2020 年世界纳税报告》:中国多项指标稳中有进 营商环境改善再获认可[EB/OL].[2019-11-27]. http://finance.cnr.cn/txcj/20191127/t20191127_524874669.shtml.

[126]贺小勇.规则开放:自贸试验区法治核心竞争力[EB/OL].[2019-04-10].

https://mp.weixin.qq.com/s?__biz＝MzA4NTI3NzExNg＝＝&mid
＝2651262057&idx＝2&sn＝80af487818a38f58e7a3faacae91261a&c
hksm＝8429ccbab35e45ac63fe368a8f97ce9209821176c6e43477de4d94
af02e4c73cef4ad80ff4b2&token＝116252561&lang＝zh_CN&scene＝
21♯wechat_redirect.

[127]海南自贸区（港）推动服务贸易创新发展[EB/OL].[2020-05-15].ht-
tps://www.sohu.com/a/395270389_206488.

[128]刘巍,申伟宁.自由贸易试验区视角下我国攀升全球价值链面临的问题
与路径[J].河北大学学报(哲学社会科学版),2019,44(4):103-110.

[129]红网.打造自贸试验区高质量发展"新优势"[EB/OL].[2023-04-07].
https://baijiahao.baidu.com/s?id＝1762515089792509067&wfr＝
spider&for＝pc.

[130]梁栋,陈新林,赵建刚.高质量发展背景下的自贸区建设研究:以苏州为
例[J].东吴学术,2020(5):129-132.

[131]新华社客户端官方账号.以服务贸易为重点推进中部地区高水平开放.
[EB/OL].[2023-07-04].https://baijiahao.baidu.com/s?id＝177045
0605741165460&wfr＝spider&for＝pc.

[132]中国经济时报.黄茂兴:对接国际高标准 推进自贸试验区制度型开放
[EB/OL].[2023-07-14].https://www.163.com/dy/article/I9JNRSD
B0512D71I.html.

[133]龚恩泽,张建清,杨壮.自贸试验区试点是否助力了城市高质量发展?
[J].经济问题探索,2023(4):102-120.

[134]戴翔,张铨稳.自贸试验区制度创新促进经济高质量发展了吗[J].山西
财经大学学报,2023,45(7):30-42.

[135]赵家章,丁国宁,苏二豆.中国自由贸易试验区建设的理论逻辑与高质

量发展实现路径[J].经济学家,2022(7):53-61.

[136]理论教育.上海自贸试验区制度创新面临的挑战与机遇[EB/OL].
[2023-05-17].https://www.xing528.com/lilun/1023141.html.

[137]金算盘财经说.我国需要着力提升和利用好国内外两个市场、两种资源
的能力与机遇[EB/OL].[2022-09-28].https://baijiahao.baidu.com/s?
id=1745190817116516742&wfr=spider&for=pc.

[138]王雅贝,黄胜强."双循环"推动中国自由贸易区高质量发展的思考建议
[J].国际贸易,2022(7):55-62,96.

[139]崔卫杰.自贸区高质量发展的多维度思考[J].开放导报,2022(2):46-55.

[140]陆燕.自贸区建设成效、问题及发展方向[J].人民论坛,2020(27):16-
19.

[141]中国经济时报.经贸新声 赵福军:实施自由贸易试验区提升战略该从
何处着力[EB/OL].[2023-02-22].https://baijiahao.baidu.com/s?id=
1758515072193101542&wfr=spider&for=pc.

[142]中国经济时报.在高水平对外开放中更好维护开放安全[EB/OL].
[2023-06-21]. https://baijiahao.baidu.com/s?id=1769238546828584
127&wfr=spider&for=pc.

[143]实现经济高质量发展,需要更高水平的对外开放[EB/OL].[2021-10-
02]. https://baijiahao.baidu.com/s?id=1712063495334214367&wfr
=spider&for=pc.

[144]杨栋旭.自贸试验区建设对经济增长质量的影响:基于HCW方法的实
证分析[J].经济体制改革,2022(5):60-66.

[145]赵曜,黄小迪.设立自由贸易试验区与构建双循环新发展格局[J].长沙
理工大学学报(社会科学版),2023,38(3):89-101.

[146]"双碳"目标倒逼生产消费升级[EB/OL].[2021-07-08].https://baijia-

hao.baidu.com/s?id=1704666889549852772&wfr=spider&for=pc.

[147]自由贸试验区对所在地区经济增长的传导机制[EB/OL].[2023-01-19].https://baijiahao.baidu.com/s?id=1755426320872996888&wfr=spider&for=pc.

[148]卢福永,史薇,王鑫涛.自贸试验区助力双循环新发展格局:形成机制及路径[J].福建论坛(人文社会科学版),2021(12):90-99.

[149]海丝视点.福建自贸试验区2022年建设工作成绩单来啦[EB/OL].[2023-02-13].https://baijiahao.baidu.com/s?id=1757692958474812581&wfr=spider&for=pc.

[150]战疫情 稳外资 福建自贸试验区打造利用外资新高地[N].福建日报,2020-07-16(3).

[151]迟福林.以"早期安排"取得"早期收获"[N].经济参考报,2019-10-28(5).

[152]福建探索闽台融合发展新路 政协委员为推动"新四通"建言献策[EB/OL].[2020-01-13].https://baijiahao.baidu.com/s?id=1655622044691323944&wfr=spider&for=pc.

[153]周楚卿.RCEP:逆势建"群",自贸伙伴"扩容"[EB/OL].[2020-11-23].https://baijiahao.baidu.com/s?id=1684115932332393556.

[154]杨幸幸.《美墨加协定》金融服务规则的新发展:以GATS与CPTPP为比较视角[J].经贸法律评论,2019(4):45-58.

[155]王逸敏.浅谈闽台金融合作深化视角下的福建金融发展[EB/OL].[2020-05-08].http://www.fx361.com/page/2020/0508/6632784.shtml.

[156]陈春玲,全毅.福建自由贸易试验区转型升级与高质量发展研究[J].亚太经济,2021(6):126-132.

[157]国务院关于印发中国(福建)自由贸易试验区总体方案的通知[EB/OL].[2015-04-20].https://www.gov.cn/zhengce/content/2015-04/

20/content_9633.htm.

[158]国务院关于印发进一步深化中国(福建)自由贸易试验区改革开放方案的通知[EB/OL].[2018-05-24].https://www.gov.cn/zhengce/content/2018-05/24/content_5293013.htm.

[159]李震.中国国内服务贸易规则体系完善的建议[J].海关与经贸研究,2020,41(1):108-123.

[160]隆国强.充分发挥自贸试验区作用,助力加快构建新发展格局[J].中国发展观察,2021(Z2):7-10.

[161]国务院印发关于推进自由贸易试验区贸易投资便利化改革创新若干措施的通知[EB/OL].[2021-09-03]. https://www.gov.cn/zhengce/zhengceku/2021-09/03/content_5635110.htm.

[162]戴龙.数字经济产业与数字贸易壁垒规制:现状、挑战及中国因应[J].财经问题研究,2020(8):40-47.

[163]《全面且进步的跨太平洋经济伙伴关系协定(CPTPP)》文本,[EB/OL].[2021-01-11].商务部网站,《全面与进步跨太平洋伙伴关系协定》(CPTPP)文本(含参考译文)http://sms.mofcom.gov.cn/article/cbw/202101/20210103030014.shtml.

[164]李志红.创新驱动发展战略:为建设科技强国奠基[N].科技日报,2021-07-08(6).

[165]佩鲁.略论增长极概念[J].经济学译丛,1988(9):23-30.

[166]ROWBOTHAM M. Free ports and free-trade zones: the UK perspective[J].Logistics & transport focus,2020,22(8):38-40.

[167]李轩.中国自贸试验区深化投资便利化制度建设进展及创新路径分析[J].辽宁大学学报(哲学社会科学版),2020,48(03):60-67.

[168]戴翔,曾令涵,徐海峰.自贸试验区推动出口稳增长和优化升级了吗?:

基于制度创新作用的量化评估[J].国际经贸探索,2023,39(7):21-34.

[169]MOEIS A O,DESRIANI F,DESTYANTO A R,et al. Sustainability assessment of the tanjung priok port cluster[J].International journal of technology,2020,11(2):353-363.

[170]龙云安,赵舒睿,陈卉.自贸试验区与文化产业协同创新体系研究[J].经济界,2019(6):3-6.

[171]冯帆,许亚云,韩剑.自由贸易试验区对长三角经济增长外溢影响的实证研究[J].世界经济与政治论坛,2019(5):118-138.

[172]王春蕊.河北省经济高质量发展思路创新及未来形势预判:2019—2020年河北省经济形势分析会综述[J].经济论坛,2020(1):5-10.

[173]朱卫东,周菲,魏泊宁.新时代中国高质量发展指标体系构建与测度[J].武汉金融,2019(12):18-26.

[174]赵爱玲.自贸区发展路径正凸显差异化[J].中国对外贸易,2019(2):18-19.

[175]韩剑.双循环战略下自贸试验区发展新格局:江苏自贸试验区建设一周年成效及展望[EB/OL].[2020-07-14]. https://theory.gmw.cn/2020-07/14/content_33993122.htm.

[176]福建自贸试验区的制度创新与示范效应[EB/OL].[2020-09-28]. http://www.china-fjftz.gov.cn/article/index/aid/15977.html.

[177]陈春玲.以自贸区高质量发展带动福建经济开放效率提升研究[J].西安电子科技大学学报(社会科学版),2023,33(1):13-23.

[178]推动高质量发展取得新进展[EB/OL].[2018-04-04]. http://www.xinhuanet.com/politics/2018-04/04/c_1122635435.htm.

[179]TJITRAJAYA Y A,LIM C,PASARIBU S M S,et al. The importance of economic openness on technical efficiency in global perspec-

tive[J]. International journal of economic policy studies,2021(prepublish)：

[180]KOENGKAN M. The positive impact of trade openness on consumption of energy：fresh evidence from Andean community countries[J]. Energy,2018,158:936-943.

[181]SU T，ISHTIAQ A，ABDUL Q，et al. Role of economic growth and innovative technologies in the outlook of energy and environmental efficiency：a way forward for developing Asian economies.[J].Environmental science and pollution research international,2021.

[182]谷克鉴.建立现代化经济体系应当重视对外开放的效率提升功能[J].国际贸易问题，2018(1):7-8.

[183]袁娜.开放经济下的市场化改革与资源要素配置效率问题研究[J].商业文化,2020(9):22-25.

[184]李震.对外开放与经济增长效率:空间的调节效应[J].广东社会科学，2021(2):37-46.

[185]孙久文,李承璋.中国自贸区促进区域高质量发展与优化空间布局研究[J].中国发展，2019,19(2):39-45.

[186]李子联,刘丹.中国高质量发展的新阶段:本质内涵与路径选择[J].江海学刊,2021(6):88-94,254.

[187]福建:三次产业结构持续优化 现代产业体系初步形成[EB/OL].[2022-07-20]. https://fdi.swt.fujian.gov.cn/show-14750.html.

[188]衡量经济增长质量需要新的指标体系[EB/OL].[2013-06-28]. http://www.prcfe.com/web/meyw/2013-06/28/content_985052.htm.

[189]全省对外投资统计2021年12月统计数据[EB/OL].[2022-01-29]. https://swt.fujian.gov.cn/xxgk/jgzn/jgcs/dwtzyjjhzc/ztxx_503/tjsj_

6066/202201/t20220129_5829185.htm.

[190]陈春玲,谢琼.自由贸易港中心性评价指标体系构建研究:以福州自贸区为例[J].宁波大学学报(人文科学版),2020,33(4):98-105,132.

[191]陈春玲.福州建设"腹地辐射联动型"自由港初探[J].福建论坛(人文社会科学版),2020(5):171-176.

[192]朱孟楠,陈冲,朱慧君.从自贸区迈向自由贸易港:国际比较与中国的选择:兼析厦门自由贸易港建设[J].金融论坛,2018,23(5):3-12.

[193]马国强,赵晓彤.建设中国特色海南自由贸易港的金融环境分析[J].海南大学学报(人文社会科学版),2018,36(4):26-32.

[194]余淼杰,徐竹西,祝辉煌.逆全球化背景下我国自由贸易港建设的动因与路径[J].江海学刊,2018(2):108-113.

[195]陈诚,林志刚,任春杨.探索建设自由贸易港的政策安排与路径分析[J].国际贸易,2018(5):21-27.

[196]黄茂兴等.中国(福建)自由贸易试验区发展报告(2018—2019)[M].社会科学文献出版社,2019:46-47.

[197]朱四海:实施都市圈战略 推进闽东北闽西南协同发展[EB/OL].[2018-10-25]. http://fj.people.com.cn/big5/n2/2018/1025/c181466-32203560. html.

[198]苏运友,夏咏.提升乌鲁木齐经济园区外贸功能的对策研究[J].国际商务研究,2015(5):35-44,56.